Gentoo Linux
Die Metadistribution

D1664272

Tobias Scherbaum

Gentoo Linux
Die Metadistribution

mitp

Bibliografische Information der Deutschen Nationalbibliothek
Die Deutsche Nationalbibliothek verzeichnet diese Publikation in der
Deutschen Nationalbibliografie. Detaillierte bibliografische Daten sind
im Internet über http://dnb.d-nb.de abrufbar.

ISBN 978-3-8266-5941-6
1. Auflage 2008

Printed in Austria
© Copyright 2008 by REDLINE GMBH, Heidelberg
www.mitp.de

Lektorat: Ernst-Heinrich Pröfener
Satz: III-satz, Husby, www.drei-satz.de

Inhaltsverzeichnis

Vorwort zur 2. Auflage

Ziemlich genau ein Jahr ist es nun her, dass ich an gleicher Stelle das Vorwort zur ersten Auflage dieses Buches geschrieben habe. Als ein Experiment habe ich dieses Buch gesehen, denn zu einer Distribution mit vielfach gelobter und ausführlicher Dokumentation ein Buch zu schreiben, darin auch Neues und wenig Dokumentiertes unterzubringen, war von Anfang an nicht einfach. Nun – ein Jahr »danach« – kann ich ein positives Fazit ziehen, die Reaktionen waren schier überwältigend und vor allem: durchweg positiv. In allerbester Erinnerung sind mir die Chemnitzer LinuxTage 2008 geblieben – es ist schon ein sehr ungewohntes, aber dennoch irgendwie »gutes« Gefühl, das eigene Buch signieren zu dürfen.

So bestand auch wenig Bedarf, zur zweiten Auflage Grundlegendes zu ändern, ein neues Kapitel »Die eigene LiveCD« ist hinzugekommen und einige, erstaunlich wenige, Fehler wurden korrigiert. Auch auf die Gefahr hin, einzelne Namen doch zu vergessen, möchte ich an dieser Stelle besonders Michael Glockenstein, Tobias Heinlein, Michael Gisbers und Christian Faulhammer danken, die allesamt mit ihrem Feedback zur weiteren Verbesserung der Fehlerfreiheit dieser Auflage beigetragen haben.

Viel Spaß beim Lesen dieses Buches!

Oberhausen, im Juni 2008

Tobias Scherbaum

Feedback

Gentoo ist eine Distribution in ständiger Bewegung – was sowohl Vor- als auch Nachteil sein kann. Zwar ist die Funktionalität des Paketmanagers dank Festlegung in der EAPI-Spezifikation derzeit so stabil wie vermutlich noch nie, jedoch können sich gerade bei zusätzlichen Tools und Erweiterungen relativ zügig Funktionen verändern oder erweitern. Darüber hinaus lässt es sich nicht vermeiden, dass auch der ein oder andere Fehler den Weg bis ins gedruckte Buch »geschafft« hat.

Ich habe mich daher dazu entschlossen, eine Webseite zu pflegen, auf der bekannt gewordene Errata öffentlich zugänglich sind. Die Webseite finden Sie unter *www.die-gentoo-metadistribution.de.*

Für Anregungen, Korrekturen oder Ergänzungen – und eben auch Errata – erreichen Sie mich per E-Mail unter *tobias@scherbaum.info.*

Über dieses Buch

- **Einleitung:** Diese Kapitel beschreibt die bisherige Entwicklung der Gentoo-Distribution und die Unterschiede zwischen einer Linux-Distribution nach klassischer Definition und einer Metadistribution wie Gentoo. Sie erfahren, woher Sie die Gentoo-Distribution beziehen können und welche Anlaufstellen es im Netz gibt, die bei Problemen, Hilfestellungen oder generell für Anregungen zur Verfügung stehen. Ferner sind in diesem Kapitel die von der Gentoo-Distribution unterstützten Prozessor-Architekturen und Plattformen beschrieben.

- **Installation:** In diesem Kapitel sind die Installationsmedien, der grundlegende Aufbau und die Funktion der Gentoo-Distribution sowie die Installation eines typischen Gentoo-Systems für die Architekturen x86 und AMD64 (x86_64) beschrieben. Am Ende dieses Kapitels steht ein installiertes Gentoo-Basissystem.

- **Portage-Einführung:** Dieses Kapitel bietet eine Einführung in die wichtigsten Funktionen des Paketmanagementsystems Portage und die fortwährende Aktualisierung des Systems sowie die Installation und Deinstallation von Programmen.

- **Installation und Konfiguration eines Desktopsystems:** Nach der Installation des rudimentären Gentoo-Basissystems und einer Einführung in Gentoos Paketmanagement beschreibt dieses Kapitel die Installation und Konfiguration der grafischen Oberfläche, genauer des X-Servers X.Org und einer Desktop-Umgebung Ihrer Wahl – hier GNOME oder KDE.

- **USE-Flags:** Dieses Kapitel erläutert die Ideen und Konzepte hinter USE-Flags, zeigt, wo USE-Flags definiert werden und wie diese zur Anpassung einer Gentoo-Installation eingesetzt werden können.

- **Schutz von Konfigurationsdateien:** Dieses Kapitel zeigt, wie Sie die Funktion zum Schutz von Konfigurationsdateien nutzen können, wie Sie effizient aktualisierte Konfigurationsdateien mit bestehenden Versionen kombinieren oder einfach neue Versionen von Konfigurationsdateien nach vorheriger Überprüfung installieren.

- **Zweige der Gentoo-Distribution:** Dieses Kapitel stellt vornehmlich die von der Gentoo-Distribution gepflegten Zweige und deren Nutzung wie auch Vermischung dar. Zusätzlich wird aber auch die Nutzung von Overlays zu Gentoos Portage Tree und deren Verwaltung, Nutzung und Aktualisierung dargestellt.

- **Arbeiten mit Portage:** Dieses Kapitel gibt zunächst einen Überblick über die zentralen Konfigurationsdateien wie /etc/make.conf und das Verzeichnis /etc/portage, Anpassungen und Optimierungen, die in diesen Konfigurationsdateien vorgenommen werden können, und stellt anschließend eine Vielzahl von Programmen vor, die die Funktionalität des Paketmanagements erweitern.

- **System-Administration:** Dieses Kapitel beschreibt nahezu alltägliche Administrationsaufgaben. Neben dem Anlegen von Benutzern und Gruppen und der Zuweisung von Berechtigungen über Gruppenzugehörigkeiten zeigt Ihnen dieses Kapitel die Funktionalität von Gentoos Runlevel System und die Nutzung von Gentoos Baselayout zur Konfiguration von Netzwerkverbindungen.

- **Sicherheit:** Dieses Kapitel konzentriert sich auf Gentoo Linux Security Announcements, Richtlinien zu deren Erstellung und der letztendlichen Installation aktualisierter Pakete. Anschließend werden Maßnahmen zur allgemeinen Verbesserung der Systemsicherheit dargestellt, mit der eine sicherere Grundkonfiguration des Gentoo-Systems und grundlegender Systemdienste erreicht wird. Zur Überwachung und Auswertung von Systemaktivitäten und eventuell notwendiger Benachrichtigung von Administratoren kann Tenshi verwendet werden.

- **Die eigene LiveCD:** Dieses Kapitel stellt die Gentoo-Tools genkernel und catalyst vor und zeigt, wie man mit diesen komfortabel und völlig automatisiert eine eigene auf Gentoo basierte LiveCD erstellen kann.

Über den Autor

Tobias Scherbaum sammelte zu SuSE-6.x-Zeiten erste Linux-Erfahrungen.

Nach SuSE, Red Hat und Debian fand er 2002 mit Gentoo Linux die Distribution, die seinen Vorstellungen einer perfekten Linux-Distribution am nächsten kam. Nach Mitarbeit an der Übersetzung der deutschsprachigen Dokumentation wurde er 2003 offizieller Entwickler zur Koordination der deutschen Übersetzungen und ist eines der Gründungsmitglieder des Fördervereins Gentoo e.V., der sich speziell um die Stärkung und Förderung der deutschsprachigen Gentoo-Community bemüht.

Zurzeit wirkt er im Team der PowerPC-Portierung als Security Liaison mit, ist Release Engineer im Gentoo/HPPA Team und betreut einige Pakete in Gentoos Portage Tree.

Nach erfolgreich abgeschlossener Ausbildung zum Fachinformatiker in der Fachrichtung Systemintegration arbeitet er derzeit als Linux-Systemadministrator und betreut einige Pakete in Gentoos Portage Tree, darunter unter anderem den Cyrus IMAP-Server und das Netzwerkmonitoring-Tool Nagios.

Dank

An dieser Stelle möchte ich die Gelegenheit nutzen, mich bei allen Mitgliedern der Gentoo-Community weltweit – egal ob Entwickler oder Benutzer – für dieses großartige Produkt »Gentoo« zu bedanken. Ohne diese einzigartige internationale Gemeinschaft würde Gentoo ein wichtiger Teil fehlen.

Ein besonderer Dank gilt den Mitgliedern der Deutschen Gentoo-Gemeinschaft, die in den vergangenen Jahren dazu beigetragen haben, Gentoo auf so vielen Messen und Veranstaltungen zu präsentieren.

## Kapitel 1

Das Gentoo-Projekt

Um die Stärken und Vorteile der Gentoo-Distribution optimal nutzen zu können, ist es zweifellos notwendig, die ebenso vorhandenen Nachteile und Makel des Projekts kennen zu lernen. Das Verständnis für die Distribution, die freiwilligen Entwickler und die Kenntnis von Aufbau und Organisation der Gentoo-Distribution sind überaus hilfreich. Genauso wie das Wissen darüber, an welchen Stellen Sie auch ohne ausgeprägte Programmierkenntnisse der Gentoo-Distribution helfen und so dazu beitragen können, das »Produkt« Gentoo zu verbessern und weiter an Ihre Anforderungen und Bedürfnisse anzupassen.

Dieses Kapitel beschreibt die bisherige Entwicklung der Gentoo-Distribution und die Unterschiede zwischen einer Linux-Distribution nach klassischer Definition und einer Metadistribution wie Gentoo. Sie erfahren, woher Sie die Gentoo-Distribution beziehen können und welche Anlaufstellen es im Netz gibt, die bei Problemen, Hilfestellungen oder generell für Anregungen zur Verfügung stehen.

Ferner sind in diesem Kapitel die von der Gentoo-Distribution unterstützten Prozessor-Architekturen und Plattformen beschrieben.

1.1 Was ist Gentoo?

Gentoo ist eine eigenständige Linux-Distribution. Gentoo ist kein x-ter Debian-Ableger, keine Knoppix-basierende Live-CD, keine RPM-basierte Distribution – Gentoo ist Gentoo. So zumindest lässt sich Gentoo am ehesten beschreiben ...

Die Gentoo-Distribution benutzt das eigens entwickelte Paketmanagementsystem Portage und zur Speicherung von Metadaten zu einzelnen Paketen einen Portage Tree. Zu Beginn der Entwicklung des Paketmanagementsystems Portage stand die Überlegung, die Ideen hinter dem BSD-Portsystem auf eine neue Linux-Distribution umzusetzen.

Die BSD-Ports, die insbesondere bei FreeBSD in sehr großer Zahl gepflegt werden, erlauben eine angepasste Installation von freier Software aus den Quellen heraus. Die Auswahl der Anpassungen erfolgt über Umgebungsvariablen oder in einem Konsolenfrontend, die zur Installation benötigten Abhängigkeiten wie Systembibliotheken oder zur Laufzeit benötigte Anwendungen werden selbstverständlich mitinstalliert.

Dieses Konzept hat Gentoo auf das Paketmanagementsystem Portage und die daraus entstandene Gentoo-Distribution übertragen und den Anforderungen der Benutzer und Entwickler nach weiterentwickelt. Mittlerweile beschäftigen sich gar Gentoo-Entwickler damit, das Paketmanagementsystem Portage auf FreeBSD, OpenBSD und NetBSD nutzbar zu machen. Back to the roots – sozusagen.

1.2 Was ist eine Metadistribution?

Einer der Punkte, an denen sich Gentoo deutlich von anderen Distributionen unterscheidet, ist die Definition dessen, was als »Distribution« bezeichnet werden kann. Während bei SuSE, RedHat, Debian und anderen vor allem die zu einem Release gehörenden Installationsmedien die Distribution darstellen, gibt es solch eine strikte Definition bei Gentoo nicht.

Unter die Bezeichnung »Gentoo 2008.0« fallen lediglich die zum Release gehörenden Installationsmedien, nicht die Distribution an sich. Die Installations- und Live-CDs sind der Ausgangspunkt für den Anwender, sich selbst seine eigene Distribution nach eigenen Anforderungen und Bedürfnissen zu erstellen. Folglich ist nahezu jede Gentoo-Installation eine in sich geschlossene, eigene und höchst individuelle Distribution – basierend auf Gentoo und gepflegt durch Gentoos Paketmanagementsystem Portage

Ein weiterer Punkt, an dem sich Gentoo von anderen »klassischen« Distributionen unterscheidet, ist die Langlebigkeit. Während bei Distributionen wie SuSE 10.2, Debian 4.0 und Fedora 7 ein Status quo besteht, der über einen fixen Zeitraum gepflegt wird, kann eine neue Gentoo-Distribution im Extremfall alle 30 Minuten entstehen. Ein Zwang hierzu ergibt sich selbstverständlich nicht, es gibt genügend Anwender, die noch heute Systeme benutzen, die vor mehr als fünf Jahren auf Basis von Gentoo-1.2-Installationsmedien installiert wurden.

Gentoo folgt dem Selbstverständnis einer Metadistribution, man will dem Anwender keine fixe Distribution vorgeben, sondern ihn bei der Erstellung seiner eigenen, individuellen Distribution nach Kräften unterstützen. Dies geschieht sowohl durch das Paketmanagement, die Dokumentation, als auch durch Hilfestellungen in Form von kleinen Werkzeugen, die das Handling der »eigenen« Distribution erleichtern und nicht zuletzt die Community, die Gemeinschaft, die sich um die Distribution herum gebildet hat.

1.3 Die Entwicklung des Gentoo-Projekts

Die Philosophie einer Metadistribution stand am Anfang der Gentoo-Entwicklung und wird durch einen weit verbreiteten Spruch sehr deutlich, der auch zu Beginn des offiziellen Handbuchs zitiert wird: »Gentoo is all about choices[1]«.

---

[1] Die Herkunft dieses Spruchs oder gar Zitats lässt sich nicht genau nachverfolgen, es stammt jedoch vermutlich aus den Anfangstagen der Distribution.

1.3.1 Die Anfänge

Die Entwicklung der Gentoo-Distribution begann 1999 unter dem Code-Namen »Enoch«. Mindestens eine Version dieses Gentoo-Vorgängers, die Version 0.75, wurde auch öffentlich verteilt und ist auch heute noch verfügbar.[2] Mit Version 1.0 des Gentoo-Vorgängers fand eine Umbenennung statt – das Kind hörte nun auf den Namen Gentoo.

Eine Aktualisierung des PC-Systems von Gentoo-Gründer Daniel Robbins führte im Verlauf zu einem Stillstand der Weiterentwicklung der Gentoo-Distribution, mit dem Wissen von heute: zum Glück. Nachdem Daniel seine Workstation von einem Celeron 300 auf einen Dual-Celeron 366 MHz aufgerüstet hatte, traten seltsamerweise nur im Idle-Zustand Lockups auf, das System fror ein.

Gefrustet legte Daniel die Weiterentwicklung von Gentoo auf Eis und installierte FreeBSD. Dort begeisterte er sich sehr schnell für das Ports-System, die Idee, alle Programme aus den Quellen zu kompilieren, war seinem Gentoo-Ansatz sehr ähnlich. In der Zeitspanne um die Veröffentlichung des ersten Linux-Kernels der 2.4er-Reihe kehrte Daniel zu Linux zurück. Die rasch fortgeschrittene Entwicklung des Linux-Kernels, insbesondere um den TCP/IP-Stack, aber auch Dateisysteme wie ReiserFS begeisterten ihn – dieses Mal für Linux.

Der Ausflug zu FreeBSD hin zeigte Daniel, wie ein Autobuild-System, das er damals erstmals Portage nannte, funktionieren sollte. Im März 2002 erschien die Version 1.0 der Gentoo-Distribution, damals ausschließlich für x86-basierte PC-Systeme.

> **Hinweis**
>
> Gentoo-Gründer Daniel Robbins beschreibt in einer dreiteiligen Reihe, die er ursprünglich für IBM DeveloperWorks geschrieben hat, »Making the distribution«, seine ersten Schritte in Linux, die ihn zur Distribution Stampede gebracht haben, über die eigene Distribution Enoch bis hin zur Version 1.0 seines »Babys« Gentoo. Die Artikel sind unter *http://www.gentoo.org/doc/en/articles/making-the-distro-p1.xml* nachzulesen.

Nach Veröffentlichung der Version 1.0 der Gentoo-Distribution und mit zunehmend immer schneller werdenden Prozessoren zieht Gentoo immer mehr Benutzer – aber auch Entwickler an. Unter anderem mit PowerPC werden Ende 2002 auch erstmals weitere Architekturen von Gentoo unterstützt.

Im Juni 2003 war Gentoo auf dem LinuxTag in Karlsruhe erstmals im deutschsprachigen Raum vertreten, die Gründung des Förderverein Gentoo e.V. im Herbst glei-

---

2 *http://public.planetmirror.com/pub/enoch/enoch-0.75*

chen Jahres rund um die Practical-Linux-Veranstaltung in Gießen sollte solche Beteiligungen bei Messen und Ausstellungen langfristig auf feste Beine stellen.

Kurz vor der Practical-Linux-Ausstellung in Gießen wurde Gentoo 1.4 veröffentlicht.

Das Jahr 2004 markiert gleich mehrere Wendepunkte in der Gentoo-Historie. 2004 markiert den Wechsel von einer Benennung der Installationsmedien nach klassischer Versionierung hin zu einer Bezeichnung, die mehr auf den Schnappschuss-Charakter der Medien schließen lassen soll. Es erscheinen die Gentoo-Versionen 2004.0, 2004.1, 2004.2 und 2004.3 in Quartalsfolge. Die einschneidendste Änderung trifft im April ein: Gentoo-Gründer Daniel Robbins verlässt das Projekt.

1.3.2 Das Gentoo-Projekt heute

Bevor Daniel Robbins das Projekt 2004 verließ, gründete er die Gentoo Foundation, Inc. und ernannte deren erstes »Board of Trustees«. Hauptziele der Gentoo Foundation sind die Wahrung rechtlicher Interessen als auch die Sicherstellung der Finanzierung. Die Gentoo Foundation soll Rahmenbedingungen für die Distribution schaffen und sichern – ohne selbst aktiv in die Entwicklung der Distribution einzugreifen oder diese bewusst zu steuern. Das »Board of Trustees«, am ehesten vergleichbar mit einem Vorstand nach deutschen Vereinsrecht, wird seit 2005 alljährlich neu gewählt. Wahlberechtigt sind zum einen Gentoo-Entwickler, die bereits mehr als ein Jahr an der Distribution mitarbeiten, und zum anderen ehemalige Gentoo-Entwickler, die an vorangegangenen Wahlen teilgenommen haben.

Neben den ersten Wahlen zum »Board of Trustees« der Gentoo Foundation gab es im Jahr 2005 eine weitere einschneidende Entscheidung – die Wahl zum ersten Gentoo Council.

Zuvor war das Gentoo-Projekt nach einem Metastruktur-Modell organisiert. Projekte innerhalb der Distribution waren zu Toplevel-Projekten zusammengefasst, die wiederum durch Manager in 14-tägigen Manager-Meetings vertreten waren. Als eines von mehreren Problemen, die im Frühjahr 2005 zu ersten Diskussionen während des FOSDEM[3] in Brüssel führten, ist unter anderem die Ungleichheit zwischen der Repräsentanz von Toplevel-Projekten durch Manager und der realen Entwicklungsarbeit durch Paketbetreuer und Architektur-Teams zu nennen. Der Status einiger Toplevel-Projekte begründete sich in historischen Gegebenheiten, eine Vielzahl Entwickler war durch kein Toplevel-Projekt vertreten und die Manager-Meetings durch regelmäßige Abwesenheit von Managern de facto nicht mehr entscheidungsfähig.

In Folge wurden verschiedene Varianten diskutiert, als deren Ergebnis ein neues aus dem Kreis der Entwickler gewähltes Modell stand. Dieses sieht eine jährlich

---

3 Free and Open Source Developers Meeting

neu zu wählende Vertretung aller Entwickler, das Gentoo Council, als auch die Vereinfachung der Definition und Einführung von Projekten vor.

Das Gentoo Council, bestehend aus sieben Entwicklern, soll mindestens einmal im Monat ein Meeting abhalten, in dem über globale, also mehrere Projekte betreffende, Probleme beraten und entschieden wird. Ein Projekt kann von einem oder mehreren Entwicklern bei Bedarf und Notwendigkeit erstellt werden. So gibt es mittlerweile ein Web-Applications-Projekt, das in der Form erst mit der Neustrukturierung möglich wurde – zuvor hätte es in kein Toplevel-Projekt gepasst.

1.3.3 Förderverein Gentoo e.V.

Mit einem ähnlichen Ziel wie die Gentoo Foundation im Jahr 2004 wurde bereits ein Jahr zuvor der deutsche Förderverein Gentoo e.V. gegründet. Dieser sieht seine Hauptaufgaben in der Repräsentation der Distribution bei Veranstaltungen im deutschsprachigen Raum, Sicherung rechtlicher Rahmenbedingungen und Förderung und Stärkung der deutschsprachigen Benutzergemeinde.

Heute betreibt der Förderverein Gentoo e.V. unter anderem die deutschsprachige Community-Seite *www.gentoo.de* und stellt die Infrastruktur für die Koordination der deutschsprachigen Übersetzungen der offiziellen Gentoo-Dokumentation und des gentoo.de-Overlays zur Verfügung.

Mit Beteiligungen an Messen, Ausstellungen und Veranstaltungen wie LinuxTag, Linux World Expo, Chemnitzer Linux-Tage, Come2Linux, Linux-Tage in Essen und weiteren Veranstaltungen erfüllt der Förderverein Gentoo e.V. darüber hinaus mittlerweile viele seiner zugedachten Aufgaben.

1.4 Woher bekomme ich Gentoo?

Die Bezugsmöglichkeiten von Gentoo sind vielfältig. Neben verschiedenen Möglichkeiten, Installationsmedien aus dem Internet zu laden, können auch CD- oder DVD-Versionen erworben werden.

1.4.1 Internet

Erste Anlaufstelle ist der Gentoo Master-Mirror, der von den Open Source Labs[4] an der Oregon State University betrieben wird.

http://gentoo.osuosl.org

Sie sollten jedoch wann immer möglich einen Mirror in Ihrer Nähe verwenden. Zur Auswahl eines Mirrorservers haben Sie zwei Möglichkeiten.

---

4   *http://www.osuosl.org*

Übersicht über Gentoo-Mirrorserver

Die Webseite *http://www.gentoo.org/main/en/mirrors.xml* verfügt über eine Auflistung aller verfügbaren Gentoo-Mirrorserver. Diese sind dort geografisch sortiert, so dass Sie einen nahe gelegenen Mirrorserver auswählen können.

Aus der Auflistung geht ebenfalls hervor, welche Mirrorserver HTTP und/oder FTP verwenden und ob auch eine IPv6-Anbindung vorhanden ist.

Das Bouncer-System

Die Webseite *http://www.gentoo.org/main/en/where.xml* beinhaltet Links auf alle verfügbaren Installationsmedien. Wenn Sie dort das gewünschte Installationsmedium auswählen und herunterladen, werden Sie automatisch auf einen beliebigen Mirrorserver weitergeleitet.

Da die Auswahl des Mirrorservers jedoch rein zufällig geschieht, kann es vorkommen, dass Sie an einen langsamen Mirrorserver in Japan weitergeleitet werden. Wenn möglich, sollten Sie daher selbst einen Mirrorserver aussuchen.

1.4.2 CD/DVD-Versionen

Die Beschaffung einer CD/DVD-Version der Gentoo-Distribution kann einfacher sein, besonders, wenn Sie nur über eine vergleichsweise langsame ISDN-Internetverbindung verfügen oder sich über ein analoges Modem einwählen.

http://www.gentoo.org/main/en/where.xml enthält Links zu Shops, die CD- oder DVD-Versionen der Gentoo-Distribution verkaufen, darunter auch Shops in Deutschland wie liniso.de oder dem Linux Onlineshop[5].

1.5 Weitere Informationen und Anlaufstellen

Neben den Informationen und Anleitungen in diesem Buch gibt es zahlreiche Anlaufstellen im Netz, die Ihnen bei Problemen nahezu jeglicher Art rund um die Gentoo-Distribution meist gerne behilflich sind.

Als generelle Informationsquelle zur Nutzung von Linux-Communities bei der Lösung von Problemen sollten Sie in einer ruhigen Minute einen Blick auf »How To Ask Questions The Smart Way«[6] von Eric S. Raymon werfen, damit vermeiden Sie direkt die gröbsten Fehler und erhöhen die Chancen auf Antworten, die Ihnen wirklich weiterhelfen.

Als Lektüre für einen lauen Herbst- oder einen kalten Winterabend sei Ihnen die Artikel-Serie »Making the distribution« von Gentoo-Gründer Daniel Robbins ans

---

5 *http://www.linux-onlineshop.de/index.php/cat/c67_Gentoo.html*
6 *http://www.catb.org/~esr/faqs/smart-questions.html*

Herz gelegt. Er beschreibt neben dem Werdegang der Distribution auch seinen persönlichen Weg zu Linux – eine interessante Lektüre. Die ursprünglich von Daniel Robbins für IBM DeveloperWorks verfassten Artikel sind von Gentoos Dokumentationsprojekt unter *http://www.gentoo.org/doc/en/articles/making-the-distro-p1.xml* verfügbar gemacht worden.

1.5.1 http://forums.gentoo.org

Die Gentoo-Foren sollten die erste Anlaufstelle bei Problemen jedweder Art sein. Allein die durch die Dokumentation zahlreicher Fehler und Fehlerkombinationen mitsamt Lösungsansätzen entstandene Wissensdatenbank macht die Gentoo-Foren zu einem fast schier unerschöpflichen Gut. Ein Problem, dessen Lösung Sie hier nicht finden, ist vermutlich wirklich ein Problem ;)

Mit mehr als 100.000 Benutzern und fast vier Millionen Beiträgen sind die Gentoo-Foren eine der größten Installationen der Forensoftware phpBB – weltweit.

Neben zahlreichen englischsprachigen Foren beinhalten die Gentoo-Foren auch zahlreiche Foren in vielen Sprachen der Welt. Das deutschsprachige Forum mit seinen Diskussions- und Dokumentationsforen gehört hier zu den am stärksten frequentierten. Die Wahrscheinlichkeit, sehr schnell deutschsprachige Hilfe zu finden, ist recht groß. Darüber hinaus lässt sich die Suchfunktion auch auf die deutschsprachigen Foren einschränken.

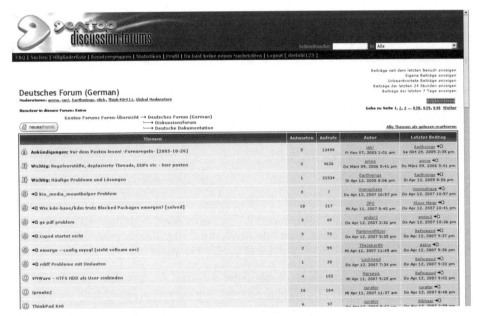

Abb. 1.1:   Die Gentoo-Foren

Wie nahezu immer, wenn sehr viele sehr unterschiedliche Menschen aufeinandertreffen, funktioniert es nicht allzu lange ohne regelnd eingreifende Moderatoren und ein Mindestmaß an von allen zu akzeptierenden Regeln:

- Geben Sie bei Problemen mit Paketen die betroffene oder die betroffenen Versionen und die verwendete Architektur an.

- Geben Sie bei Hardwareproblemen die genaue Bezeichnung, den Hersteller, den verwendeten Treiber und verwendete Software an.

- Versuchen Sie zu beschreiben, ob ein Fehler reproduzierbar auftritt und wie sich der Fehler reproduzieren lässt.

- Gibt es zu dem Problem eventuell schon einen Fehlerbericht unter *https:// bugs.gentoo.org*? Geben Sie den Fehlerbericht dann mit an.

- Verwenden Sie aussagekräftige Überschriften, das hilft auch bei einer späteren Suche nach dem Problem – und der gefundenen Lösung.

- Beschreiben Sie ein Problem möglichst detailliert. Bei Problemen mit fehlgeschlagenen Kompilierungen geben Sie die Ausgabe von `emerge --info` und die letzten ca. 20 Zeilen der Compilerausgabe mit an.

- Beschreiben Sie in einem Thread nur ein Problem, die Vermischung von Problemen erschwert nur die Fehlersuche.

- Nutzen Sie die Formatierungsmöglichkeiten des phpBB. Setzen Sie Zitate in `[quote]`-Tags, Bildschirmausgaben in `[code]`-Tags. Um Befehle innerhalb des Fließtextes hervorzuheben, gibt es das `[i]`-Tag.

Die aktuell gültigen Forenregeln finden Sie immer aktualisiert unter *https:// forums.gentoo.org/viewtopic-t-103561.html*.

Tipp

Die Gentoo-Foren sind sowohl über *http://forums.gentoo.org* als auch über *https://forums.gentoo.org* erreichbar.

1.5.2 Mailinglisten

Mailinglisten erlauben genau wie Foren eine asynchrone Kommunikation, zusätzlich sind sie aber auch ohne permanente Verbindung ins Internet nutzbar. Nachrichten können auch offline gelesen und verfasst werden.

Gentoo benutzt den Mailinglisten-Manager mlmmj, der sowohl einen `List-Id`-Header als auch ein `[Mailinglistenname]`-Tag im Betreff der Mails einfügt. So lassen sich leicht Filter-Regeln erstellen, um Mails von Gentoo-Mailinglisten in eigene Mailordner einzusortieren.

Das Gentoo-Projekt betreibt eine Vielzahl mehrsprachiger Mailinglisten, unter anderem in Englisch, Deutsch und Spanisch. Neben den Anwendermailinglisten verfügen eine Vielzahl der einzelnen Projekte innerhalb der Gentoo-Distribution über eigene Mailinglisten, genauso wie Architektur-Projekte.

Die wichtigsten Mailinglisten sind die *gentoo-dev@gentoo.org*- und *gentoo-user@gentoo.org*-Listen.

- *gentoo-dev@gentoo.org:* Auf dieser Mailingliste werden alle Dinge diskutiert, die die weitere Entwicklung von Gentoo und mehr als ein einzelnes Projekt betreffen oder Auswirkungen auf die gesamte Gentoo-Distribution haben.

- *gentoo-user@gentoo.org:* Dies ist die englischsprachige Anwendermailingliste, auf der Informationen über zahlreiche Probleme, aber auch Lösungsansätze, Tipps und Erfahrungsberichte ausgetauscht werden. Der deutschsprachige Ableger ist die *gentoo-user-de@gentoo.org*-Mailingliste.

Die folgenden Mailinglisten sind die derzeit aktivsten und decken ein breites Spektrum rund um die aktive Gentoo-Entwicklung ab.

Mailingliste	Beschreibung
gentoo-user	Englischsprachige Anwendermailingliste, Diskussionen und Austausch rund um aktuelle Probleme, Informationen und Tipps sowie Erfahrungsberichte
gentoo-announce	Ankündigungen der Gentoo-Distribution, dazu zählen Gentoo Linux Security Announcements (GLSA), aber auch Ankündigungen über die Verfügbarkeit neuer Installationsmedien
gentoo-dev	Diskussionen rund um die aktuelle Entwicklung der Distribution
gentoo-project	Nicht-technische Diskussionen rund um das Gentoo-Projekt
gentoo-security	Diskussionen rund um Sicherheitslücken und -problematiken
gentoo-doc	Mailingliste von Gentoos Dokumentationsprojekt, hier werden Änderungen an der Dokumentation und die Übersetzung von Gentoo-Projekten wie dem Gentoo Linux Installer diskutiert und koordiniert.
gentoo-gwn	Über diese Mailingliste wird die Text-Version des Gentoo Weekly Newsletters wie der Name schon verrät einmal wöchentlich zugestellt.
gentoo-bsd	Diskussionen rund um die Portierung des Gentoo-Paketmanagementsystems Portage auf FreeBSD, OpenBSD und NetBSD
gentoo-kernel	Ankündigungen neuer Patchsets für die gentoo-sources und Diskussion

Tabelle 1.1: Mailinglisten der Gentoo-Distribution

Mailingliste	Beschreibung
gentoo-laptop	Diskussionen um die mobile Nutzung von PCs, hier kommen Themen wie Stromsparmodi, PCMCIA und die Nutzung drahtloser Netzwerkkarten zur Sprache.
gentoo-desktop	Diskussionen um die Nutzung von Gentoo auf Desktopsystemen
gentoo-hardened	Mailingliste des Gentoo-Hardened-Projekts, die sich auch mit generellen Sicherheitsfragen und der Nutzung von SELinux, GRSecurity u.a. befasst
gentoo-catalyst	Diskussionen und Problemlösung rund um das von Gentoos Release Engineering zur Erstellung von Installationsmedien genutzte Werkzeug `catalyst`
gentoo-releng	Mailingliste von Gentoos Release-Engineering-Projekt
gentoo-mirrors	Koordination und Ankündigungen bezüglich der Verteilung der Gentoo-Distribution auf zahlreiche Spiegel-Server weltweit
gentoo-installer	Diskussionen und Hilfestellungen rund um den Gentoo Linux Installer

Tabelle 1.1: Mailinglisten der Gentoo-Distribution (Forts.)

Darüber hinaus gibt es für nahezu jede von Gentoo unterstützte Architektur eine Mailingliste in der Form *gentoo-<Architektur>@gentoo.org*, also zum Beispiel *gentoo-amd64@gentoo.org* oder *gentoo-ppc@gentoo.org*.

Eine Auflistung sämtlicher aktuell verfügbarer Mailinglisten erhalten Sie unter *http://www.gentoo.org/main/en/lists.xml*.

An- und Abmeldung bei Gentoos Mailinglisten

Die An- und Abmeldung bei Gentoos Mailinglisten geschieht ausschließlich via E-Mail, der von Gentoo eingesetzte Mailinglistenmanager mlmmj bietet derzeit kein Webinterface, über das An- und Abmeldungen durchgeführt werden können.

Zur Anmeldung senden Sie eine leere E-Mail an *gentoo-<liste>+subscribe@gentoo.org*, also zum Beispiel *gentoo-announce+subscribe@gentoo.org*. Zur Verifizierung Ihrer E-Mail-Adresse erhalten Sie eine E-Mail, mit der Sie die Anmeldung zu einer Mailingliste bestätigen müssen.

Zur Abmeldung von einer Mailingliste senden Sie eine leere E-Mail an *gentoo-<liste>+unsubscribe@gentoo.org*, also zum Beispiel *gentoo-announce+unsubscribe@gentoo.org*.

Regeln

Beachten Sie beim Schreiben an Gentoo-Mailinglisten, Nur-Text-E-Mails zu versenden und die Mail nur an eine Liste zu versenden – das Crossposten an mehrere Mailinglisten kann als unhöflich angesehen werden.

Zum »richtigen« Zitieren von E-Mails gibt es eine Anleitung[7], die sich zwar ursprünglich auf das USENET bezieht, aber auch auf Mailinglisten übertragbar ist.

Sehen Sie diese nicht als Regeln, die Ihnen den Zugang erschweren sollen, sondern als Chance, von möglichst vielen anderen Anwendern gelesen zu werden und die Gruppe derer, die Ihnen bei Ihrem Problem oder Ihrer Fragestellung helfen kann, zu vergrößern.

Mailinglisten-Archive

Neben Mailinglistenarchiven wie Gmane[8] oder Google Groups[9] betreibt Gentoo ein eigenes Mailinglistenarchiv. Dieses ist unter *http://archives.gentoo.org* erreichbar. Sämtliche Gentooo-Mailinglisten sind hier von der ersten E-Mail an archiviert.

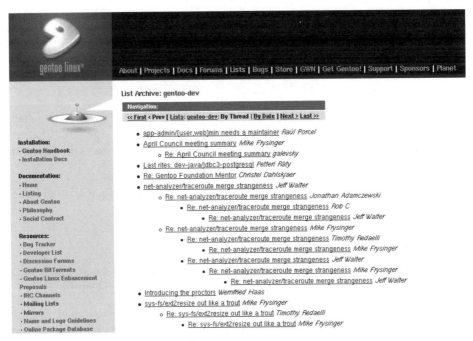

Abb. 1.2:   Gentoos Mailinglistenarchiv

---

7   *http://learn.to/quote*
8   *http://gmane.org*
9   *http://groups.google.de*

1.5.3 IRC

Internet Relay Chat, kurz IRC, ist ein Text-basierter Chat, bei der sich in Channels genannten Chat-Räumen nahezu beliebig viele Teilnehmer gleichzeitig unterhalten können. Channels wiederum sind Teile eines IRC-Netzwerks. Durch die Verteilung auf mehrere Server ist ein IRC-Netzwerk nahezu beliebig skalierbar.

Die Chat-Channel rund um die Gentoo-Distribution sind im IRC-Netzwerk Free-Node beheimatet, beteiligen Sie sich dort und tauschen Sie binnen Sekunden Text-Nachrichten mit Gleichgesinnten aus.

IRC lässt sich unter anderem mit den Programmen X-Chat und dem auf Gentoos Installations- und Live-CDs enthaltenen `irssi` nutzen.

Die Nutzung des IRC ist besonders bei während der Installation auftretenden Problemen hilfreich, von der Live- oder Installations-CD aus können Sie Probleme direkt mit anderen Mitgliedern der Gentoo-Community versuchen zu lösen. Aber auch bei späteren Problemen oder Vorschlägen zu Verbesserungen kann es von Vorteil sein, die jeweiligen Paketbetreuer oder Entwickler aus Projekten direkt im Chat anzusprechen.

> **Wichtig**
>
> Wenn Sie von einer Live- oder Installations-CD aus den Internet Relay Chat nutzen möchten, sollten Sie zwingend einen unprivilegierten Benutzer anlegen.

Bei Problemen während der Installation sind die `#gentoo`- und `#gentoo.de`-Channels für Hilfe in deutscher Sprache am ehesten geeignet. Im `#gentoo`-Channel sind teilweise mehr als 1000 Teilnehmer gleichzeitig verbunden, was die Kommunikation erschweren kann.

Eine Übersicht über den größten Teil der verfügbaren Gentoo-IRC-Channel findet sich unter *http://www.gentoo.org/main/en/irc.xml*.

1.5.4 Gentoo Weekly Newsletter

Der wöchentliche Gentoo-Newsletter berichtet seit Dezember 2003 regelmäßig über aktuelle Ereignisse und Geschehnisse innerhalb der Gentoo-Community.

Unregelmäßige Rubriken wie die »Future Zone« beschäftigen sich nicht nur mit aktuellen Entwicklungen, sondern auch Ereignissen und Entwicklungen, die bis dato noch in einem frühen Entwicklungsstadium liegen. Der »Entwickler der Woche« bringt Entwickler der Gentoo-Distribution näher, beleuchtet aber nicht nur deren Arbeitsbereiche in Gentoo, sondern auch deren liebste und meistgenutzte Programme, weitere Hobbys und so fort. Die Rubrik »Gentoo International« berichtet über Messen, Veranstaltungen und Treffen weltweit, die mit Gentoo zu tun haben – Veranstaltungen im deutschsprachigen Raum sind in dieser Rubrik gern gesehener Dauergast.

Weitere feste Bestandteile des Gentoo Weekly Newsletter sind statistischer Natur.

- Auflistung neu hinzugekommener Entwickler, Entwickler, die das Projekt verlassen oder ihre Aufgaben innerhalb des Projekts verändert haben

- Zusammenfassung aller Gentoo Linux Security Announcements der Woche

- Übersicht über neu hinzugefügte und entfernte Pakete, wie auch Pakete, deren Entfernung bevorsteht

Der Gentoo Weekly Newsletter kann entweder online[10] gelesen werden (die deutsche Übersetzung folgt meist binnen einer Woche) oder bequem als E-Mail abonniert werden. Senden Sie hierzu eine leere E-Mail an *gentoo-gwn+subscribe@gentoo.org*.

1.5.5 Offizielle Gentoo-Dokumentation

Gentoos Dokumentationsprojekt pflegt eine mittlerweile schier endlose Anzahl von Dokumentationen, die nahezu sämtliche Bereiche der Distribution umfassen. Von Hilfen zur Installation, Frequently Asked Questions (FAQs) bis hin zur Einrichtung von Diensten wie Apache, Datenbanken wie MySQL oder PostgreSQL und der Einrichtung eines DSL-Routers auf Gentoo-Basis sind viele Bereiche umfassend dokumentiert.

Diese Dokumentation wird von zahlreichen Freiwilligen ins Deutsche übersetzt. Die vom Förderverein Gentoo e.V. betriebene Plattform *www.gentoo.de* stellt hierfür die benötigte Infrastruktur, so dass die aktuellsten Versionen der Übersetzungen zuerst auf *www.gentoo.de* verfügbar sind, bevor sie in einem weiteren Schritt auch auf *www.gentoo.org* veröffentlicht werden.

Eine Übersicht über alle (deutsch- wie englischsprachigen) Dokumentationen finden Sie unter *http://www.gentoo.de/doc/de/list.xml*.

1.5.6 Das Gentoo Wiki

Das Gentoo Wiki[11] wird nicht von Gentoos Infrastrukturprojekt betrieben und eine inhaltliche Kontrolle und Pflege durch Gentoos Dokumentationsprojekt findet ebenfalls nicht statt, dennoch hat sich das Gentoo Wiki zu einer weiteren weit verbreiteten Anlaufstelle zu Dokumentationen rund um die Gentoo-Distribution entwickelt.

Insbesondere Dokumentationen zur Virtualisierung mit XEN oder Einrichtung eines 3D-Desktops mit Beryl/Compiz sind ausschließlich dort vorhanden.

---

10 *http://www.gentoo.org/news/en/gwn/gwn.xml*
11 *http://gentoo-wiki.com/Main_Page*

Freiwillige haben ebenfalls begonnen, Teile der Dokumentation aus dem Wiki ins Deutsche[12] zu übersetzen.

1.6   Prozessor-Architekturen

Angefangen mit der x86-Prozessorarchitektur begann die Entwicklung der Gentoo-Distribution, schon schnell folgte jedoch die Portierung der Distribution auf weitere Prozessorarchitekturen. Heute gehört Gentoo mit zu den Distributionen, die die meisten Prozessorarchitekturen unterstützen – von gewöhnlichen x86- oder x86_64- (auch als AMD64 bekannten) Prozessoren über PowerPC, HPPA, Alpha, Itanium und MIPS bis hin zu Prozessoren aus dem Embedded-Bereich wie sh oder arm.

Nicht jede Architektur kann jedoch in gleicher Weise unterstützt werden – dies begründet sich schon allein in einer unterschiedlichen Nachfrage. Populäre und verbreitete Architekturen wie x86 und AMD64 werden von mehr Anwendern genutzt und ebenso von mehr Entwicklern betreut, während speziell Architekturen wie SuperH (sh) oder arm, die vorwiegend im Embedded-Bereich zu finden sind, sowohl von weniger Anwendern als auch weniger Entwicklern genutzt werden.

Jede Portierung auf eine neue Prozessorarchitektur wird in der Gentoo-Distribution von einem eigenen Architekturteam unterstützt. Diese bestehen – rein formal – aus mindestens einem Entwickler, in der Regel jedoch aus einer aktiven Gruppe von mindestens fünf Entwicklern. Die Kernaufgaben der Architekturteams bestehen aus dem Testen von Paketen auf mögliche architekturspezifische Fehler, dem Erstellen von Installationsmedien und der Pflege sicherheitsrelevanter Aktualisierungen.

Im Gegensatz zu anderen Linux-Distributionen oder FreeBSD, bei denen die Unterstützung von Architekturen nach Rängen (Tier-1, Tier-2 usw.) geregelt ist, gibt es bei Gentoo nur eine Formalität, in der sich Ports auf Architekturen unterscheiden: Unterstützung durch das Gentoo-Security-Projekt.

Unterstützung durch das Gentoo-Security-Projekt bedeutet, dass vor Veröffentlichung eines Gentoo Linux Security Announcement, kurz GLSA, die betroffene Anwendung auf sicherheitsunterstützten (»security-supported«) Architekturen bereits im stabilen Zweig der Distribution verfügbar sein muss. Voraussetzung für eine Architektur, um den Status »sicherheitsunterstützt« zu erhalten, ist eine feste Kontaktperson innerhalb des Architekturteams, die sicherstellen soll, dass sicherheitsrelevante Probleme innerhalb eines vorgegebenen Zeitraums behoben werden. Die Länge des vorgegebenen Zeitraums variiert je nach Schwere des Fehlers, ein Denial-of-Service-Angriff ist beispielsweise anders gewichtet als eine Remote-

---

12   *http://de.gentoo-wiki.com/Hauptseite*

Lücke, über die ein Angreifer Root-Rechte erlangen kann. Eine Auflistung aktuell sicherheitsunterstützter Architekturen und der Klassifizierungskriterien von Sicherheitslücken finden Sie im Netz unter *http://security.gentoo.org*.

Ein weiterer, jedoch nicht formaler Aspekt, an dem sich Architekturen innerhalb der Gentoo-Distribution unterscheiden, sind Veröffentlichungen. Auch hier sind einerseits die Nachfrage der Benutzer und die zeitlichen Möglichkeiten der Entwickler, aber auch technische Aspekte entscheidend. Für die MIPS-Architektur – speziell SGI Workstations – waren und sind Netboot-Images zur Installation eher geeignet als eine bootbare CD. Für die HPPA-Architektur wäre ein grafischer Installer schlicht ungeeignet, da die Installation zumeist über eine serielle Konsole durchgeführt wird. Hingegen für x86- und AMD64-basierte Systeme eignet sich der grafische Gentoo Linux Installer. Kurzum – jede Architektur hat ihre Besonderheiten, die sie einzigartig macht. Die Gentoo-Distribution greift diese Besonderheiten auf und ermöglicht so eine Anpassung an das Potenzial und die Möglichkeiten der Architektur. Angefangen bei den Installationsmedien.

Folgende Prozessorarchitekturen werden derzeit durch das Gentoo Linux-Security-Projekt und die jeweiligen Architekturteams mit Sicherheitsaktualisierungen unterstützt:

- **x86:** Eigentlich keine Portierung, sondern der Ursprung – sowohl von Linux wie auch der Gentoo-Distribution. Gentoo unterstützt alle x86-kompatiblen Prozessoren von Intel, AMD, Cyrix und weiteren, jedoch ist die Unterstützung für i486/i586-basierte Systeme (Pentium I, Via C3 u.a.) eingeschränkt. Die Gentoo-Live-CD erfordert zur Installation eine i686-kompatible CPU.

- **AMD64**, eigentlich **x86_64:** Portierung auf Athlon64- und Opteron-Prozessoren sowie Intel-Prozessoren mit EM64T-Erweiterung (z.B. Core 2 Duo, neuere XEON-CPUs)

- **PowerPC/PowerPC64:** Portierung auf PowerPC-Prozessoren von Motorola und Intel. Der **ppc**-Port unterstützt sowohl Oldworld- als auch neuere Apple-Hardware mit G3- und G4-Prozessoren. Der **ppc64**-Port unterstützt G5-Prozessoren in Apple- und IBM-Systemen sowie den in der Playstation 3 eingesetzten Cell-Prozessor. Der **ppc64**-Port kann wahlweise in einem reinen 64-Bit-System oder einem 64-Bit-Kernel und 32-Bit-Userland genutzt werden.

- **ALPHA:** Portierung auf die von DEC (später Compaq) entwickelte Prozessorarchitektur. Diese Architektur verliert an Bedeutung, da die Entwicklung von ALPHA-Prozessoren ausläuft bzw. in der Entwicklung der Itanium-CPU aufgeht.

- **SPARC:** Portierung auf die von SUN Mitte der 1980er Jahre vorgestellte Prozessorarchitektur. Gentoo unterstützt UltraSPARC-Prozessoren (sparc64) mit einem 64-Bit-Kernel und einem 32-Bit-Userland. Die Nutzung eines 64-Bit-Userlands befindet sich in einem experimentellen Stadium und ist nur bei entsprechend ausgebauter Hardware (vor allem RAM) von Vorteil. Ältere SPARC-CPUs wie in SUN Sparc Stations verwenden einen 32-Bit-Kernel und ein 32-Bit-Userland, hierfür stehen nur experimentelle Installations-CDs zur Verfügung.

- **HP PA-RISC:** Portierung auf die HPPA-Architektur. Analog zur ALPHA-Architektur ist auch die Einstellung der HPPA-Architektur geplant, jedoch noch nicht zeitlich festgelegt. Die HPPA-Architektur wird ebenfalls in der Itanium-CPU aufgehen.

Darüber hinaus gibt es Portierungen der Gentoo-Distribution auf die folgenden Architekturen und Plattformen:

- **MIPS:** Portierung auf die im Besonderen in SGI-Workstations verwendete MIPS-Architektur. Die Zukunft von MIPS-Big-Endian-Prozessoren ist derzeit offen, jedoch werden MIPS-Little-Endian-Prozessoren vermehrt im Embedded-Bereich wie beispielsweise in kleinen DSL-Routern und WLAN-Access Points verwendet.

- **Itanium:** Portierung auf die Itanium-Architektur, die gemeinsam von Intel und HP als Nachfolger der ALPHA- und HP-PA-RISC-Architekturen entwickelt wird.

- **SuperH:** Portierung auf die ursprünglich von Hitachi entwickelte SuperH-Architektur. Die SuperH-Architektur ist besonders in Japan weit verbreitet und kommt in Embedded-Systemen zum Einsatz.

- **Arm:** Portierung auf die Arm-Architektur, deren Prozessoren von Intel auch unter der Bezeichnung XScale vertrieben werden. Diese Architektur kommt ebenfalls in Embedded-Systemen zum Einsatz.

- **m68k:** Portierung auf Motorolas m68k-Architektur, die unter anderem in Servern von Sun und HP sowie im Amiga und älteren Apple-Computern genutzt wurde. Heute findet die m68k-Architektur im Bereich Embedded-Systems Verwendung.

- **System/390:** Portierung auf die Großrechner-Architektur zSeries von IBM.

- **FreeBSD/x86** und **FreeBSD/SPARC:** Portierung des Paketmanagements der Gentoo-Distribution auf die FreeBSD-Plattform sowie weitere BSD-Derivate. Von diesen Portierungen ist Gentoo FreeBSD/x86 am weitesten fortgeschritten, jedoch ebenfalls noch in einem experimentellen Stadium.

Tipp

Eine Auflistung aller aktuell gepflegten Portierungen der Gentoo-Distribution finden Sie in der Datei `/usr/portage/profiles/arch.list`.

1.7 Fazit

Dieses Kapitel hat die Geschichte und die Entwicklung der Gentoo-Distribution dargestellt und die Unterschiede zwischen »klassischen« Linux-Distributionen und einer Metadistribution verdeutlicht.

Ein Überblick über die Quellen zum Beziehen der Installationsmedien erleichtert das Auffinden selbiger und der Überblick über die Community rund um Gentoo und die vielfältigen Kommunikationsmöglichkeiten hilft bei auftretenden Problemen und Fragestellungen.

Die Auflistung von Gentoo unterstützter Prozessorarchitekturen ist für Sie vielleicht Anreiz, einen Blick über den Tellerrand zu werfen und eine solche Maschine zu erwerben, um Gentoo auf einer für Sie neuen Prozessorarchitektur auszuprobieren.

## Kapitel 2

Installation

In diesem Kapitel sind die Installationsmedien, der grundlegende Aufbau und die Funktion der Gentoo-Distribution sowie die Installation eines typischen Gentoo-Systems für die Architekturen x86 und AMD64 (x86_64) beschrieben. Zum Ende dieses Kapitels steht ein installiertes Gentoo-Basissystem.

Wichtig

Vor der ersten Installation eines Gentoo-Systems sollten Sie dieses Kapitel zunächst vollständig lesen, um einen Überblick über die vorhandenen Optionen und Möglichkeiten zu bekommen und möglicherweise auftretende Fragen bereits im Vorfeld klären zu können.

2.1   Vor der Installation

So individuell und vielfältig wie die Gentoo-Distribution an sich sind auch die vorhandenen Möglichkeiten zur Installation der Distribution. Ob händisch oder durch eine Installationshilfe durchgeführt, die Installation reduziert sich in nahezu allen Fällen auf die folgenden Schritte:

1. Booten einer Gentoo-Installations-CD oder einer beliebigen anderen Linux-Live-CD, Konfiguration einer Netzwerkverbindung

2. Partitionierung der Festplatte, Formatierung der Partitionen für die Gentoo-Installation

3. Entpacken eines Stage-Archivs

4. Installation des Portage Tree

5. Installation von Kernel-Sourcen, Konfiguration des Kernels und Kompilierung – alternativ Installation des Kernels der Installations-CD

6. Installation benötigter Programme wie Systemlogger, Cron-Daemon und dem Text-Editor des Vertrauens

7. Konfiguration des Basissystems und des Netzwerks

8. Installation und Konfiguration eines Bootloaders

9. Neustart

Im Folgenden werden zwei der möglichen Installationsmethoden exemplarisch beschrieben.

Zum einen die für Gentoo typische textbasierte Installation auf der Konsole und zum anderen eine Installation mit der Gentoo-Live-CD durch den Installer. Letztere ist ohne eine Internetverbindung möglich und der beste Beweis, dass auch eine Gentoo-Installation binnen 15 Minuten durchführbar ist.

2.2 Aufbau der Gentoo-Distribution

In der vorangegangenen Auflistung tauchen möglicherweise völlig unbekannte Begriffe auf, die für das Verständnis über den Aufbau und die Funktion der Gentoo-Distribution jedoch von wesentlicher Bedeutung sind. Oder wissen Sie bereits, was sich hinter Stage-Archiven, einem Portage Snapshot oder dem Portage Tree verbirgt?

2.2.1 Stage-Archiv

Ein Stage-Archiv bezeichnet ein Tar-Achiv, das ein rudimentäres Basissystem enthält. Historisch bedingt wird zwischen Stage-1-, Stage-2- und Stage-3-Archiven unterschieden.

- Ein Stage-1-Archiv enthält lediglich eine für eine Prozessorarchitektur (zum Beispiel x86 oder AMD64) angepasste Toolchain bestehend aus dem GNU C-Compiler, der GNU-C-Bibliothek, den Binutils und wenigen anderen zwingend erforderlichen Programmen, wie dem Paketmanagement Portage und der Skript-Sprache Python.

- In einem Stage-2-Archiv ist die Toolchain bereits auf eine Prozessorsubarchitektur angepasst, beispielsweise Pentium 4 oder Athlon-XP.

- Ein Stage-3-Archiv enthält darüber hinaus ein für eine Prozessorsubarchitektur erstelltes Basissystem, das bereits sämtliche zwingend erforderlichen Anwendungen beinhaltet.

Für die Verwendung eines Stage-2-Archivs gibt es keinerlei technische Gründe und auch die Gründe für die Nutzung eines Stage-1-Archivs sind rar gesät und reduzieren sich nahezu vollständig auf ein »damit man's mal gemacht hat«.

Im Folgenden gehen daher beide beschriebenen Installationsmethoden von der Installation eines Stage-3-Archivs aus, die Bezeichnung Stage-Archiv wird darüber hinaus im Weiteren als Synonym für das Stage-3-Archiv benutzt.

Hinweis

Das Release-Engineering-Projekt der Gentoo-Distribution hat die Unterstützung für Installationen ausgehend von einem Stage-1-Archiv stark reduziert und fordert zur Nutzung von Stage-3-Archiven zur Installation auf.

2.2.2 Portage Tree

Der Portage Tree ist Teil des Herzstücks der Gentoo-Distribution, dem Paketmanagementsystem Portage. Dieses besteht einerseits aus dem Konsolen-Frontend emerge und dem Portage Tree. Innerhalb des Portage Tree befinden sich, abgelegt in zahlreichen Kategorien, Ebuild genannte Dateien zur Steuerung der Installation eines Programms. Für jedes Programm definiert ein Ebuild unter anderem Abhängigkeiten, das heißt Programme, die zur Kompilierung und Installation einer Anwendung zwingend erforderlich sind. Neben zahlreichen Ebuilds für über 10.000 Anwendungen befinden sich weitere Dateien wie Prüfsummen, Patchs und Metadaten im Portage Tree. Der Portage Tree umfasst über 150.000 einzelne Dateien, die in einem komprimierten Tar-Archiv noch über 35 MB Speicherplatz in Anspruch nehmen.

Zu jeder Veröffentlichung von Installationsmedien der Gentoo-Distribution wird ein Snapshot des Portage Tree angelegt, aus dem die Installationsmedien erstellt werden.

2.3 Vorbereitung

Sofern auf dem PC bereits ein Betriebssystem vorhanden ist, sollten Sie vor der Installation eines weiteren Betriebssystems unbedingt ein Backup erstellen.

Die Installation parallel zu einem Windows-Betriebssystem ist grundsätzlich möglich. Um potenzielle Probleme bereits im Vorfeld zu umgehen, sollten Sie hierbei nach Möglichkeit zuerst das Windows-System in die erste primäre Partition des PC installieren.

2.3.1 Hardwareanforderungen

Eine Gentoo-Installation stellt für aktuelle Hardware leistungsmäßig keinerlei Problem dar, weshalb auf eine Auflistung von Anforderungen für AMD64-basierte Systeme getrost verzichtet werden kann – mit einem AMD64-System sind Sie für ein aktuelles Gentoo-System bestens gerüstet!

Für x86-basierte PC-Systeme gelten folgende Mindestanforderungen:

- i486 oder besser
- 64 MB RAM

- 256 MB Swap

- 1,5 GB Festplattenspeicherplatz

Dies sind jedoch lediglich die zwingend erforderlichen Mindestanforderungen, mit der eine Gentoo-Installation grundsätzlich möglich ist. Spaß wird weder die Installation noch die spätere Nutzung des Systems machen. Von den zu veranschlagenden Zeiten zur Installation und späteren Aktualisierungen ganz abgesehen.

Folgende Mindestanforderungen an die Hardware sind daher eher als realistisch zu betrachten:

- Prozessor mit mindestens 1 GHz

- mindestens 256 MB RAM

- 10 GB Festplattenspeicherplatz

> **Wichtig**
>
> Gentoos Live-CDs und Live-DVDs benötigen zum Starten mindestens 256 MB RAM. Auf PC-Systemen mit weniger Arbeitsspeicher müssen Sie die Installations-CD verwenden.

2.4 Textbasierte Installation

Im Gegensatz zur Installation über den Gentoo Installer bietet die händische, textbasierte Installation die Möglichkeit, schon zu einem frühen Zeitpunkt in die Installation einzugreifen und das Installationsergebnis zu beeinflussen. Diese höhere Flexibilität erfordert vom Anwender, dass er seine Optionen, Möglichkeiten und die entsprechenden Schritte zur Installation kennt und aus diesen Optionen und Möglichkeiten die für sich zutreffenden Entscheidungen ableiten kann.

In diesem Buch ist eine rudimentäre textbasierte Installation beschrieben, die auf die gebräuchlichen Optionen und Möglichkeiten eingeht und sich an Standards orientiert.

2.4.1 Start der Installations-CD

Für die x86- und AMD64-Prozessorarchitekturen bietet Gentoo zu jeder Veröffentlichung zwei unterschiedliche CD-Medien an. Diese unterscheiden sich sowohl in ihrer Größe als auch im Funktionsumfang:

- Die **Live-CD** beinhaltet eine grafische Oberfläche (derzeit XFCE) und kann sowohl für eine textbasierte Installation als auch mit dem Gentoo Installer genutzt werden.

- Eine reine **Installations-CD,** auf der sich eine stark eingeschränkte Gentoo-Installation befindet. Es sind nur zur Installation notwendige Programme enthalten.

Auch bei einer textbasierten Installation kann es hilfreich sein, die Live-CD zu nutzen, da hier ein Browser zum Lesen von Online-Dokumentation oder Recherche bei möglicherweise auftretenden Problemen bereitsteht.

Anpassen der Bootreihenfolge im BIOS

Zum Booten der Gentoo-Live- oder -Installations-CDs muss das BIOS zum Booten von CD-ROM- oder DVD-ROM-Laufwerken konfiguriert sein. Sollten die Gentoo-CDs von Ihrem PC nicht automatisch gestartet werden, überprüfen Sie die Boot-Reihenfolge im BIOS des PC.

Den Setup-Modus des BIOS rufen Sie durch Drücken der Tasten F2 oder Entf während des Bootvorgangs auf. Aktuelle BIOS-Versionen erlauben durch Halten der ESC-Taste während des Bootvorgangs auch eine temporäre Umgehung der voreingestellten Bootreihenfolge und einmalige Auswahl eines anderen Boot-Mediums.

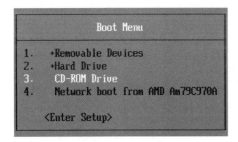

Abb. 2.1:   Ändern der Boot-Reihenfolge

Booten der Installations-CD

Auf allen für die x86- und AMD64-Architekturen veröffentlichten Installationsmedien befindet sich zum einen ein Linux-Kernel mit oder wahlweise ohne Framebuffer-Unterstützung sowie das Speichertest-Programm memtest86. Die Kernel auf der Live-CD als auch auf der Installations-CD sind identisch und unterstützen die gleichen Optionen. Standardmäßig wird nach einer kurzen Wartezeit der Kernel mit Framebuffer-Unterstützung gestartet.

```
Gentoo Linux Installation Live-CD                http://www.gentoo.org
Enter to boot; F1 for kernels  F2 for options.
```

Sämtliche verfügbaren Kernel sowie deren Optionen können über [F1] beziehungsweise [F2] angezeigt werden. Der verfügbare Linux-Kernel ist mit gentoo bzw. gentoo-nofb bei deaktivierter Framebuffer-Unterstützung benannt.

Das Bootverhalten der CD kann durch optionale Parameter beeinflusst werden. Sämtliche von der jeweiligen CD unterstützten Optionen können über die Funktionstasten [F3] bis [F7] angezeigt werden. Die Mehrzahl der Parameter ist lediglich bei sehr speziellen Hardwarekombinationen notwendig (z.B. der Parameter *slowusb*, der bei über USB angebundenen CD-ROM-Laufwerken Pausen in den Bootprozess einfügt). Die gebräuchlichsten Parameter sind folgend aufgelistet:

console=X	Aktivierung der Nutzung serieller Konsolen, z.B. /dev/ttyS0 auf x86-basierten Systemen. An das Device können optional weitere Parameter der jeweiligen Verbindung übergeben werden, diese sind per Default 9600,8,n,1.
doapm	Aktiviert die Nutzung des APM-Subsystems, erfordert zugleich die Option acpi=off zur Deaktivierung von ACPI.
dopcmcia	Aktiviert Unterstützung für PCMCIA-Hardware und startet den Cardbus-Manager, diese Option ist nur erforderlich, wenn von via PCMCIA angebundener Hardware gebootet wird.
doscsi	Lädt die Module für die meisten unterstützten SCSI-Controller.
ide=nodma	Deaktiviert den DMA-Modus im Kernel. Diese Option ist bei einigen IDE-Chipsätzen sowie einigen CD-ROM-Laufwerken notwendig.
nodetect	Deaktiviert die Hardware-Erkennung während des Boot-Vorgangs. Diese Option ist zumeist nur beim Debuggen von Startproblemen notwendig.
nodhcp	Standardmäßig wird für erkannte Netzwerk-Devices eine automatische Konfiguration via DHCP versucht. Nutzen Sie diese Option, wenn in Ihrem Netzwerk kein DHCP-Server verfügbar ist oder Sie die Konfiguration des Netzwerks selbst vornehmen möchten.
nogpm	Deaktiviert die Maus-Unterstützung auf der Konsole.
nosata	Deaktiviert das Laden von S-ATA-Modulen. Diese Option ist hilfreich, wenn via S-ATA angeschlossene Geräte den Bootprozess behindern.
docache	Speichert den Inhalt der CD im Arbeitsspeicher zwischen, so dass die CD nach dem Bootprozess ungemountet und durch eine andere CD ersetzt werden kann. Sie benötigen mindestens doppelt so viel RAM wie die Größe der CD.
nox	Deaktiviert das Starten des X-Servers bei Nutzung der Live-CD.

Tabelle 2.1:   Optionale Parameter beim Boot der Live/Installations-CD

Während des Startvorgangs haben Sie die Möglichkeit, eine Tastaturbelegung auszuwählen – innerhalb der Abfrage können Sie zum Beispiel eine deutsche Tastaturbelegung wahlweise über die Eingabe von 10 oder **de** aktivieren. Sollten Sie die Auswahl einer Tastaturbelegung während des Startvorgangs versäumen, ist es nach dem Start der Installations-CD weiterhin problemlos möglich, diese zu wechseln.

```
livecd root # loadkeys de-latin1-nodeadkeys
```

2.4.2 Die Installationsumgebung

Nach dem Start der CD werden Sie automatisch als Root-Benutzer an dem gebooteten Live-System angemeldet. Innerhalb dieser Umgebung stehen Ihnen sämtliche zur Installation benötigten Kommandos zur Verfügung. Darüber hinaus sind der Textkonsolen-Browser *links* sowie der IRC-Client *irssi* vorhanden.

Aus Gründen der Sicherheit ist es dringend zu empfehlen, einen unprivilegierten Benutzer anzulegen, unter dessen Benutzerrechten der IRC-Client *irssi* ausgeführt wird. Spätestens wenn Sie im #gentoo- oder #gentoo.de-Channel als Root-Benutzer auftauchen, wird man Sie darauf aufmerksam machen ;-)

```
livecd root # adduser -m gentoo
livecd root # passwd gentoo
```

Starten des IRC-Clients irssi

Um während der Installation bei Problemen, die Sie selbst nicht lösen können, auf die Hilfe der Gentoo-Community zurückgreifen zu können, beinhalten alle Gentoo-Live- und Installations-CDs den textbasierten IRC-Client irssi.

> **Wichtig**
>
> Legen Sie zuvor zwingend wie beschrieben eine unprivilegierte Benutzerkennung an. Benutzen Sie irssi nicht mit Root-Rechten.

Wechseln Sie mit ⌈Alt⌉+⌈F2⌉ auf eine weitere virtuelle Konsole und übernehmen Sie mit dem Kommando **su – gentoo** die Rechte des soeben erstellten Benutzerkontos.

```
gentoo ~ $ irssi
```

Innerhalb des IRC-Clients verbinden Sie sich mit dem FreeNode-IRC-Netzwerk und betreten den Channel #gentoo.de.

```
/connect irc.freenode.net
/join #gentoo.de
```

Über die Tastenkombination [Alt]+[F1] wechseln Sie wieder auf die erste virtuelle Konsole und können dort die Installation fortsetzen.

Hinweis

Sollte die automatische Erkennung der Netzwerkkarte und die IP-Konfiguration über DHCP nicht funktioniert haben, müssen Sie zunächst wie im nächsten Abschnitt beschrieben die Netzwerkkonfiguration durchführen.

2.4.3 Einrichten des Netzwerks

Die textbasierte Installation eines Gentoo-Systems setzt eine Internetverbindung voraus – die CD-Medien beinhalten lediglich die Installationsumgebung, aus der heraus die Installation durchgeführt werden kann.

Sofern Sie nicht explizit die CD mit dem Parameter nodhcp gestartet haben, die Netzwerkhardware von der CD erkannt wurde und in Ihrem Netzwerk ein DHCP-Server verfügbar ist, wurde Ihre Netzwerkverbindung bereits konfiguriert. Mit ifconfig können Sie überprüfen, ob die automatische Konfiguration funktioniert hat.

```
livecd root # ifconfig
eth0      Link encap:Ethernet  HWaddr 00:E0:4C:30:0C:5F
          inet addr:192.168.0.212  Bcast:192.168.0.255  Mask:255.255.255.0
          inet6 addr: fe80::2e0:4cff:fe30:c5f/64 Scope:Link
          UP BROADCAST NOTRAILERS RUNNING MULTICAST  MTU:1500  Metric:1
          RX packets:1608 errors:0 dropped:0 overruns:0 frame:0
          TX packets:2374 errors:0 dropped:0 overruns:0 carrier:0
          collisions:0 txqueuelen:1000
          RX bytes:250906 (245.0 Kb)  TX bytes:220425 (215.2 Kb)
          Interrupt:12 Base address:0xe000
```

Listing 2.1: Überprüfen der Netzwerkkonfiguration

Sollten Sie von ifconfig –a nur die Device-Informationen der Loopback-Schnittstelle lo angezeigt bekommen, hat die automatische Erkennung und Konfiguration Ihrer Netzwerkhardware nicht funktioniert. Im Folgenden müssen Sie das Kernel-Modul für die Netzwerkschnittstelle händisch laden. Sollten Sie den Namen des Moduls nicht kennen, hilft lspci einen Schritt weiter – auch wenn es den letztendlichen Namen des Kernel-Moduls nicht verraten kann. Über die Bezeichnung der Netzwerkkarte lässt sich im Normalfall der Name des Kernel-Moduls ableiten, über eine Auflistung aller verfügbaren Kernel-Module mit modprobe –l lässt sich die logische Verbindung Netzwerkkarte und Name des Kernel-Modules meist herstellen – eine Ausnahme bildet hier vielleicht das `forcedeath` benannte Modul bei Onboard-Netzwerkkarten auf NForce2-Chipsätzen.

```
livecd root # lspci
...
00:09.0 Ethernet controller: Realtek Semiconductor Co., Ltd. RTL-8139/
8139C/8139C+ (rev 10)
...
livecd root # modprobe -l|grep 8139
/lib/modules/2.6.15-gentoo-r5/kernel/drivers/net/8139too.ko
...
livecd root # modprobe 8139too
```

Listing 2.2: Händisches Laden des Kernel-Moduls

In diesem PC ist eine Netzwerkkarte mit Realtek-8139-Chipsatz verbaut und das passende Kernel-Modul heißt 8139too.

Sie haben nun zwei Möglichkeiten, die IP-Konfiguration der Netzwerkschnittstelle vorzunehmen. Zum einen über das Tool `net-setup`, zum anderen mit den Kommandozeilen-Programmen `ifconfig` und `route`, oder `dhcpcd` – in beiden Fällen haben Sie die Möglichkeit, zwischen einer statischen und einer dynamischen IP-Konfiguration via DHCP zu unterscheiden.

net-setup

Das dialogbasierte Tool `net-setup` fragt von Ihnen alle erforderlichen Angaben ab und konfiguriert die Netzwerkkarte dann gemäß Ihren Anforderungen. Neben der Unterscheidung zwischen statischer und dynamischer Konfiguration bietet `net-setup` weiterhin die Möglichkeit, eine WEP-gesicherte drahtlose Netzwerkverbindung aufzubauen. Als erstes Argument benötigt `net-setup` in jedem Fall den Namen der zu konfigurierenden Netzwerkkarte.

```
livecd root # net-setup eth0
```

2.4.4 Installation des Basissystems

Zunächst steht nun die Partitionierung der Festplatte und das Anlegen von Dateisystemen auf den Partitionen an. Im Anschluss kann dann mit einem Stage-Archiv der Grundstein für das spätere Gentoo-System entpackt werden.

Festplatten-Devices und ihre Benennung

Auf jede in Ihrem System vorhandene Festplatte (und jede Partition darauf) wird über ein eigenes Device, eine eigene Schnittstelle zugegriffen.

Die Benennung dieser Devices folgt – zumeist – logischen Grundsätzen, Ausnahmen bestätigen jedoch die Regel.

IDE-Festplatten werden nach dem Kanal und dem Status (Master oder Slave) fest benannt, die als Master gekennzeichnete Festplatte am primären Kanal wird als /dev/hda angesprochen, die als Slave gekennzeichnete Festplatte am gleichen Kanal als /dev/hdb. Einzelne Partitionen auf diesen Festplatten werden dann als /dev/hda1 und so weiter adressiert.

Serial-ATA-, SAS- und SCSI-Laufwerke, aber auch über USB angeschlossene Massenspeicher werden als /dev/sda und folgend eingebunden. Die Partitionen sind auch hier als /dev/sda1 einzeln adressiert.

Ausnahmen Ausnahmen von diesen Grundsätzen bilden einige wenige SCSI-Controller, vorwiegend ältere Controller, die durch den DAC960-Treiber angesprochen werden und SmartArray-Controller, die vorwiegend in HP- und Compaq-Serversystemen eingesetzt wurden.

Festplatten bzw. RAID-Arrays an Controllern mit DAC960-Chipsatz werden als /dev/rd/c0d0p1 angesprochen. c0 kennzeichnet den zu nutzenden Controller, d0 die Festplatte oder das RAID-Array und p1 die entsprechende Partition. Bei diesen Controllern besteht weiterhin die Einschränkung, dass nur maximal sieben Partitionen erstellt werden können.

SmartArray-Controller werden über /dev/ida/c0d0p1 oder /dev/cciss/c0d0p1 angesprochen, je nach Generation des Controllers. Die Kennzeichnung Controller, Festplatte, Partition erfolgt analog zu Controllern mit DAC960-Chipsätzen.

Design eines Partitionsschemas

Vorweg, es gibt nicht »die« richtige Partitionierung einer Festplatte. Das Auslagern einzelner Dateisysteme in separate Partitionen ist je nach späterer Aufgabe des Systems mal mehr, mal weniger sinnvoll. Auf Serversystemen zum Beispiel ist es meist sinnvoll, unterschiedliche Partitionen unter anderem für die Dateisysteme in /, /usr, /var, /tmp und /home zu nutzen – bei Desktopsystemen wäre ein solches Partitionierungsschema nicht unbedingt ebenfalls von Vorteil.

Im Folgenden kommt beispielhaft ein Partitionierungsschema zum Zug, das bei Desktopsystemen weit verbreitet ist. Daraus lässt sich jedoch nicht zwangsläufig ableiten, dass dieses Partitionierungsschema auch Ihren Anforderungen in allen Punkten gerecht werden kann.

Wichtigster Gedanke beim Design eines Partitionierungsschemas für Desktopsysteme ist die Trennung von Betriebssystem und eigentlichen Nutzdaten des Anwenders. Neben der weit verbreiteten Nutzung einer separaten Partition für /boot bietet sich hier eine eigene Partition für die Benutzerdaten unter /home an. Darüber hinaus ist ein Auslagerungsspeicher (Swap) mit der doppelten Größe des

Arbeitsspeichers bzw. maximal 2 GB ratsam. Die Installation orientiert sich im weiteren Verlauf an folgendem Partitionsschema:

sda1	/boot	50 MB
sda2	swap	1 GB
sda3	/	10 GB
sda5	/home	restlicher Speicherplatz

Die Größen der einzelnen Partitionen können Sie nahezu beliebig variieren, so kann es beispielsweise sinnvoll sein, die Root-Partition mit weniger Speicherplatz anzulegen, wenn Sie nur über eine kleinere Festplatte verfügen und möglichst viel des knappen Speicherplatzes für die eigentlichen Nutzdaten verwenden wollen.

Vorsicht

Sollten Sie in der ersten primären Partition der Festplatte noch ein Windows-System installiert haben, »verschiebt« sich das Partitionsschema. Weiterhin sollten Sie beim Löschen von Partitionen besonders achtsam sein!

Anwenden des Partitionsschemas

Zur schnellen Partitionierung der Festplatte bietet sich das Programm *fdisk* an, als Parameter wird die zu partitionierende Festplatte angegeben. Vor dem Anwenden des Partitionsschemas werden noch existierende Partitionen, sofern vorhanden, gelöscht.

```
livecd root # fdisk /dev/sda
Command (m for help): d
Partition number (1-4): 1
```

Nach dem Löschen noch bestehender Partitionen können Sie nun die leere Partitionstabelle betrachten, um zu verifizieren, dass alle Partitionen gelöscht sind:

```
Command (m for help): p

Disk /dev/sda: 36.7 GB, 36701199360 bytes
255 heads, 63 sectors/track, 4462 cylinders
Units = cylinders of 16065 * 512 = 8225280 bytes


  Device Boot      Start         End      Blocks   Id  System
```

Listing 2.3: Anzeige der Partitionstabelle

Nun können die /boot-, swap- und /-Partitionen als primäre Partitionen angelegt werden, die /home-Partition innerhalb einer erweiterten Partition:

```
Command (m for help): n
Command action
   e   extended
   p   primary partition (1-4)
p
Partition number (1-4): 1
First cylinder (1-4462, default 1):
Using default value 1
Last cylinder or +size or +sizeM or +sizeK (1-4462, default 4462): +50M
```

Listing 2.4:   Erstellen der /boot-Partition

Analog werden die Swap- und Root-Partitionen erstellt. Für die Swap-Partition muss zusätzlich noch der Partitionstyp geändert werden, der Hex-Code 82 kennzeichnet eine Swap-Partition:

```
Command (m for help): t
Partition number (1-4): 2
Hex code (type L to list codes): 82
Changed system type of partition 2 to 82 (Linux swap / Solaris)
```

Vor dem Erstellen der Datenpartition /home müssen Sie zunächst die erweiterte Partition anlegen:

```
Command (m for help): n
Command action
   e   extended
   p   primary partition (1-4)
e
Selected partition 4
First cylinder (1348-4462, default 1348):
Using default value 1348
Last cylinder or +size or +sizeM or +sizeK (1348-4462, default 4462):
Using default value 4462
```

Listing 2.5:   Anlegen der erweiterten Partition

Die /home-Partition können Sie nun analog zu den anderen Partitionen einrichten, jedoch mit dem Unterschied, dass automatisch eine Partition in der erweiterten Partition angelegt wird und Sie nicht die Größe der Partition angeben müssen, wenn sie den verfügbaren Speicherplatz ausfüllen soll.

Die Partition, welche Ihr /boot-Filesystem beinhaltet, sollte nun noch mit dem Bootable-Flag versehen werden.

```
Command (m for help): a
Partition number (1-5): 1
```

Listing 2.6:   Setzen des Bootable-Flag

Nachdem nun sämtliche Partitionen erstellt sind, sollte die Partitionstabelle wie folgt aussehen:

```
Command (m for help): p

Disk /dev/sda: 36.7 GB, 36701199360 bytes
255 heads, 63 sectors/track, 4462 cylinders
Units = cylinders of 16065 * 512 = 8225280 bytes

   Device Boot     Start       End     Blocks   Id  System
/dev/sda1     *        1         7      56227   83  Linux
/dev/sda2              8       130     987997+  82  Linux swap / Solaris
/dev/sda3            131      1347    9775552+  83  Linux
/dev/sda4           1348      4462   25021237+   5  Extended
/dev/sda5           1348      4462   25021237   83  Linux
```

Listing 2.7:   Partitionstabelle

Nachdem alle Partitionen angelegt sind und Sie noch einmal die Partitionierung überprüft haben, muss die neue Partitionstabelle auf die Festplatte geschrieben werden.

```
Command (m for help): w
The partition table has been altered!

Calling ioctl() to re-read partition table.
Syncing disks.
```

Listing 2.8:   Schreiben der Partitionstabelle

> **Tipp**
>
> Neben fdisk ist auf allen Gentoo-Installationsmedien auch das Programm cfdisk verfügbar, das über eine nahezu selbsterklärende Oberfläche verfügt und das Anlegen von Partitionen erheblich vereinfachen kann.

2.4.5 Anlegen von Dateisystemen

Bevor die soeben angelegten Partitionen genutzt werden können, müssen auf diesen Dateisysteme angelegt werden. Die von Gentoo angebotenen Installationsmedien unterstützen eine große Auswahl an Dateisystemen, wie beispielsweise ext2/3, ReiserFS, XFS oder JFS. Sollten jedoch spätere Aufgaben des installierten Systems nicht eindeutig für die Nutzung eines speziellen Dateisystems sprechen, so ist ein über lange Zeit erprobtes Dateisystem wie ext3 keine schlechte Wahl.

Zunächst wird ein Swap-Dateisystem auf der Partition angelegt und direkt aktiviert:

```
livecd ~ # mkswap /dev/sda2
Setting up swapspace version 1, size = 197402 kB
no label, UUID=723e9c4b-ec29-432e-9b96-faef22088577
livecd ~ # swapon /dev/sda2
```

Im Folgenden werden ext3-Dateisysteme auf der Root- und der /home-Partition angelegt. Für die kleine /boot-Partition ist ein Journaling-Dateisystem nicht vonnöten, so dass hier ext2 zum Zuge kommt. Die anderen Dateisysteme werden mit dem zusätzlichen Parameter –j erstellt, wodurch ein ext2-Dateisystem mit Journaling-Funktionalität, also ein ext3-Dateisystem angelegt wird.

Über den zusätzlichen Parameter –L kann das erstellte Dateisystem noch mit einer Bezeichnung versehen werden, die bei späteren Betrachtungen des Partitionierungsschemas mit cfdisk oder fdisk für Übersichtlichkeit sorgt.

```
livecd ~ # mke2fs -L /boot /dev/sda1
livecd ~ # mke2fs -j -L / /dev/sda3
livecd ~ # mke2fs -j -L /home /dev/sda5
```

Zur Nutzung der neu angelegten Dateisysteme müssen sie in den Verzeichnisbaum gemountet werden. Zunächst das zukünftige Root-Dateisystem, in dem dann die anderen Dateisysteme gemountet werden können.

```
livecd ~ # mount /dev/sda3 /mnt/gentoo/
```

```
livecd ~ # mkdir /mnt/gentoo/boot
```

```
livecd ~ # mount /dev/sda1 /mnt/gentoo/boot
```

```
livecd ~ # mkdir /mnt/gentoo/home
livecd ~ # mount /dev/sda5 /mnt/gentoo/home
```

Listing 2.9:   Mounten der Dateisysteme

Zur weiteren Installation wechseln Sie das Arbeitsverzeichnis nach /mnt/gentoo.

```
livecd ~ # cd /mnt/gentoo
```

2.4.6   Entpacken des Stage-Tarballs

Sämtliche Vorbereitungen zur Einrichtung der Installationsumgebung sind nun getroffen, die eigentliche Installation kann beginnen. Das entpackte Stage-Archiv ist der Ausgangspunkt Ihres Gentoo-Systems, es ist ein bis auf Kernel, System-Logger, Bootloader und eventuell notwendigem DHCP-Client fertiges Basissystem.

Im Verzeichnis gentoo/releases/x86/2007.0/stages jedes Gentoo-Mirrorservers befindet sich das stage3-i686-2007.0.tar.bz2 Stage-Archiv. Auf den Installationsmedien steht Ihnen der Textbrowser *links* zur Verfügung, mit dem Sie in das entsprechende Verzeichnis auf einem Mirrorserver navigieren können.

Hinweis

Wenn Sie eine Installation eines AMD64-basierten Systems durchführen wollen, ändern sich die Dateinamen und Pfade geringfügig. Die Stage-Archive für AMD64-basierte Systeme befinden sich auf den Mirrorservern unter gentoo/releases/amd64/2007.0/stages.

Eine Übersicht über verfügbare Gentoo-Mirrorserver in Ihrer Nähe finden Sie unter *http://www.gentoo.org/main/en/mirrors.xml*.

```
livecd gentoo # links http://www.gentoo.org/main/en/mirrors.xml
```

Nachdem Sie nun das Stage-Archiv unter /mnt/gentoo gespeichert haben, entpacken Sie dieses mit tar. Ein Stage-Archiv ist ein reguläres, mit bzip2 komprimiertes Tar-Archiv.

```
livecd gentoo # tar xjpf stage3-i686-2007.0.tar.bz2
```

2.4.7 Wechsel in die chroot-Umgebung und Installation des Portage Tree

Die weitere Konfiguration und Installation des neu installierten Gentoo-Systems findet in einer chroot-Umgebung statt. Das chroot-Kommando (**change root**) ermöglicht das Wechseln des Root-Dateisystems, Sie täuschen ein Root-Dateisystem unter dem Mountpoint /mnt/gentoo vor, an dem die Dateisysteme Ihres Systems gemountet sind, und erledigen in ihm die Installation und Konfiguration des Systems.

Kopieren der Informationen zur Namensauflösung

Bevor Sie zum ersten Mal Ihr späteres Gentoo-System »betreten« können, müssen die Informationen zur Namensauflösung (Namensserver, Suchdomain, ...) aus der Datei /etc/resolv.conf ebenfalls in der chroot-Umgebung bekannt sein.

```
livecd gentoo # cp -L /etc/resolv.conf /mnt/gentoo/etc/resolv.conf
```

Die Option –L stellt sicher, dass Sie keinen symbolischen Link kopieren.

Mounten der /proc- und /dev-Dateisysteme

Die Dateisysteme /proc und /dev sind während der Installation innerhalb der chroot-Umgebung erforderlich, beide müssen deshalb in die chroot-Umgebung gemountet werden.

```
livecd gentoo # mount -t proc none /mnt/gentoo/proc
livecd gentoo # mount -o bind /dev /mnt/gentoo/dev
```

Auswählen von Mirrorservern

Um im weiteren Installationsverlauf benötigte Quell-Archive schnell herunterzuladen, können Sie nun mit mirrorselect einen geografisch nahe gelegenen Mirror auswählen. Sie können mehrere Mirror auswählen, die alle in die GENTOO_MIRRORS-Variable in der Datei /etc/make.conf abgelegt werden. Die Mirror werden analog der Reihenfolge in der /etc/make.conf genutzt.

```
livecd gentoo # mirrorselect -i -o >> /mnt/gentoo/etc/make.conf
```

Analog zu Mirrorservern für Quell-Archive können Sie eine zusätzliche Variable SYNC setzen, in ihr wird die zu benutzende Rotation von rsync-Mirrorservern gespeichert, die zur Installation und Aktualisierung des Portage Tree genutzt wird. Für die Nutzung in Europa stehen Server unter dem DNS-Namen rsync.europe.gentoo.org zur Verfügung, ebenso wie Server in Deutschland unter rsync.de.gentoo.org oder rsync.at.gentoo.org in Österreich.

```
livecd gentoo # nano -w /mnt/gentoo/etc/make.conf
SYNC="rsync://rsync.de.gentoo.org/gentoo-portage"
```

Installation des Portage Tree

Als letzter Schritt vor dem Wechsel in die chroot-Umgebung – Ihr neues Gentoo-System – ist die Installation des Portage Tree erforderlich. Auf jedem Gentoo-Mirror finden Sie unter /gentoo/snapshots mehrere Portage Snapshots der vergangenen Tage sowie einen Link portage-latest.tar.bz2, der auf den zuletzt erstellten Portage Snapshot verweist. Laden Sie diesen herunter und speichern Sie den Snapshot unter /mnt/gentoo.

```
livecd gentoo # tar xvjf /mnt/gentoo/portage-latest.tar.bz2 -C /mnt/gentoo/usr
```

Wechsel in die chroot-Umgebung

Nach dem Kopieren der DNS-Informationen und der Auswahl von Mirrorservern können Sie nun mit dem chroot-Kommando erstmals Ihr neues Gentoo-System »betreten«.

```
livecd gentoo # chroot /mnt/gentoo /bin/bash
livecd / # env-update
>>> Regenerating /etc/ld.so.cache...
livecd / # source /etc/profile
```

Aktualisierung des Portage Tree

Die Fehlermeldung über einen möglicherweise fehlenden Portage Tree können Sie übergehen, der Portage Tree wird im Folgenden mit einem rsync-Mirror synchronisiert und lokal installiert.

```
livecd / # emerge --sync
```

Festlegen der Zeitzone des Systems

Die Zeitzone eines Linux-Systems wird über die Datei /etc/localtime festgelegt. Die zur Verfügung stehenden Zeitzonen befinden sich unter /usr/share/zoneinfo.

Für den Einsatz des Systems innerhalb Zentraleuropas werden Sie vermutlich die CET-Zeitzone (CET = Central European Time) nutzen wollen.

```
Livecd / # cp /usr/share/zoneinfo/CET /etc/localtime
```

2.4.8 Installation des Linux-Kernels

Die Konfiguration und Kompilierung eines eigenen, individuell angepassten Linux-Kernels wird von vielen Linux-Nutzern als schwierig und unnötig kompliziert angesehen – schließlich bringen nahezu alle Linux-Distributionen einen Standard-Kernel mit, der bereits fertig konfiguriert, kompiliert und schnell installiert ist.

Gründe für die Erstellung eines eigenen angepassten Linux-Kernels gibt es hingegen zahlreich, spätestens wenn es darum geht, aktuelle Hardware mit einem möglicherweise noch experimentellen Kernel-Treiber nutzen zu wollen, führt vielfach kaum ein Weg am eigenen Kernel vorbei. Auch zur Erhöhung der Systemsicherheit, speziell auf Serversystemen, kann ein eigener Linux-Kernel beitragen, beispielsweise durch den Verzicht auf Modularität und die Beschränkung der Hardware-Unterstützung auf die auch in dem jeweiligen System vorhandene Hardware.

Installation von Kernel-Quellen

Gentoo unterstützt die Installation zahlreicher Kernel-Quellen über das Paketmanagement. Hauptsächlich zu nennen sind die originalen vanilla-sources sowie das von Gentoo gepflegte Patchset gentoo-sources.

Das Hauptaugenmerk bei der Entwicklung der gentoo-sources liegt darin, das Patchset möglichst klein und überschaubar sowie nah an den originalen vanilla-sources zu halten. Dadurch soll zum einen das Risiko, zusätzliche Fehler einzubringen, als auch der reguläre Wartungsaufwand minimiert werden. Die zusätzlich in das Gentoo Patchset eingebrachten Patchs lassen sich in vier Kategorien aufteilen:

- Korrekturen von Fehlern

- Korrekturen zu sicherheitsrelevanten Fehlern

- Architekturspezifische Anpassungen

- Für Gentoo-Installationsmedien benötigte Features

Sofern keine Gründe zwingend gegen die Nutzung der gentoo-sources sprechen, sollten Sie jedoch diese verwenden.

```
livecd / # emerge gentoo-sources
```

Zur Konfiguration und Kompilierung des Kernels stehen Ihnen zwei Varianten zur Auswahl. Einerseits die händische Konfiguration und Kompilierung, die Ihnen ein Anpassen des Kernels ermöglicht, oder die Nutzung des Tools genkernel. genkernel nimmt Ihnen die Konfiguration und Kompilierung eines Kernels ab und bietet darüber hinaus den Vorteil, dass eine Init-Ramdisk erstellt wird, die Ihnen beim Start Funktionen analog zum Start einer Installations-CD anbietet. Der große Nachteil jedoch ist die generische Kernel-Konfiguration, die nahezu alle Optionen enthält, die Sie jemals benötigen könnten – und vermutlich noch viele mehr.

Konfiguration der Kernel-Quellen

Die wichtigste Hilfe bei der Konfiguration der Kernel-Quellen ist Wissen. Jedoch nicht zwangsläufig Wissen, wie eine Konfiguration im Idealfall auszusehen hat, vielmehr das Wissen über Ihre Hardware und die Funktionen, die Sie benötigen oder nutzen wollen. Um Informationen über Ihre Hardware zu erhalten, können Sie mit [Alt]+[F2] auf eine zweite Konsole wechseln und dort lspci aufrufen.

```
livecd ~ # lspci
00:00.0 Host bridge: VIA Technologies, Inc. K8T800Pro Host Bridge
[...]
00:0d.0 Ethernet controller: Realtek Semiconductor Co., Ltd. RTL-8169
Gigabit Ethernet (rev 10)
00:0f.0 RAID bus controller: VIA Technologies, Inc. VIA VT6420 SATA RAID
Controller (rev 80)
[...]
01:00.0 VGA compatible controller: Matrox Graphics, Inc. MGA G400/G450 (rev 85)
```

Listing 2.10: Hardware-Erkundung mit lspci

In diesem Beispiel sind als wichtigste Hardware-Komponenten ein Chipsatz-VIA-Serial-ATA-Controller, eine Netzwerkkarte mit Realtek-8169-Chipsatz sowie eine Grafikkarte von Matrox vorhanden. Die Liste aktuell geladener Kernel-Module (lsmod) kann weitere Informationen zu den aktuell verwendeten Kernel-Treibern geben.

Nach Erkundung der Hardware können Sie mit [Alt]+[F1] wieder auf die erste Konsole zurückwechseln und dort die Konfiguration der Kernel-Quellen starten:

```
livecd / # cd /usr/src/linux
livecd linux # make menuconfig
```

Aktivieren Sie nun die von Ihnen benötigten Kernel-Komponenten.

Beachten Sie die folgenden Optionen:

```
Code maturity level options --->
   [*] Prompt for development and/or incomplete code/drivers
```

Die Anzeige in Entwicklung befindlicher Treiber ist notwendig, da einige eventuell benötigte Treiber nicht zur Konfiguration und Auswahl angezeigt werden.

```
Processor type and features --->
   (Athlon/Duron/K7) Processor family
```

Wählen Sie aus dem Auswahlfeld Ihre CPU bzw. die Serie aus.

```
File systems --->
   Pseudo Filesystems --->
      [*] /proc file system support
      [*] Virtual memory file system support (former shm fs)
   <*> Second extended fs support
   <*> Ext3 journalling file system support
```

Listing 2.11: Auswahl benötigter Dateisysteme

Nutzen Sie weitere Dateisysteme wie ReiserFS, XFS oder JFS, aktivieren Sie diese ebenfalls.

Achten Sie besonders darauf, dass alle Treiber, die zum Booten des Systems erforderlich sind (Dateisysteme, ATA-/Serial-ATA-Controller, ...), fest in den Kernel und nicht als Modul kompiliert werden – in diesem Beispiel die Treiber für den VIA-Serial-ATA-Controller und das ext3-Dateisystem.

```
Processor type and features  --->
   [*] Symmetric multi-processing support
```

Sofern Sie über ein Dual-Prozessor-System verfügen, das CPU-Hyperthreading unterstützt, oder Sie einen Dual-Core- oder gar Quad-Core-Prozessor nutzen, aktiveren Sie die SMP-Unterstützung, um alle CPUs oder Cores nutzen zu können.

Ist Ihre Tastatur oder Maus über USB an den PC angeschlossen, benötigen Sie weiterhin *USB Human Interface Device*-(HID-)Unterstützung:

```
Device Drivers --->
   USB Support --->
      <*>  USB Human Interface Device (full HID) support
```

Kompilieren des Kernels

Nach Abschluss der Konfiguration der Kernel-Quellen kann der Kernel nun kompiliert werden.

```
livecd linux # make && make modules_install
```

Nach dem Kompilieren des Kernels sind die erstellten Kernel-Module in das Verzeichnis /lib/modules/linux-2.6.19-gentoo-r5 installiert worden. Kopieren Sie nun noch das Kernel-Image nach /boot:

```
livecd linux # cp arch/i386/boot/bzImage /boot/kernel-2.6.19-gentoo-r5
```

Sie haben nun einen von Ihnen selbst konfigurierten Kernel kompiliert und installiert – bevor Sie überprüfen können, ob dieser wie gewünscht funktioniert, müssen noch ein Bootloader installiert und das Basissystem konfiguriert werden.

Alternativ: Der eigene Kernel mit genkernel

Sollten Sie den einfacheren Weg wählen wollen, genkernel ist Ihre Wahl. Das Skript nimmt Ihnen sowohl die Konfiguration als auch die eigentliche Kompilierung ab und erzeugt einen generischen Kernel, der darauf ausgelegt ist, auf möglichst vielen Systemen zu funktionieren. Ein Großteil der Treiber ist als Modul verfügbar, so dass Sie später zur Laufzeit Unterstützung für zahlreiche Hardware, Dateisysteme und Netzwerkfunktionalitäten nachladen können.

Zunächst müssen Sie das Skript installieren:

```
livecd / # emerge genkernel
```

Bereits im genkernel-Paket enthalten sind die Kernel-Konfigurationsdateien, so dass Sie nun direkt von genkernel den Kernel konfigurieren und kompilieren lassen können.

```
livecd / # genkernel all
* Gentoo Linux Genkernel; Version 3.4.6
* Running with options: all


* Linux Kernel 2.6.19-gentoo-r5 for x86...
* kernel: >> Running mrproper...
* config: Using config from /usr/share/genkernel/x86/kernel-config-2.6
*        Previous config backed up to .config.bak
```

```
*          >> Running oldconfig...
* kernel: >> Cleaning...
*          >> Compiling 2.6.19-gentoo-r5 bzImage...
*          >> Compiling 2.6.19-gentoo-r5 modules...
* Copying config for successful build to /etc/kernels/kernel-config-x86-
2.6.19-gentoo-r5
* module-init-tools: >> Configuring
*                    >> Compiling...
*                    >> Copying to cache...
* busybox: >> Configuring...
* busybox: >> Compiling...
* busybox: >> Copying to cache...
* initramfs: >> Initializing...
*          >> Appending base_layout cpio data...
*          >> Appending auxilary cpio data...
*          >> Appending busybox cpio data...
*          >> Appending insmod cpio data...
*          >> Appending modules cpio data...
*
* Kernel compiled successfully!
```

Listing 2.12: Kernel-Kompilierung mit genkernel

Nach der Kompilierung und Erzeugung der Init-Ramdisk legt genkernel diese
direkt in der /boot-Partition ab. Sie sollten sich nun die Bezeichnungen notieren,
da diese bei der anschließenden Konfiguration des Bootloaders benötigt werden.

```
livecd / # ls /boot/kernel* /boot/initramfs*
/boot/initramfs-genkernel-x86-2.6.19-gentoo-r5  /boot/kernel-genkernel-
x86-2.6.19-gentoo-r5
```

Konfiguration der Kernel-Module

Wenn Sie in Ihrer Kernel-Konfiguration Treiber als Modul konfiguriert haben, aber
diese Module automatisch beim Start des Systems laden möchten, können Sie dies
über die Datei /etc/modules.autoload.d/kernel-2.6 konfigurieren. Pro Zeile

können Sie einen Modulnamen angeben, Kommentarzeilen werden durch ein # eingeleitet.

```
livecd / # nano -w /etc/modules.autoload.d/kernel-2.6
8139too
```

2.4.9 Installation von Systemdiensten und Systemtools

Neben der Installation des Basissystems und des Linux-Kernels ist zum späteren Betrieb des Systems noch ein Log-Dienst erforderlich sowie ein Cron-Daemon ratsam. Gentoos Philosphie entsprechend sind diese jedoch nicht in das Basissystem, ein Stage-3-Archiv, integriert, da der Anwender jeweils zwischen mehreren verfügbaren Log- und Cron-Diensten wählen kann.

Werden andere Dateisysteme als ext2 oder ext3 benutzt, ist es ebenfalls notwendig, Dateisystemtools für diese Dateisysteme, wie die reiserfsprogs oder xfsprogs, zu installieren.

Installation des Log-Dienstes

Log-Dienste protokollieren die Aktivitäten eines Linux-Systems. Von Meldungen des Linux-Kernels, fehlgeschlagenen Anmeldeversuchen bis hin zu Berichten von vielen weiteren Diensten werden, sofern gewünscht und eingerichtet, alle essenziellen Informationen in Log-Dateien gespeichert und sind bei der Analyse eines Systems und speziell bei auftretenden Problemen eine wichtige Informationsquelle.

Gentoo bietet die Wahl zwischen verschiedenen Log-Diensten:

- **sysklogd** implementiert zwei System-Log-Dienste. Der syslogd-Dienst ist eine erweiterte Version des Standard-Berkeley-Dienstes zum Protokollieren von Meldungen lokaler oder entfernter Dienste. Der klogd-Dienst protokolliert Meldungen des Linux-Kernels.

- **metalog** ist eine moderne Implementierung des syslogd und klogd. Als einziger der unterstützten Log-Dienste bietet metalog die Möglichkeit zum Rotieren und Archivieren von Log-Dateien.

- **syslog-ng** ist eine gebräuchliche Implementierung des syslog-Protokolls. In der OpenSuSE-Distribution wird syslog-ng seit Version 9.3 als standardmäßiger Log-Dienst installiert.

Für welchen Log-Dienst Sie sich auch entscheiden, die Installation und initiale Konfiguration unterscheidet sich nicht. Folgend wird der syslog-ng-Log-Dienst exemplarisch installiert und dem default-Runlevel hinzugefügt.

```
livecd / # emerge syslog-ng
livecd / # rc-update add syslog-ng default
```

Hinweis

Metalog unterstützt als einziger Log-Dienst von Haus aus die Möglichkeit zum Rotieren und Archivieren von Log-Dateien. Ist der sysklogd oder syslog-ng als Log-Dienst installiert, empfiehlt sich die zusätzliche Nutzung von logrotate zum Rotieren der Log-Dateien – andernfalls kann die anfallende Datenmenge, im Besonderen bei erheblich ausgelasteten Servern, dazu führen, dass die Partition, auf der das Verzeichnis /var/log liegt, voll läuft.

Installation eines Cron-Dienstes

Ein Cron-Dienst erlaubt die geplante Ausführung von Programmen und Skripten zu vorher festgelegten Zeiten. Ob stündliche, tägliche, wöchentliche oder monatliche Ausführungen – ein Cron-Dienst übernimmt die Aufgabe, wiederkehrende Programmaufrufe zu automatisieren. Die Installation eines Cron-Daemon ist nicht zwingend erforderlich, aber zu empfehlen.

Analog zu den Log-Diensten bietet Gentoo auch hier drei verschiedene Cron-Dienste zur Auswahl an:

- fcron
- dcron
- vixie-cron

Die Installation gestaltet sich für alle drei zur Auswahl stehenden Cron-Dienste gleich, mit der Ausnahme, dass für dcron und fcron ein zusätzlicher Schritt erforderlich ist. Bei diesen beiden Cron-Diensten muss die /etc/crontab durch einen erstmaligen Aufruf initialisiert werden.

```
livecd / # emerge fcron
livecd / # rc-update add fcron default
livecd / # crontab /etc/crontab
```

Installation von Dateisystem-Tools

Wenn weitere Dateisysteme neben ext2 und ext3 genutzt werden, so müssen zusätzliche Programme zur Konfiguration und Prüfung dieser Dateisysteme installiert werden.

- reiserfsprogs für die Version 3 des Reiser-Dateisystems
- xfsprogs für das XFS-Dateisystem
- jfsutils für das JFS-Dateisystem

Alle Dateisystem-Tools können über das Paketmanagement installiert werden, exemplarisch die reiserfsprogs:

```
livecd / # emerge reiserfsprogs
```

2.4.10 Installation eines Bootloaders

Nach Konfiguration, Kompilierung und Installation des Linux-Kernels fehlt zum Start des Systems noch ein Bootloader. Für x86- und AMD64-basierte Systeme stehen sowohl *LILO* als auch *GRUB* zur Auswahl. Sie haben zumeist die freie Wahl, je nachdem welcher Bootloader mehr Ihrem Geschmack entspricht. Sollten Sie keine Präferenz haben, greifen Sie ruhig zu GRUB.

> **Wichtig**
>
> Auf AMD64-basierten Systemen kann GRUB nur innerhalb von Multilib-Profilen genutzt werden. Verwenden Sie kein Multilib-Profil, müssen Sie LILO benutzen.

GRUB

Die intern von GRUB benutzte Terminologie weicht wesentlich von der vom Linux-Kernel verwendeten Bezeichnung für IDE (z.B. /dev/hda1) oder Serial-ATA/SCSI-Festplatten (z.B. /dev/sda1) ab. Dennoch ist die von GRUB benutzte Adressierung von Festplattenlaufwerken nicht weniger logisch.

Zunächst: GRUB unterscheidet nicht zwischen IDE-, Serial-ATA- oder SCSI-Laufwerken. GRUB nummeriert alle Laufwerke beginnend von 0 an, so dass Ihre primäre Festplatte GRUB als hd0 bekannt ist. Zur Adressierung von Partitionen werden diese analog ebenfalls von 0 beginnend an nummeriert, die erste Partition der ersten Festplatte eines Systems wäre also nach GRUB-Terminologie hd0,0.

Die spezielle GRUB-Terminologie kommt weiterhin nur innerhalb der Konfigurationsdatei /boot/grub/grub.conf zum Einsatz. Die Konfigurationsdatei /boot/grub/grub.conf ist eine Besonderheit in der Gentoo-Distribution und lediglich ein symbolischer Verweis auf die eigentliche Konfigurationsdatei /boot/grub/menu.lst.

Zuerst müssen Sie GRUB jedoch installieren:

```
livecd / # emerge grub
```

Nun können Sie die Konfigurationsdatei /boot/grub/grub.conf anlegen. Sofern hd0,0 nicht Ihre /boot-Partition beinhaltet, müssen Sie die grub.conf entsprechend anpassen.

```
livecd / # nano -w /boot/grub/grub.conf
default 0
timeout 10
splashimage=(hd0,0)/boot/grub/splash.xpm.gz


title=Gentoo Linux 2.6.19-gentoo-r5
root (hd0,0)
kernel /boot/kernel-2.6.19-gentoo-r5 root=/dev/sda3 ro
```

Listing 2.13:   GRUB-Konfiguration grub.conf

Sofern Sie genkernel zum Erzeugen des Kernels benutzt haben, ändert sich auch
die grub.conf – jedoch nur marginal.

```
livecd / # nano -w /boot/grub/grub.conf
default 0
timeout 10
splashimage=(hd0,0)/boot/grub/splash.xpm.gz


title=Gentoo Linux 2.6.19-gentoo-r5
root (hd0,0)
kernel /boot/kernel-genkernel-2.6.19-gentoo-r5 root=/dev/ram0
init=/linuxrc \    ramdisk=8192 real_root=/dev/sda3 udev
initrd /boot/initramfs-genkernel-x86-2.6.19-gentoo-r5
```

Listing 2.14:   GRUB-Konfiguration grub.conf für genkernel-Nutzer

Abschließend muss der Bootloader mit dem grub-install-Skript in den MBR
(Master Boot Record) der Festplatte installiert werden. Da die Installation jedoch
aus einer chroot-Umgebung heraus erfolgen soll, muss zunächst die /etc/mtab
aktualisiert werden. In dieser Datei sind Informationen über gemountete Dateisysteme abgelegt.

```
livecd / # grep -v rootfs /proc/mounts > /etc/mtab
livecd / # grub-install /dev/sda
```

2.4.11 LILO

LILO, der **LI**nux **LO**ader, ist der ältere der beiden zur Auswahl stehenden Bootloader und altbewährt. Jedoch unterstützt er nicht alle Funktionen, die GRUB bereitstellt – anders herum ist LILO jedoch auf einigen Systemen nutzbar, auf denen
GRUB nicht funktioniert. Beispielsweise ist GRUB auf AMD64-basierten Systemen ohne Multilib-Unterstützung derzeit nicht nutzbar.

Wie auch GRUB muss LILO erst installiert werden:

```
livecd / # emerge lilo
```

Nun müssen Sie LILO konfigurieren, als Anregung wird eine Beispiel-Konfigurationsdatei unter /etc/lilo.conf.example installiert.

```
livecd / # nano -w /etc/lilo.conf
boot=/dev/sda
prompt
timeout=50
default=gentoo

image=/boot/kernel-2.6.19-gentoo-r5
  label=gentoo
  read-only
  root=/dev/sda3
```

Listing 2.15: LILO-Konfigurationsdatei /etc/lilo.conf

Sollten Sie den Kernel mit genkernel erzeugt haben, ändert sich die Konfigurationsdatei genauso wie beim Bootloader GRUB unwesentlich:

```
livecd / # nano -w /etc/lilo.conf
boot=/dev/sda
prompt
timeout=50
default=gentoo

image=/boot/kernel-genkernel-x86-2.6.19-gentoo-r5
  label=gentoo
  read-only
  root=/dev/ram0
  append="init=/linuxrc ramdisk=8192 real_root=/dev/sda3 udev doscsi"
  initrd=/boot/initramfs-genkernel-x86-2.6.19-gentoo-r5
```

Listing 2.16: LILO-Konfigurationsdatei /etc/lilo.conf für genkernel-Nutzer

Im Gegensatz zu GRUB muss LILO nicht nur einmalig, sondern nach jeder Änderung an der Konfigurationsdatei, beispielsweise nach dem Einbinden eines neuen Kernels, neu in den Master Boot Record der Festplatte geschrieben werden. Die Gentoo-Distribution installiert zusätzlich einen Wrapper, ein Skript, das sowohl den eigentlichen Aufruf des Bootloaders vornimmt als auch zuvor prüft ob die /boot-Partition gemountet ist. Der Wrapper *dolilo* benötigt eine zusätzliche Konfigurationsdatei /etc/conf.d/dolilo – zunächst können Sie die Beispieldatei /etc/conf.d/dolilo.example unverändert dorthin kopieren.

```
livecd / # cp /etc/conf.d/dolilo.example /etc/conf.d/dolilo
```

Anschließend können Sie dolilo benutzen, um den Bootloader LILO in den Master Boot Record zu installieren.

```
livecd / # dolilo
```

2.4.12 Konfiguration des Netzwerks

Während der Installation wird die Konfiguration des Netzwerks in gebotener Kürze für eine statische wie auch alternativ eine dynamische Netzwerkkonfiguration via DHCP angesprochen. In einem späteren Kapitel werden diese sowie weitere Netzwerkkonfigurationen, wie die Einrichtung von WLAN, Bridging und die Nutzung als DSL-Router, ausführlich beschrieben.

Basiskonfiguration

Zunächst ist die Benennung Ihres PC erforderlich – die Vergabe eines Hostnamens.

Viele Administratoren entwickeln starre Regeln für die Vergabe von Hostnamen, wie die Nutzung von Buchstaben aus dem griechischen Alphabet über funktionale Bezeichnungen wie »router«, »firewall« oder »webserver«, über standortbezogene Hostnamen wie r13re4 (Kurzbezeichnung des Standortes Rack 13, Regal 4) bis hin zu Phantasienamen oder Comic-Figuren, Schauspielern und Musikern. Wie und nach welchem Muster Sie Ihren Rechner benennen, bleibt allein Ihnen überlassen – nur entscheiden müssen Sie sich.

```
livecd / # nano -w /etc/conf.d/hostname
# /etc/conf.d/hostname


# Set to the hostname of this machine
HOSTNAME-"gentoo"
```

Listing 2.17: Konfiguration des Hostnamens

Die Konfiguration der Netzwerkeinstellungen erfolgt bei der Gentoo-Distribution in der Konfigurationsdatei /etc/conf.d/net. In der Beispieldatei /etc/conf.d/net.example sind weiterhin zahlreiche gebräuchliche Konfigurationen dargestellt.

Wenn ein Domainname benötigt wird, kann dieser nun ebenfalls konfiguriert werden.

```
livecd / # nano -w /etc/conf.net
dns_domain_lo="gentoonetz.lan"
```

Statische IP-Konfiguration

Gentoo bietet innerhalb der statischen IP-Konfiguration die Nutzung zweier unterschiedlicher Notationen an. Einerseits die »klassische« Notation, in der neben IP-Adresse auch die Netzmaske anzugeben ist, und andererseits die CIDR-Notation. Die CIDR-Notation bietet den Vorteil der Übersichtlichkeit, dazu entfällt bei Nutzung von segmentierten Subnetzen die Notwendigkeit, Netzmasken und eventuell Broadcast-Adressen rechnerisch zu ermitteln.

Folgend ein Beispiel, in dem die netmask-Konfiguration angewandt wird. 192.168.0.2 ist die IP-Adresse des neuen Gentoo-Systems und das Standard-Gateway ist unter der IP-Adresse 192.168.0.1 erreichbar. Als Netzmaske wird 255.255.255.0 verwendet, die ursprünglich für dieses private Class-C-Subnetz vorgesehene Netzmaske.

```
livecd / # nano -w /etc/conf.d/net
config_eth0=( "192.168.0.2 netmask 255.255.255.0" )
routes_eth0=( "default via 192.168.0.1" )
```

Die gleiche IP-Konfiguration unter Nutzung der CIDR-Notation würde entsprechend kürzer ausfallen:

```
livecd / # nano -w /etc/conf.d/net
config_eth0=( "192.168.0.2/24" )
routes_eth0=(" default via 192.168.0.1 ")
```

Damit die Netzwerkschnittstelle eth0 beim nächsten Systemstart automatisch aktiviert wird, muss das Init-Skript dem default-Runlevel hinzugefügt werden.

```
livecd / # rc-update add net.eth0 default
```

Dynamische IP-Konfiguration

Sofern im lokalen Netzwerk ein DHCP-Server vorhanden ist, kann anstelle der statischen IP-Konfiguration auch eine dynamische Konfiguration verwendet werden. Hierzu ist jedoch die Installation eines DHCP-Clients notwendig, der nicht in Gentoos Basissystem enthalten ist.

In Gentoos Portage sind verschiedene DHCP-Clients verfügbar, so auch der dhcpcd, den wir folgend verwenden. Zunächst muss dieser installiert werden:

```
livecd / # emerge dhcpcd
```

Die dynamische Netzwerkkonfiguration wird, genau wie die statische IP-Konfiguration, in der /etc/conf.d/net gesetzt.

```
livecd / # nano -w /etc/conf.d/net
config_eth0=( "dhcp" )
dhcpcd_eth0="-t 10"
```

Die zusätzliche Option dhcpcd_eth0="-t 10" verringert die Wartezeit auf die Antwort eines DHCP-Servers von 60 (Standard) auf 10 Sekunden.

Ist im System mehr als ein DHCP-Client vorhanden, muss weiterhin konfiguriert werden, welcher DHCP-Client benutzt werden soll. Dies ist ebenfalls sinnvoll, wenn, wie im obigen Beispiel, Konfigurationsoptionen eines DHCP-Clients – hier dhcpcd – gesetzt werden. So entstehen bei etwaiger späterer Installation eines weiteren DHCP-Clients keine ungewollten und auf den ersten Blick möglicherweise irritierenden Probleme.

```
livecd / # nano -w /etc/conf.d/net
modules_eth0=( "dhcpcd" )
config_eth0=( "dhcp" )
dhcpcd_eth0="-t 10"
```

Damit die Netzwerkschnittstelle eth0 beim nächsten Systemstart automatisch aktiviert wird, muss das Init-Skript dem default-Runlevel hinzugefügt werden.

```
livecd / # rc-update add net.eth0 default
```

Eine weitere Besonderheit tritt bei der DHCP-Konfiguration in Kraft, genauer formuliert bei der Nicht-Konfiguration. Wenn für eine Netzwerkschnittstelle keine Konfiguration in der /etc/conf.d/net vorhanden ist und die Schnittstelle über das Init-Skript gestartet wird, so wird eine automatische Konfiguration der Netzwerkschnittstelle über DHCP versucht.

```
gentoo root # /etc/init.d/net.eth0 start
 * Caching service dependencies ...                        [ ok ]
 * Starting eth0
 *   Configuration not set for eth0 - assuming DHCP
 *   Bringing up eth0
```

```
*    dhcp
*      Running dhcpcd ...
Error, timed out waiting for a valid DHCP server response        [ !! ]
```

Listing 2.18: Versuch der Konfiguration einer Netzwerkschnittstelle über DHCP

2.4.13 Konfiguration des Basissystems

Es ist fast geschafft, nahezu alle wichtigen Installationsschritte und Konfigurationen sind vorgenommen, bis zum ersten Start des neuen Gentoo-Systems sind es nur noch einige wenige kleine Schritte. In diesen sind zentrale Konfigurationsdateien zu bearbeiten, etwa die Konfiguration der Dateisysteme in der /etc/fstab, die Konfiguration von Terminal-Zeichensatz und Text-Editor des Vertrauens in der /etc/rc.conf und genereller Systemkonfiguration in Dateien im Verzeichnis /etc/conf.d/. Abschließend wird ein Kennwort für den Root-Benutzer gesetzt und eine zusätzliche, nicht-privilegierte, Benutzer-Kennung eingerichtet.

/etc/fstab

Die Konfigurationsdatei /etc/fstab beinhaltet Informationen über alle Dateisysteme, die beim Systemstart eingehängt, »gemountet«, werden sollen. In der Datei wird festgelegt, welches Dateisystem welchen Dateisystemtyps wo mit welchen Optionen einzuhängen ist. Optionen sind beispielsweise ein nur-lesbares Dateisystem oder ein Dateisystem, das auch von normalen Benutzern gemountet werden darf, wie beispielsweise CD- oder DVD-ROM-Medien.

Die Konfiguration verteilt sich auf sechs Spalten:

1. Das Device des jeweiligen Dateisystems

2. Der Punkt, an den das Dateisystem gemountet werden soll

3. Der Typ des Dateisystems

4. Optionen, mit denen das Dateisystem gemountet werden soll

5. Anweisung für das Programm »dump«, ob ein Dateisystem gesichert werden soll, ist keine Sicherung mit dump geplant, ist in dieser Spalte eine 0 zu setzen – andernfalls eine 1.

6. Konfiguration von Dateisystemchecks beim Systemstart, wenn die Dateisysteme nicht als »clean« markiert sind. Das Root-Dateisystem sollte in dieser Spalte mit einer 1 konfiguriert werden, Dateisysteme, bei denen keine Prüfung notwendig wird, mit einer 0 und andere Dateisysteme mit 2.

```
livecd / # nano -w /etc/fstab
# /etc/fstab: static file system information.
#
```

```
# noatime turns off atimes for increased performance (atimes normally aren't
# needed; notail increases performance of ReiserFS (at the expense of sto-rage
# efficiency).  It's safe to drop the noatime options if you want and to
# switch between notail / tail freely.
#
# The root filesystem should have a pass number of either 0 or 1.
# All other filesystems should have a pass number of 0 or greater than 1.
#
# See the manpage fstab(5) for more information.
#

# <fs>                  <mountpoint>   <type>          <opts>      <dump/pass>

# NOTE: If your BOOT partition is ReiserFS, add the notail option to opts.
/dev/sda1               /boot          ext2            noauto,noatime   0 2
/dev/sda3               /              ext3            noatime          0 1
/dev/sda5               /home          ext3            noatime          0 2
/dev/sda2               none           swap            none             0 0
/dev/cdroms/cdrom0      /mnt/cdrom     iso9660         noauto,ro        0 0
#/dev/fd0               /mnt/floppy    auto            noauto           0 0

# NOTE: The next line is critical for boot!
proc                    /proc          proc            defaults         0 0

# glibc 2.2 and above expects tmpfs to be mounted at /dev/shm for
# POSIX shared memory (shm_open, shm_unlink).
# (tmpfs is a dynamically expandable/shrinkable ramdisk, and will
#  use almost no memory if not populated with files)
shm                     /dev/shm       tmpfs           nodev,nosuid,noexec 0 0
```

Listing 2.19: Konfiguration der /etc/fstab

/etc/rc.conf

Die /etc/rc.conf ist eine Besonderheit in Gentoo – und auch diese verliert an Bedeutung, da bereits ein Großteil der Konfigurationsoptionen aus dieser Datei in

Dateien im Verzeichnis /etc/conf.d/ verlagert wurden. Aktuell wird die /etc/
rc.conf zur Konfiguration der Unicode-Unterstützung auf der Konsole, der Auswahl des Text-Editors des Vertrauens sowie der X-Session genutzt.

```
# UNICODE specifies whether you want to have UNICODE support in the console.
# If you set to yes, please make sure to set a UNICODE aware CONSOLEFONT and
# KEYMAP in the /etc/conf.d/consolefont and /etc/conf.d/keymaps config files.
UNICODE="yes"
```

Listing 2.20: Aktivierung der Unicode-Unterstützung auf der Konsole

Bei Aktivierung der Unicode-Unterstützung an dieser Stelle müssen in einem der
weiteren Schritte in den Dateien /etc/conf.d/consolefont und /etc/conf.d/
keymaps eine Unicode-fähige Schriftart und Tastaturbelegungen gewählt werden.

Hinweis

Unicode, oder auch UTF8, bezeichnet einen internationalen Standard-Zeichen-
satz, in dem Zeichen nahezu aller Kulturen und Zeichensysteme festgelegt sind.
Im Gegensatz zu ASCII, einem 7-Bit-Zeichensatz mit maximal 128 möglichen
Zeichen, und einem 8 Bit großen Zeichensatz wie ISO-8859-1, in dem maximal
256 Zeichen dargestellt werden können, nutzt UTF-8 einen 16 Bit großen Adress-
raum. Dadurch ist die Darstellung von 65.536 Zeichen möglich.

```
# Set EDITOR to your preferred editor.
# You may use something other than what is listed here.

EDITOR="/bin/nano"
#EDITOR="/usr/bin/vim"
#EDITOR="/usr/bin/emacs"
```

Listing 2.21: Konfiguration des Standard-Editors

An dieser Stelle ist die Auswahl noch eher theoretischer Natur, es ist bisher nur der
Text-Editor nano installiert. Wenn Sie einen anderen Editor wie vim oder emacs
bevorzugen, kann dieser nun installiert und als Standard-Editor konfiguriert werden.

Die Installation erfolgt, hier als Beispiel für den Editor vim, mit folgendem Kommando:

```
livecd / # emerge vim
```

Über die Variable XSESSION kann der zu startende Window-Manager konfiguriert werden, der beim Start der grafischen Oberfläche über xdm, xinit oder startx gestartet werden soll. Eine Konfiguration der Variablen ist an dieser Stelle nicht erforderlich und wird in Kapitel 5 behandelt.

/etc/conf.d/clock

In dieser Datei wird zum einen die Zeitzone des Systems konfiguriert als auch die Zeitzone der Hardware-Uhr des Systems eingestellt. Diese kann entweder nach UTC, auch bekannt als Greenwich Mean Time, oder nach der lokalen Zeit des Systems gestellt sein.

Die Zeitzone des Systems können Sie in unterschiedlichen Notationen angeben, gültige Werte sind beispielsweise sowohl CET für die Zentraleuropäische Zeit als auch Europe/Berlin für die an diesem Ort gültige Zeitzone.

```
livecd # / nano -w /etc/conf.d/clock
# /etc/conf.d/clock

# Set CLOCK to "UTC" if your system clock is set to UTC (also known as
# Greenwich Mean Time).  If your clock is set to the local time, then
# set CLOCK to "local".  Note that if you dual boot with Windows, then
# you should set it to "local".

CLOCK="local"

# Select the proper timezone.  For valid values, peek inside of the
# /usr/share/zoneinfo/ directory.  For example, some common values are
# "America/New_York" or "EST5EDT" or "Europe/Berlin".

TIMEZONE="Europe/Berlin"
```

Listing 2.22: Konfiguration der Zeitzone des Systems und der Hardware-Uhr

/etc/conf.d/consolefont und /etc/conf.d/keymaps

In den beiden Dateien /etc/conf.d/consolefont und /etc/conf.d/keymaps wird die Schriftart der Konsole sowie die Tastenbelegung konfiguriert.

```
livecd / # nano -w /etc/conf.d/keymaps
KEYMAP="de-latin1-nodeadkeys"
```

Eine Auswahl möglicher Tastaturlayouts können Sie im Verzeichnis /usr/share/ keymaps einsehen.

Unter anderem um auf der Konsole auch ein €-Zeichen darstellen zu können, muss eine entsprechende Schriftart ausgewählt werden. Eine Auflistung möglicher Schriftarten befindet sich im Verzeichnis /usr/share/consolefont.

```
livecd / # nano -w /etc/conf.d/consolefont
CONSOLEFONT="lat9w-16"
```

Die Schriftart lat9w-16 beispielsweise ist für den deutschsprachigen Raum geeignet und unterstützt ebenfalls das €-Zeichen.

root-Kennwort setzen

Das Kennwort des Systemverwalters »root« setzen Sie über das Kommando passwd. Die eingegebenen Zeichen werden auf der Konsole nicht dargestellt, so dass eine zweimalige Eingabe des Kennworts erforderlich ist. So ist sichergestellt, dass aufgrund eines »Vertippers« nicht aus Versehen ein falsches Kennwort gesetzt wird.

```
livecd / # passwd
New UNIX password:
Retype new UNIX password:
passwd: password updated successfully
```

Benutzer hinzufügen

Berechtigungen werden in der Gentoo-Distribution zum Teil über Gruppenzugehörigkeiten behandelt. So können ausschließlich Mitglieder der Gruppe wheel das Kommando su benutzen, oder nur Mitglieder der Gruppe cron eigene Cron-Jobs anlegen.

Vor dem Anlegen eines neuen Benutzers gilt es daher besonders zu überlegen, welche zusätzlichen Berechtigungen der Benutzer vorerst benötigen wird.

Gruppe	Beschreibung
audio	Der Benutzer darf auf Audio-Geräte zugreifen.
cdrom	Der Benutzer darf auf CD- und DVD-ROM-Laufwerke zugreifen.
cron	Der Benutzer darf eigene Cron-Jobs anlegen.
floppy	Der Benutzer darf auf Diskettenlaufwerke zugreifen.
games	Der Benutzer darf Spiele ausführen.

Tabelle 2.2: Gruppen und deren Privilegien

Gruppe	Beschreibung
portage	Der Benutzer bekommt innerhalb des Paketmanagements zusätzliche Rechte eingeräumt.
usb	Der Benutzer darf USB-Geräte benutzen.
plugdev	Der Benutzer kann Wechseldatenträger wie USB-Sticks mounten.
video	Der Benutzer darf auf Video-Geräte zugreifen und Hardware-Beschleunigung benutzen.
wheel	Der Benutzer darf das Kommando su benutzen.

Tabelle 2.2: Gruppen und deren Privilegien (Forts.)

Wichtig

Fügen Sie ausschließlich Benutzer, die Systemverwaltungsaufgaben rund um das Paketmanagementsystem Portage übernehmen sollen, der Gruppe portage hinzu. Mitglieder der Gruppe können diese Mitgliedschaft bis hin zur Kompromittierung des Systems ausnutzen.

Im Folgenden wird der Benutzer gentoo angelegt, der zusätzlich Mitglied der Gruppen audio, video und wheel sein wird. Über den Parameter –m wird das Datenverzeichnis des Benutzers direkt mit erstellt. Anschließend wird das Passwort für den Benutzer gesetzt.

```
livecd / # useradd -m -g users -G audio,video,wheel gentoo
livecd / # passwd gentoo
New UNIX password:
Retype new UNIX password:
passwd: password updated successfully
```

Listing 2.23: Anlegen eines unprivilegierten Benutzers und Setzen eines Kennworts

2.4.14 Verlassen der chroot-Umgebung und Unmounten der Partitionen

An dieser Stelle ist die Installation des Gentoo-Systems beendet. Vor dem ersten Neustart in das neue Gentoo-System wird die chroot-Umgebung verlassen und die Partitionen ausgehangen.

```
livecd / # exit
livecd ~ #

livecd ~ # umount /mnt/gentoo/home
livecd ~ # umount /mnt/gentoo/proc
```

```
livecd ~ # umount /mnt/gentoo/boot
livecd ~ # umount /mnt/gentoo
```

Listing 2.24: Verlassen der change root-Umgebung, Unmounten der Partitionen

Neustart

```
livecd ~ # reboot
```

Nach dem ersten Start in das nun fertig installierte Gentoo-System können Sie sich am Login-Prompt als root anmelden und nun unbenötigte Überbleibsel der Installation entfernen – das von Ihnen als Ausgang der Installation genutzte Stage-3-Archiv und den Portage Snapshot.

```
gentoo ~ # rm /stage3*.tar.bz2
gentoo ~ # rm /portage-latest.tar.bz2
```

Wenn hingegen beim ersten Start Probleme auftreten und das System nicht sauber startet, finden Sie im Abschnitt 2.6 *Was tun wenn ...?*.

2.5   Installation mit dem grafischen Gentoo Linux Installer

Im Gegensatz zur textbasierten Installation bietet die Installation mit dem Gentoo Linux Installer (GLI) einen entscheidenden Vorteil – sie räumt mit dem Vorurteil auf, dass eine Gentoo-Installation langwierig und kompliziert sei. Im krassen Gegensatz zu diesem Vorurteil ist der Gentoo Linux Installer der beste Beweis, dass eine Gentoo-Installation auch in weniger als 15 Minuten durchführbar ist.

Die Ankündigung eines grafischen Installers für das Gentoo-2006.0-Release war dennoch Anlass für zahlreiche Benutzer, sich ernsthafte Gedanken über die weitere Entwicklung der Distribution zu machen. Würde sich Gentoo zum Schlechten hin wandeln? Würde man Benutzer irgendwann vielleicht zwingen, den grafischen Installer zu nutzen? Würde man auf die bisherigen Installationsmethoden und die bestehende Dokumentation verzichten? Würde man dem Benutzer etwas aufzwingen, was er gar nicht benutzen mag?

Wie nicht anders zu erwarten war, führte die bloße Ankündigung eines grafischen Installers zu zahlreichen Diskussionen. An deren Ende wurde noch einmal klargestellt, dass der Gentoo Linux Installer nur eine zusätzliche Option zur bisherigen Installationspraxis sein wird. Lediglich die bisher über die universellen Installations-CD ermöglichte netzwerklose Installation wurde zu Gunsten des grafischen Installers gestrichen – fairerweise muss man jedoch eingestehen, dass diese Installationsmethode zumeist fehlerbehaftet war (zum Beispiel auf Grund fehlender Quell-Archive auf den CDs oder Quell-Archiven für eine andere Version) und nun über den grafischen Installer in Verbindung mit weniger Problemen in deutlich kürzerer Zeit möglich ist.

Darüber hinaus eröffnen sich durch den Gentoo Linux Installer weitere neue Möglichkeiten im Bereich der automatisierten Installation zahlreicher identischer Systeme im Desktop-Bereich oder im Cluster-Einsatz. Im Grundansatz vergleichbar mit Red Hats Kickstart, AutoYaST von SuSE und FAI in Debian nutzt der Gentoo Linux Installer XML-Dateien zur Beschreibung von Installationsprofilen. Aus den XML-Dateien heraus kann eine Installation mit dem Kommandozeilen-Frontend des Installers erfolgen.

Ein Kommandozeilen-Frontend? Ja, denn der Gentoo Linux Installer ist mehr als nur ein grafischer Installer. Neben einer GTK+-basierten Schnittstelle für eine X-Umgebung gibt es ein dialogbasiertes Konsolen-Frontend und besagtes CLI-Interface zur automatisierten Installation.

Im Folgenden beschränke ich mich auf das grafische Frontend und den Beweis, dass eine (netzwerklose) Gentoo-Installation in unter 15 Minuten durchführbar ist.

2.5.1 Start der Live-CD

Die Gentoo-Live-CD beinhaltet eine grafische Oberfläche (derzeit Gnome) und kann sowohl für eine textbasierte Installation als auch mit dem Gentoo Installer genutzt werden.

Anpassen der Bootreihenfolge im BIOS

Zum Booten der Gentoo-Live- oder -Installations-CDs muss das BIOS zum Booten von CD-ROM- oder DVD-ROM-Laufwerken konfiguriert sein. Sollten die Gentoo-CDs von Ihrem PC nicht automatisch gestartet werden, überprüfen Sie die Boot-Reihenfolge im BIOS des PC.

Den Setup-Modus des BIOS rufen Sie durch Drücken der Tasten F2 oder Entf während des Bootvorgangs auf. Aktuelle BIOS-Versionen erlauben durch Halten der ESC-Taste während des Bootvorgangs auch eine temporäre Umgehung der voreingestellten Bootreihenfolge und einmalige Auswahl eines anderen Boot-Mediums.

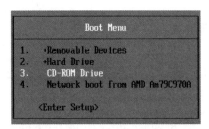

Abb. 2.2:   Ändern der Boot-Reihenfolge

Booten der Live-CD

Die Installations-CD und die Live-CD unterscheiden sich allein durch die grafische Oberfläche und die Verfügbarkeit des Gentoo Linux Installers – ansonsten sind beide CD-Medien identisch. Dementsprechend unterscheidet sich der Startvorgang bei beiden CD-Medien nicht wesentlich, es stehen nahezu die gleichen Optionen zur Verfügung.

Auf allen für die x86- und AMD64-Architekturen veröffentlichten Installationsmedien befindet sich zum einen ein Linux-Kernel mit oder wahlweise ohne Framebuffer-Unterstützung sowie das Speichertest-Programm *memtest86*. Die Kernel auf der Live-CD als auch auf der Installations-CD sind identisch und unterstützen die gleichen Optionen. Standardmäßig wird nach einer kurzen Wartezeit der Kernel mit Framebuffer-Unterstützung gestartet.

```
Gentoo Linux Installation LiveCD                http://www.gentoo.org
Enter to boot; F1 for kernels  F2 for options.
```

Sämtliche verfügbaren Kernel sowie deren Optionen können über F1 beziehungsweise F2 angezeigt werden. Der verfügbare Linux-Kernel wird gentoo bzw. gentoo-nofb bei deaktivierter Framebuffer-Unterstützung genannt.

Das Bootverhalten der CD kann durch optionale Parameter beeinflusst werden. Sämtliche von der jeweiligen CD unterstützten Optionen können über die Funktionstasten F3 bis F7 angezeigt werden. Die Mehrzahl der Parameter ist lediglich bei sehr speziellen Hardwarekombinationen notwendig (z.B. der Parameter slowusb, der bei über USB angebundenen CD-ROM-Laufwerken Pausen in den Bootprozess einfügt). Die gebräuchlichen Parameter sind folgend aufgelistet:

console=X	Aktivierung der Nutzung serieller Konsolen, z.B. /dev/ttyS0 auf x86-basierten Systemen. An das Device können optional weitere Parameter der jeweiligen Verbindung übergeben werden, diese sind per Default 9600,8,n,1.
doapm	Aktiviert die Nutzung des APM-Subsystems, erfordert zugleich die Option acpi=off zur Deaktivierung von ACPI.
dopcmcia	Aktiviert Unterstützung für PCMCIA-Hardware und startet den Cardbus-Manager, diese Option ist nur erforderlich, wenn von via PCMCIA angebundener Hardware gebootet wird.
doscsi	Lädt die Module für die meisten unterstützten SCSI-Controller.

Tabelle 2.3:   Optionale Parameter beim Booten der Live/Installations-CD

`ide=nodma`	Deaktiviert den DMA-Modus im Kernel. Diese Option ist bei einigen IDE-Chipsätzen sowie einigen CD-ROM-Laufwerken notwendig.
`nodetect`	Deaktiviert die Hardware-Erkennung während des Boot-Vorgangs. Diese Option ist zumeist nur beim Debuggen von Startproblemen notwendig.
`nodhcp`	Standardmäßig wird für erkannte Netzwerk-Devices eine automatische Konfiguration via DHCP versucht. Nutzen Sie diese Option, wenn in Ihrem Netzwerk kein DHCP-Server verfügbar ist oder Sie die Konfiguration des Netzwerks selbst vornehmen möchten.
`nogpm`	Deaktiviert die Maus-Unterstützung auf der Konsole.
`nosata`	Deaktiviert das Laden von S-ATA-Modulen. Diese Option ist hilfreich, wenn via S-ATA angeschlossene Geräte den Bootprozess behindern.
`docache`	Speichert den Inhalt der CD im Arbeitsspeicher zwischen, so dass die CD nach dem Bootprozess ungemountet und durch eine andere CD ersetzt werden kann. Sie benötigen mindestens doppelt so viel RAM wie die Größe der CD.
`nox`	Deaktiviert das Starten des X-Servers bei Nutzung der Live-CD.

Tabelle 2.3: Optionale Parameter beim Booten der Live/Installations-CD (Forts.)

Während des Startvorgangs haben Sie die Möglichkeit, eine Tastaturbelegung auszuwählen – innerhalb der Abfrage können Sie zum Beispiel eine deutsche Tastaturbelegung wahlweise über die Eingabe von 10 oder **de** aktivieren. Sollten Sie die Auswahl einer Tastaturbelegung während des Startvorgangs versäumen, ist es nach dem Start der Installations-CD weiterhin problemlos möglich, diese zu wechseln.

```
livecd root # loadkeys de-latin1-nodeadkeys
```

2.5.2   Einrichten der Installationsumgebung

Nach dem Start der Live-CD und des X-Servers werden Sie automatisch unter einem nicht privilegierten Benutzer-Account in der Desktop-Umgebung XFCE angemeldet. Der XFCE-Desktop ist vollständig installiert, neben den Programmen des XFCE-Desktops sind darüber hinaus unter anderem der Webbrowser Firefox und Editoren wie vim und emacs verfügbar.

Nachdem Sie die Umgebung erkundet haben, werden Sie vermutlich feststellen, dass Sie in der grafischen Oberfläche mit einer englischen Tastaturbelegung arbeiten.

Zur Ausführung von Programmen mit Rechten des Systemverwalters **root** ist das Benutzer-Konto des Gentoo-Benutzers so eingerichtet, dass diese Programme über **sudo** gestartet werden können.

2.5.3   Der Gentoo Linux Installer

Auf der Arbeitsoberfläche befinden sich zwei Icons zum Start des Gentoo Linux Installers, eines zum Start des dialogbasierten Konsolen-Frontends und eines zum Start des GTK+-basierten X-Frontends.

Die einzelnen Installationsschritte über den GTK+-basierten Gentoo Linux Installer gliedern sich in zwei Teile. Zunächst legen Sie die Installationsoptionen fest, im zweiten Teil wird der Installationsschritt anhand der festgelegten Optionen durchgeführt.

Installationsmodi

Seit Gentoos 2008.0 unterstützt der Gentoo Linux Installer nur noch den Installationsmodus der sogenannten »Netzwerklosen Installation«. Dieser Modus bietet die Möglichkeit einer schnellen Installation, benötigt – wie der Name besagt – keine Internetverbindung und bietet die Möglichkeit, über das Basissystem hinaus auch eine grafische Oberfläche und weitere Anwendungen zu installieren.

Partitionierung der Festplatte

Im ersten Schritt ist die Festlegung der Partitionierung der Festplatte erforderlich. Neben der Möglichkeit, ein eigenes Partitionierungsschema umzusetzen, besteht auch die Möglichkeit, ein »empfohlenes Partitionierungsschema« anzuwenden.

Design eines Partitionsschemas   Vorweg, es gibt nicht »die« richtige Partitionierung einer Festplatte. Das Auslagern einzelner Dateisysteme in separate Partitionen ist je nach späterer Aufgabe des Systems mal mehr, mal weniger sinnvoll. Auf Serversystemen zum Beispiel ist es meist sinnvoll, unterschiedliche Partitionen für die Dateisysteme in /, /usr, /var, /tmp und /home zu nutzen – bei Desktopsystemen wäre ein solches Partitionierungsschema nicht unbedingt ebenfalls von Vorteil.

Im Folgenden kommt beispielhaft ein Partitionierungsschema zum Zug, das bei Desktopsystemen weit verbreitet ist. Daraus lässt sich jedoch nicht zwangsläufig ableiten, dass dieses Partitionierungsschema auch Ihren Anforderungen in allen Punkten gerecht werden kann.

Wichtigster Gedanke beim Design eines Partitionierungsschemas für Desktopsysteme ist die Trennung von Betriebssystem und eigentlichen Nutzdaten des Anwenders. Neben der weit verbreiteten Nutzung einer separaten Partition für /boot bietet sich hier eine eigene Partition für die Benutzerdaten unter /home an. Darüber hinaus ist ein Auslagerungsspeicher (Swap) mit der doppelten Größe des Arbeitsspeichers bzw. maximal 2 GB ratsam. Die Installation orientiert sich im weiteren Verlauf an folgendem Partitionsschema:

sda1	/boot	50 MB
sda2	swap	1 GB
sda3	/	10 GB
sda5	/home	restlicher Speicherplatz

Tabelle 2.4:   Partitionierungsschema

Die Größen der einzelnen Partitionen können Sie nahezu beliebig variieren, so kann es beispielsweise sinnvoll sein, die Root-Partition mit weniger Speicherplatz anzulegen, wenn Sie nur über eine kleinere Festplatte verfügen und möglichst viel des knappen Speicherplatzes für die eigentlichen Nutzdaten verwenden wollen.

> **Vorsicht**
>
> Sollten Sie in der ersten primären Partition der Festplatte noch ein Windows-System installiert haben, »verschiebt« sich das Partitionsschema. Weiterhin sollten Sie beim Löschen von Partitionen besonders achtsam sein!

Nutzung des empfohlenen Partitionsschemas   Alternativ zur Erstellung eines eigenen, angepassten Partitionsschemas können Sie ein empfohlenes Partitionsschema einfach auswählen und auf Ihre Festplatte anwenden.

Dieses nutzt den gesamten zur Verfügung stehenden Festplattenspeicherplatz und erstellt eine 100 MB große /boot-Partition, eine bis zu 512 MB große swap-Partition und legt auf dem restlichen freien Speicherplatz eine root-Partition an.

sda1	/boot	100 MB
sda2	swap	bis zu 512 MB
sda3	/	restlicher Speicherplatz

Tabelle 2.5:   Empfohlenes Partitionsschema

Sofern auf der Festplatte noch mehr als vier GB freier Speicherplatz vorhanden sind, nutzt die Funktion zur Anwendung des empfohlenen Partitionsschemas automatisch diesen und nimmt keine Veränderungen an den bereits vorhandenen Partitionen vor.

Sind jedoch weniger als vier GB freier Speicherplatz verfügbar, sollten Sie beim Anwenden des empfohlenen Partitionsschemas äußerst vorsichtig und bewusst vorgehen und sicherstellen, dass Sie nicht versehentlich noch von anderen installierten Betriebssystemen benutzte Partitionen löschen.

Abbildung 2.3 zeigt die Anwendung des empfohlenen Partitionsschemas.

Abb. 2.3: Anwenden des empfohlenen Partitionsschemas

Auswahl des Stages-Archivs und Entpacken des Portage Tree

Eine Auswahl des zu nutzenden Stage-Archivs ist im netzwerklosen Installationsmodus nicht vorgesehen. Das Stage-Archiv wird während des Installationsprozes-
ses aus auf der Live-CD vorhandenen Daten dynamisch generiert und installiert.

Der Portage Tree wird ebenfalls von der Live-CD aus installiert. Nach Abschluss der
Installation und Einrichtung der Netzwerkverbindung ist eine Aktualisierung des
Portage Tree möglich.

Installation des Linux-Kernels

Anstelle der händischen Installation, Konfiguration und Kompilierung von Kernel-
Quellen installiert der Gentoo Linux Installer den von der Live-CD genutzten
Linux-Kernel in das zu installierende System. Neben dem erheblichen Zeitgewinn
profitieren Sie so unter anderem von der Hardware-Erkennung: Funktioniert die
Live-CD auf Ihrer Hardware, so wird auch das installierte System genauso unter-
stützt werden.

Konfiguration des Netzwerks

Zur Konfiguration der Netzwerkschnittstellen werden alle von der Hardwareerkennung der LiveCD erkannten Netzwerkschnittstellen in einem Dropdown-Menü INTERFACE angezeigt. Nach der Auswahl der zu konfigurierenden Netzwerkschnittstelle kann zwischen statischer und dynamischer IP-Konfiguration via DHCP gewählt werden. Für drahtlose Netzwerkschnittstellen stellt der Gentoo Linux Installer darüber hinaus die Möglichkeit bereit, eine ESSID sowie einen Schlüssel für das drahtlose Netzwerk zu konfigurieren.

Hinweis

Nach Konfiguration einer Netzwerkschnittstelle müssen Sie die Konfiguration über den SAVE-Button speichern, andernfalls wird die durchgeführte Konfiguration nicht übernommen.

Das Installer-Fenster zur Netzwerkkonfiguration beinhaltet noch eine weitere Registerkarte, in dieser können sowohl der gewünschte Hostname als auch die DNS-Domain des Systems konfiguriert werden.

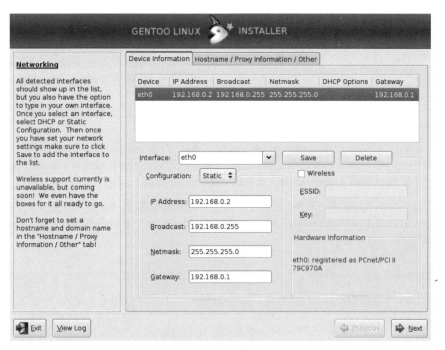

Abb. 2.4:   Konfiguration der Netzwerkschnittstellen

Viele Administratoren entwickeln starre Regeln für die Vergabe von Hostnamen, wie die Nutzung von Buchstaben aus dem griechischen Alphabet über funktionale

Bezeichnungen wie »router«, »firewall« oder »webserver«, über standortbezogene Hostnamen wie »r13re4« (Kurzbezeichnung des Standortes Rack 13, Regal 4) bis hin zu Phantasienamen oder Comic-Figuren, Schauspielern und Musikern. Wie und nach welchem Muster Sie Ihren Rechner benennen, bleibt allein Ihnen überlassen. Sollten Sie an dieser Stelle keine Konfiguration des Hostnamens vornehmen wollen, wird das System vorerst nach dem vorgegebenen Namen localhost benannt.

Installation von Systemdiensten und eines Bootloaders

Die Installation benötigter Systemdienste, wie etwa einem Log-Dienst, verläuft ähnlich auswahlarm wie die Installation des Linux-Kernels. Im Gentoo Linux Installer wird nur eine vorgegebene Auswahl unterstützt, als Log-Dienst wird syslog-ng installiert, als Cron-Dienst vixie-cron und GRUB als Bootloader.

Als optionale Kernel-Parameter können Sie alle auch von der Live-CD unterstützten in Abschnitt 2.5.1 beschriebenen Parameter nutzen. Durch die Option doscsi wird sichergestellt, dass Module zur Unterstützung von SCSI- und S-ATA-Controllern vor dem Mounten des Root-Dateisystems geladen sind und das Root-Dateisystem dementsprechend auch für den Linux-Kernel ansprechbar ist.

Benutzer hinzufügen

Berechtigungen werden in der Gentoo-Distribution zum Teil über Gruppenzugehörigkeiten behandelt. So können ausschließlich Mitglieder der Gruppe wheel das Kommando su benutzen oder nur Mitglieder der Gruppe cron eigene Cron-Jobs anlegen.

Vor dem Anlegen eines neuen Benutzers gilt es daher besonders zu überlegen, welche zusätzlichen Berechtigungen der Benutzer vorerst benötigen wird.

Gruppe	Beschreibung
audio	Der Benutzer darf auf Audio-Geräte zugreifen.
cdrom	Der Benutzer darf auf CD- und DVD-ROM-Laufwerke zugreifen.
cron	Der Benutzer darf eigene Cron-Jobs anlegen.
floppy	Der Benutzer darf auf Diskettenlaufwerke zugreifen.
games	Der Benutzer darf Spiele ausführen.
portage	Der Benutzer bekommt innerhalb des Paketmanagements zusätzliche Rechte eingeräumt.
usb	Der Benutzer darf USB-Geräte benutzen.
plugdev	Der Benutzer kann Wechseldatenträger wie USB-Sticks mounten.

Tabelle 2.6: Gruppen und deren Privilegien

Gruppe	Beschreibung
video	Der Benutzer darf auf Video-Geräte zugreifen und Hardware-Beschleunigung benutzen.
wheel	Der Benutzer darf das Kommando su benutzen.

Tabelle 2.6: Gruppen und deren Privilegien (Forts.)

> ### Wichtig
>
> Fügen Sie ausschließlich Benutzer, die Systemverwaltungsaufgaben rund um das Paketmanagementsystem Portage übernehmen sollen, der Gruppe portage hinzu. Mitglieder der Gruppe können diese Mitgliedschaft bis hin zur Kompromittierung des Systems ausnutzen.

Im Gentoo-Linux-Installer-Dialogfenster zum Anlegen zusätzlicher Benutzer stehen Ihnen alle Optionen zur Verfügung, die auch das entsprechende Kommandozeilen-Programm useradd unterstützt.

In Abbildung 2.5 wird ein Benutzer gentoo mit der primären Gruppe users und weiteren Gruppenmitgliedschaften der Gruppen audio, video und wheel angelegt.

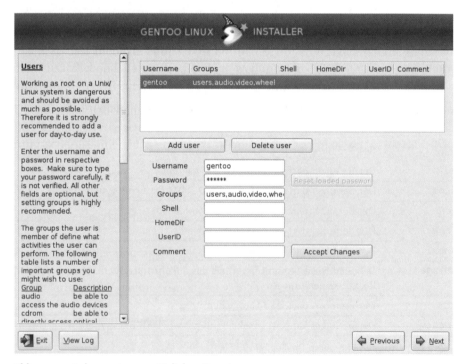

Abb. 2.5: Anlegen eines zusätzlichen Benutzers

Ähnlich wie bei der Nutzung des Kommandozeilen-Programms zum Anlegen neuer Benutzer `useradd` können Sie auch im Gentoo Linux Installer auf das explizite Setzen von Shell, Home-Verzeichnis und Benutzer-ID verzichten – als Shell wird standardmäßig `/bin/bash` genutzt, das Home-Verzeichnis unter `/home` angelegt und die nächste freie Benutzer-ID verwendet.

Beachten Sie, dass der Benutzer tatsächlich nur angelegt werden wird, wenn Sie mit ACCEPT CHANGES die Einrichtung des Benutzer-Kontos bestätigen.

Installation zusätzlicher Programme

Bei Nutzung der netzwerklosen Installation über den Gentoo Linux Installer können Sie einen weiteren Vorteil nutzen – die schnelle Installation von zusätzlichen binären Paketen.

Bereits vor Einführung des Gentoo Linux Installers war dies möglich, die Binärpakete wurden auf so genannten GRP-CDs zusätzlich zu den damaligen Installationsmedien angeboten. GRP steht für Gentoo Reference Platform und sollte einen getesteten Satz von Programmen zusätzlich zu den Installationsmedien bereitstellen. Zum ursprünglichen Umfang gehörten sowohl die Desktopumgebungen KDE und GNOME wie Webbrowser und das Office-Paket OpenOffice.org.

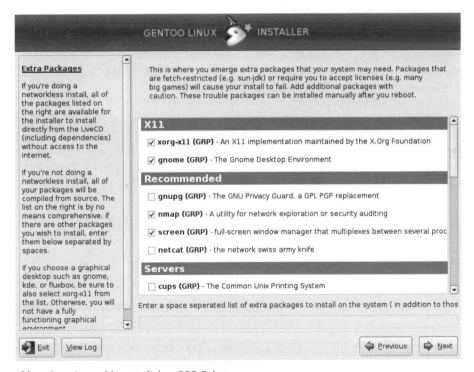

Abb. 2.6:   Auswahl zusätzlicher GRP-Pakete

Mit Einführung des Gentoo Linux Installers wurden die bisherigen universellen Installations-CDs und die GRP-CDs zu den jetzt angebotenen Live-CDs zusammengefasst. Als zusätzliche GRP-Pakete installierbar sind nun alle auf der Live-CD enthaltenen Programme, aus Meta-Informationen des Paketmanagementsystems heraus werden die installierbaren Pakete durch den Gentoo Linux Installer bei Bedarf, das heißt, wenn Sie ein Programm zur Installation ausgewählt haben, dynamisch generiert.

Anpassungen an Optionen und Abhängigkeiten der zu installierenden GRP-Pakete sind an dieser Stelle nicht möglich, da nur bereits vorhandene binäre Pakete installiert werden. Die Installation von GRP-Paketen an diesem Punkt ist eine Abwägung zwischen einem schnell lauffähigen und einem ideal angepassten System, die Sie treffen müssen.

Abb. 2.7:   Installation zusätzlicher GRP-Pakete

Konfiguration des Basissystems

Dienste, die beim Start des installierten Gentoo-Systems ebenfalls gestartet werden sollen, müssen dem Default-Runlevel hinzugefügt werden. Wenn beispielsweise eine grafische Oberfläche installiert ist, wählen Sie das xdm-Skript aus, oder wenn SSH Logins ermöglicht werden sollen, das ssh-Skript.

Hinweis

Die Init-Skripte für Netzwerkschnittstellen müssen Sie an dieser Stelle nicht einem Runlevel hinzufügen, dies wurde nach Konfiguration der Netzwerkschnittstellen bereits automatisch durchgeführt.

In einem letzten Schritt können Sie Konfigurationen vornehmen, die nahezu ausschließlich Konfigurationsdateien im Verzeichnis /etc/conf.d/ betreffen.

Sofern installiert und aktiviert, wählen Sie einen grafischen Login-Manager – in diesem Fall gdm, die Tastaturbelegung und die Konsolen-Schriftart aus.

Wenn Sie neben *nano* einen weiteren Text-Editor wie vim oder emacs installiert haben, können Sie diesen als systemweiten Text-Editor vorgeben.

Weiterhin konfigurieren Sie, ob die Hardware-Uhr Ihres PCs nach lokaler oder UTC (bzw. Greenwich Mean Time) gestellt ist.

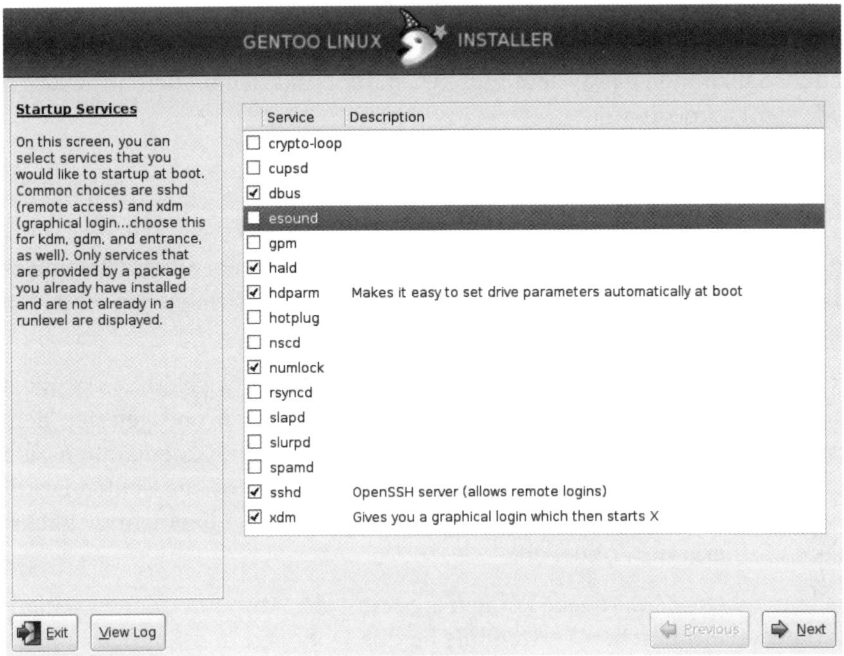

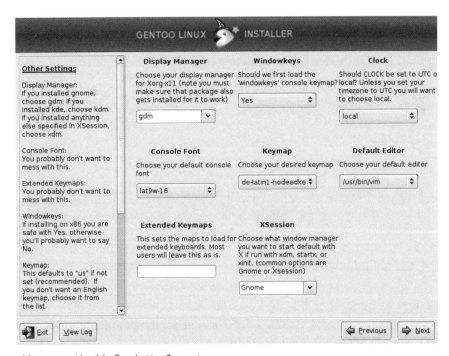

Abb. 2.8: Auswahl von Diensten zum Systemstart

Abb. 2.9: Abschließende Konfiguration

Nach dem Setzen der letzten notwendigen Konfigurationsoptionen übernimmt der Gentoo Linux Installer das Aushängen der gemounteten Dateisysteme der Gentoo-Installation. Sie können das System nun neu starten und sich im neu installierten Gentoo-System anmelden.

2.6 Was tun wenn ...?

Bei dem Auftreten möglicher Fehler oder Probleme beim ersten Systemstart gilt es zwei mögliche Problemquellen zu betrachten – das Betriebssystem und den Anwender.

Zwar wird Gentoo von einer weltweit verteilten starken Entwicklerbasis gepflegt und von einer engagierten Benutzer-Community unterstützt und getestet, dennoch kann nicht ausgeschlossen werden, dass Sie einen bisher unerkannten oder zumindest unbehobenen Fehler entdecken. Bitte helfen Sie uns, die Gentoo-Distribution zu verbessern, indem Sie das Problem oder den Fehler in einem möglichst detaillierten Fehlerbericht mitteilen.

Die zweite mögliche Fehlerquelle können Sie sein – der Anwender, der versehentlich oder aus einem falschen Verständnis heraus Optionen und Konfigurationen falsch gewählt oder vergessen hat. Die am häufigsten nach einer Gentoo-Installation auftretenden Probleme und deren Lösungsansätze sind in diesem Abschnitt beschrieben. Wenn Sie Ihr Problem dort nicht wiederfinden, hilft Ihnen die Gentoo-Community meist recht schnell, sei es über die Gentoo-Foren und deren Suche, Mailinglisten oder im IRC-Chat. Welche Möglichkeiten zur Unterstützung durch die Gentoo-Community Ihnen zur Verfügung stehen, ist in Kapitel 1.5 beschrieben.

Die schlussendlich am häufigsten auftretenden Fehler sind recht überschaubar und vielfältig dokumentiert.

2.6.1 Unable to mount root-Filesystem

```
VFS: Cannot open root device "sda1" or uknown-block(0,0)
Please append a correct boot "root=" option
Kernel panic - not syncing: VFS: Unable to mount root fs on unknown-block(0,0)
```

Schlägt das Mounten des Root-Dateisystems fehl, ist der Fehler entweder in einer fehlerhaften Konfiguration des Bootloaders oder direkt im Kernel zu suchen.

In diesem Beispiel wurde versucht, das Device /dev/sda1 als root-Filesystem zu mounten. Wenn Sie dem hier verwendeten Partitionsschema gefolgt sind, ist /dev/sda1 jedoch die /boot-Partition. Überprüfen Sie die Konfigurationsdateien des von Ihnen verwendeten Bootloaders und geben Sie für den Parameter root= das korrekte Device an.

Bootloader	Konfigurationsdatei
GRUB	`/boot/grub/grub.conf`
LILO	`/etc/lilo.conf`

Tabelle 2.7: Bootloader und ihre Konfigurationsdatei

Hier ist das Problem jedoch nicht in einer fehlerhaften Konfiguration der Kernel-Parameter im Bootloader zu suchen, sondern in einer Kernel-Konfiguration. Es wird versucht, das Root-Dateisystem unter dem Device `/dev/sda1` einzubinden, das nicht existiert. Wenn dieses Device dem Linux-Kernel unbekannt ist, ist die fehlende Unterstützung für den ATA-, Serial-ATA- oder SCSI-Controller im Linux-Kernel der Auslöser.

Wichtig

Die Unterstützung für den Controller, an dem die Festplatte mit dem Root-Dateisystem angeschlossen ist, muss zwingend fest in den Kernel einkompiliert werden. Eine Nutzung des Treibers als Kernel-Modul ist nur möglich, wenn – wie bei `genkernel` – in einem Zwischenschritt eine Ramdisk geladen wird.

Zur Behebung des Fehlers ist es erforderlich, die bestehende Kernel-Konfiguration anzupassen und den Linux-Kernel neu zu kompilieren. Hierzu müssen Sie wieder die Installations- oder Live-CD booten und im Installationsprozess in Abschnitt 2.4.8, *Konfiguration der Kernel-Quellen*, einsteigen. Zuvor müssen Sie die Dateisysteme analog zur Installation mounten und in die `chroot`-Umgebung wechseln.

Wenn Sie dem Partitionsschema gefolgt sind, nutzen Sie die folgenden Schritte und fahren dann in Abschnitt 2.4.8 fort.

```
livecd root # mount /dev/sda3 /mnt/gentoo
livecd root # mount /dev/sda1 /mnt/gentoo/boot
livecd root # mount -t proc none /mnt/gentoo/proc
livecd root # chroot /mnt/gentoo /bin/bash
livecd / # env-update
livecd / # source /etc/profile
livecd / # cd /usr/src/linux
livecd / # make menuconfig
```

Listing 2.25: Vorbereitende Schritte zur Neukonfiguration des Kernels

Achten Sie bei der erneuten Konfiguration des Kernels darauf, dass die Treiber für die in Ihrem System vorhandenen ATA-, Serial-ATA- und SCSI-Controller **fest** in den Kernel kompiliert werden.

Ein weiterer Auslöser des Problems kann eine fehlende Unterstützung für das Dateisystem der root-Partition sein, beispielsweise wenn Sie ReiserFS verwenden, die Unterstützung für ReiserFS im Kernel aber fehlt oder nur als Modul eingebunden ist. Hier ist es ebenfalls erforderlich, den Kernel neu zu konfigurieren und zu installieren.

2.6.2 »touch« schlägt fehlt

```
livecd / # emerge syslog-ng
Calculating dependencies... done!
>>> Emerging (1 of 2) dev-libs/libol-0.3.18 to /
>>> checking ebuild checksums ;-)
>>> checking auxfile checksums ;-)
>>> checking miscfile checksums ;-)
>>> checking libol-0.3.18.tar.gz ;-)
>>> Unpacking source...
>>> Unpacking libol-0.3.18.tar.gz to /var/tmp/portage/libol-0.3.18/work
 * Removing useless C++ checks ...
touch: setting times of `/var/tmp/portage/libol-0.3.18/.unpacked': Func-
tion not implemented


!!! ERROR: dev-libs/libol-0.3.18 failed.
Call stack:
  ebuild.sh, line 1539:   Called dyn_unpack
  ebuild.sh, line 712:   Called die
```

Bei der ersten Installation eines Programms nach dem Wechsel in die chroot-Umgebung schlägt das touch-Kommando fehl. Das Problem ist ein fehlendes /proc-Dateisystem in der chroot-Umgebung, das von touch zwingend benötigt wird.

Das Problem lässt sich durch Mounten des /proc-Dateisystems innerhalb der chroot-Umgebung lösen, dazu müssen Sie zunächst die chroot-Umgebung verlassen und anschließend wieder in diese wechseln.

```
livecd / # exit
livecd gentoo # mount -t proc none /mnt/gentoo/proc
livecd gentoo # chroot /mnt/gentoo /bin/bash
livecd / # env-update
livecd / # source /etc/profile
```

Listing 2.26: Mounten des /proc-Dateisystems

2.6.3 C-Compiler cannot create executables

```
checking for a BSD-compatible install... /bin/install -c
checking whether build environment is sane... yes
checking for gawk... gawk
checking whether make sets $(MAKE)... yes
checking build system type... i386-pc-linux-gnu
checking host system type... i386-pc-linux-gnu
checking for i386-pc-linux-gnu-gcc... i386-pc-linux-gnu-gcc
checking for C compiler default output file name... configure: error: C
compiler cannot create executables
See `config.log' for more details.
```

Während des configure-Vorgangs vor dem eigentlichen Kompilieren eines Programms prüft configure unter anderem, ob alle zur Kompilierung notwendigen Programme und Bibliotheken vorhanden sind, und auch, ob der C-Compiler ausführbare Programme erzeugen kann. Hierzu wird versucht, ein kleines Test-Programm zu kompilieren. Schlägt diese Prüfung fehl, ist die Ursache zumeist in fehlerhaft gesetzten CFLAGS, Konfigurationsanweisungen für den C-Compiler, zu suchen. Besonders häufig tritt dieser Fehler bei VIA C3 oder anderen Prozessoren auf, die nur i586- und nicht i686-kompatibel sind. In Kombination mit Konfigurationsanweisungen für den C-Compiler, die eine i686-kompatible CPU benötigen, kommt es zu diesem Problem.

Ein weiterer möglicher Auslöser für diesen Fehler können falsch geschriebene Konfigurationsanweisungen, CFLAGS, für den C-Compiler sein – etwa ein -fromit-frame-pointer anstelle von -fomit-frame-pointer, oder die Verwechslung des Buchstaben O mit der Zahl 0 bei der Angabe der Optimierungsstufe, die korrekt beispielsweise als -O2 konfiguriert wäre.

2.6.4 Update des Paketmanagementsystems Portage

Nach dem Aktualisieren des Portage Tree über das Kommando emerge --sync erhalten Sie den Hinweis auf die Verfügbarkeit einer neuen Portage-Version.

```
* An update to portage is available. It is _highly_ recommended
* that you update portage now, before any other packages are updated.
* Please run 'emerge portage' and then update ALL of your
* configuration files.
* To update portage, run 'emerge portage'.
```

Listing 2.27: Hinweis auf die Verfügbarkeit einer aktualisierten Portage-Version

Eine sofortige Aktualisierung ist nicht zwingend erforderlich, jedoch kann die neue Version – innerhalb des stabilen Zweiges – erhebliche Verbesserungen beinhalten, die sowohl die Korrektur von Fehlern als auch die Optimierung der Laufzeit-Geschwindigkeit betreffen kann. Auch wenn nicht zwingend erforderlich, ist eine zeitige Aktualisierung anzuraten:

```
livecd / # emerge portage
```

2.7 Nach der Installation

Während der Installation haben Sie bereits eine deutschsprachige Tastaturbelegung sowie eine Konsolen-Schriftart ausgewählt, die auch das €-Zeichen darstellen kann. Ihr Gentoo-System »spricht« bisher jedoch nur Englisch mit Ihnen.

2.7.1 Lokalisierung

Die Einstellungen zur Lokalisierung sind in Umgebungsvariablen gesetzt. Diese können Sie sowohl systemweit für alle Benutzer oder ausschließlich für einen einzelnen Benutzer setzen.

Die Auswahl der Lokalisierung geschieht über Locale-Einstellungen. Jede Locale setzt sich zusammen aus Sprach- und Ländercode nach ISO-639 bzw. ISO-3166. Eine deutschsprachige Locale zur Nutzung in Deutschland beginnt mit de_DE, eine deutschsprachige Locale zur Nutzung in der Schweiz mit de_CH. An diese Kombination aus Sprach- und Ländercode kann eine Zeichensatzkodierung angehängt werden, beispielsweise @euro oder .UTF8.

Die Konfiguration der Lokalisierung kann entweder generell über die Variablen LANG und LC_ALL erfolgen – oder fein granuliert abgestimmt über weitere Variablen.

Variable	Funktion
LC_ALL	Definiert sämtliche Locale-Einstellungen, überschreibt andere Variablen
LC_COLLATE	Definiert die Sortierung von Zeichen
LC_CTYPE	Definiert die Verarbeitung von Zeichen
LC_MONETARY	Definiert die Anzeige und Formatierung von Geldbeträgen
LC_NUMERIC	Definiert die Anzeige und Formatierung von Zahlenwerten, mit Ausnahme von Geldbeträgen
LC_TIME	Definiert die Anzeige und Formatierung der Zeit(einheiten)
LANG	Definiert sämtliche Locale-Einstellungen, überschreibt andere Variablen inklusive der LC_ALL-Variablen

Tabelle 2.8: Variablen zur Lokalisierung

Da die Variablen LANG und LC_ALL gegenüber sämtlichen anderen Variablen zur Lokalisierung eine höhere Priorität haben, ist es ausreichend, diese beiden Variablen zu setzen.

Die Lokalisierung kann entweder systemweit für alle Benutzer oder nur für einen einzelnen Benutzer konfiguriert werden.

Konfigurationsdatei	Geltungsbereich
~/.bashrc	Jeweiliger Benutzer
/etc/env.d/02locale	Systemweit

Tabelle 2.9: Konfigurationsdateien zur Lokalisierung

Eine systemweite Lokalisierung für eine deutsche Sprach- und Länderauswahl sowie UTF-8 als Zeichensatz würde wie folgt erreicht:

```
gentoo ~ # nano -w /etc/env.d/02locale
LC_ALL="de_DE.UTF8"
LANG="de_DE.UTF8"
gentoo ~ # env-update
gentoo ~ # source /etc/profile
```

Diese Lokalisierung würde jedoch auch die Ausgaben des Paketmanagementsystems Portage betreffen – so dass bei auftretenden Fehlermeldungen auch diese lokalisiert wären. Daraus ergeben sich sowohl bei der Suche nach dem Fehler als auch beim Berichten des Fehlers in Gentoos Bugzilla Probleme. Daher ist es sinnvoll, für das Paketmanagementsystem eine Standard-Locale zu setzen.

```
gentoo ~ # nano -w /etc/portage/bashrc
export LC_ALL="C"
export LANG="C"
```

2.8 Fazit

In diesem Kapitel wurden zwei Installationsprozesse vorgestellt, an deren Ende jeweils eine lauffähige Gentoo-Installation steht. Die grundlegenden Begrifflichkeiten innerhalb der Gentoo-Distribution, wie Stage-Archiv, Portage Tree und das emerge-Kommando des Paketmanagementsystems Portage wurden erläutert.

In Abschnitt 2.6 sind Lösungsansätze zur Behebung von bei oder nach der Installation aufgetretenen Problemen beschrieben worden. Abschnitt 2.7 geht speziell auf die Anforderungen von Benutzern aus dem deutschsprachigen Raum ein und stellt Möglichkeiten zur Lokalisierung des Gentoo-Systems dar.

Nach Abschluss dieses Kapitels verfügen Sie über eine lauffähige Gentoo-Installation, deren Anpassung und Erweiterung über Gentoos Paketmanagement Gegenstand der nächsten Kapitel ist.

## Kapitel 3

Einführung in das Paketmanagementsystem Portage

Erste Schritte im Paketmanagement der Gentoo-Distribution haben Sie bereits vollzogen – durch die Installation von Kernel-Quellen, einem System Logger und weiteren essenziellen Programmen zum Betrieb eines Gentoo-Systems.

Dieses Kapitel bietet eine Einführung in die wichtigsten Funktionen des Paketmanagementsystems Portage, die fortwährende Aktualisierung des Systems sowie die Installation und Deinstallation von Programmen.

Nach diesem Kapitel können Sie die wichtigsten Aufgaben zur Pflege und Anpassung eines Gentoo-Systems durchführen.

3.1   Das Frontend »emerge«

Das Kommandozeilen-Frontend emerge vereint einerseits den in der Skriptsprache Python programmierten Teil des Paketmanagementsystems und ist andererseits das Frontend für den in Shellskripten implementierten Teil des Paketmanagements.

Frontend? Ja, theoretisch können Sie die Installation eines Pakets auch mit ebuild durchführen. In einem frühen Entwicklungsstadium des Paketmanagements war dies gar der einzige Weg zur Installation eines Pakets.

Grundsätzlich möglich ist diese Art der Installation auch heute noch. Genau genommen übernimmt das Frontend emerge nur diese Funktion(en), löst aber darüber hinaus die in Paketen bestimmten Abhängigkeiten auf und ermöglicht die Installation der »besten« Version eines Pakets.

Hinweis

Neben dem Kommandozeilen-Frontend emerge gibt es zahlreiche weitere grafische Frontends, wie beispielsweise kuroo oder porthole. Diese werden jedoch im Gegensatz zu emerge nicht von den Entwicklern als Teil des Paketmanagementsystems entwickelt und gepflegt. Daher ist eine vollständige Funktion dieser Programme nicht immer garantiert. Dies wird sich jedoch voraussichtlich mit Festlegung der EAPI ändern, in der Funktionalität und Verhalten des Paketmanagementsystems festgeschrieben werden.

3.1.1 ebuild

ebuild ist eine direkte Schnittstelle zum Paketmanagement, mit der Kommandos direkt auf der Ebene eines einzelnen Ebuilds ausgeführt werden. Die Syntax verlangt immer den Pfad zu einem Ebuild sowie ein oder mehrere auszuführende Kommandos. Liegt das Ebuild nicht im aktuellen Arbeitsverzeichnis, ist es notwendig, den vollständigen Pfad anzugeben.

Gültige Kommandos unterstützen unter anderem das Entpacken der benötigten Quell-Archive (unpack), das Konfigurieren und Kompilieren der Quellen (compile), das Installieren des Programms (install) und die eigentliche Installation in das System (qmerge).

Diese Kommandofolge wird wiederum durch das Kommando merge zusammengefasst, so dass ebuild hdparm-6.6.ebuild merge generell mit emerge hdparm gleichzusetzen ist – bis auf die beschriebenen Unterschiede in der Auflösung von Abhängigkeiten und der Installation einer fix vorgegebenen Version einerseits und der Installation der besten verfügbaren Version andererseits.

```
nomar hdparm # ebuild hdparm-6.6.ebuild merge
Disabling noauto in features... merge disables it. (qmerge doesn't)
 * hdparm-6.6.tar.gz RMD160 ;-) ...                                              [ ok
 * hdparm-6.6.tar.gz SHA1 ;-) ...                                                [ ok
 * hdparm-6.6.tar.gz SHA256 ;-) ...                                              [ ok
 * hdparm-6.6.tar.gz size ;-) ...                                                [ ok
 * checking ebuild checksums ;-) ...                                             [ ok
 * checking auxfile checksums ;-) ...                                            [ ok
 * checking miscfile checksums ;-) ...                                           [ ok
 * checking hdparm-6.6.tar.gz ;-) ...                                            [ ok
>>> Unpacking source...
>>> Unpacking hdparm-6.6.tar.gz to /var/tmp/portage/sys-apps/hdparm-6.6/work
>>> Source unpacked.
>>> Compiling source in /var/tmp/portage/sys-apps/hdparm-6.6/work/hdparm-6.6 ...
i686-pc-linux-gnu-gcc -O2 -march=prescott -pipe -W -Wall -Wbad-function-cast -Wcast-align -Wpointer-arith -Wcast-qual -Wshadow -Wstrict-proto
types -Wmissing-prototypes -Wmissing-declarations -fkeep-inline-functions -Wwrite-strings -Waggregate-return -Wnested-externs -Wtrigraphs -O2
march=prescott -pipe   -c -o hdparm.o hdparm.c
i686-pc-linux-gnu-gcc -O2 -march=prescott -pipe -W -Wall -Wbad-function-cast -Wcast-align -Wpointer-arith -Wcast-qual -Wshadow -Wstrict-proto
types -Wmissing-prototypes -Wmissing-declarations -fkeep-inline-functions -Wwrite-strings -Waggregate-return -Wnested-externs -Wtrigraphs -O2
march=prescott -pipe   -c -o identify.o identify.c
hdparm.c: In function 'process_dev':
hdparm.c:991: warning: 'packed' attribute ignored for field of type 'char[512]'
i686-pc-linux-gnu-gcc   -o hdparm hdparm.o identify.o
>>> Source compiled.
>>> Test phase [none]: sys-apps/hdparm-6.6

>>> Install hdparm-6.6 into /var/tmp/portage/sys-apps/hdparm-6.6/image/ category sys-apps
>>> Completed installing hdparm-6.6 into /var/tmp/portage/sys-apps/hdparm-6.6/image/

ecompressdir: bzip2 -9 /usr/share/man/man8
strip: i686-pc-linux-gnu-strip --strip-unneeded
   sbin/hdparm
>>> Merging sys-apps/hdparm-6.6 to /
 * Removing /usr/share/info
 * Removing /usr/share/doc
--- /usr/
--- /usr/share/
--- /usr/share/man/
--- /usr/share/man/man8/
>>> /usr/share/man/man8/hdparm.8.bz2
--- /etc/
--- /etc/conf.d/
>>> /etc/conf.d/hdparm
--- /etc/init.d/
>>> /etc/init.d/hdparm
--- /sbin/
>>> /sbin/hdparm
>>> /sbin/idectl
>>> sys-apps/hdparm-6.6 merged.
```

Abb. 3.1:   ebuild hdparm-6.6.ebuild merge

Der direkte Zugriff auf das Paketmanagementsystem mittels ebuild ist zwar weiterhin möglich, aber nicht zwingend erforderlich. Das Frontend emerge beinhaltet die Funktionalität von ebuild und bietet essenzielle, zusätzliche Funktionalitäten.

Eine potenzielle Ausnahme stellt das Kommando `digest` dar, das die zu einem Ebuild benötigten Prüfsummen erstellt – dies ist zumeist jedoch nur bei der Entwicklung eigener Ebuilds erforderlich.

3.1.2 Aktionen und Optionen des Paketmanagers

Die folgenden Tabellen listen Aktionen und Optionen des Paketmanagers auf, inklusive der – soweit vorhandenen – Kurzform und einer Beschreibung.

Die Übergabe der vom Paketmanager zu nutzenden Aktionen und Optionen hat sich in letzten Versionen marginal verändert, während zuvor die Form `emerge aktion` üblich war, wird nun `emerge --aktion` genutzt. In den meisten Fällen ist die ältere Notation noch verfügbar, Sie werden jedoch darauf hingewiesen, dass die Notation veraltet ist.

Funktion	Kurzform	Beschreibung
`--clean`		Entfernt alle Versionen eines Pakets, mit Ausnahme der aktuellsten Version.
`--config`		Führt die Konfiguration eines installierten Pakets aus.
`--depclean`		Entfernt verwaiste Pakete, die weder explizit installiert wurden noch als Abhängigkeit eines anderen Pakets benötigt werden.
`--help`		Zeigt die integrierte Hilfe an.
`--info`		Zeigt Informationen über die Gentoo-Installation an.
`--metadata`		Kopiert den Metadaten-Cache, dies geschieht nach einem `--sync` automatisch.
`--prune`	`-P`	Wie `--clean`, beachtet jedoch nicht unterschiedliche SLOTs.
`--regen`		Aktualisiert den Cache, anhand dessen Portage Abhängigkeiten auflöst.
`--resume`		Wiederholt die letzte Installationsoperation.
`--search`	`-s`	Durchsucht den Portage Tree nach Paketnamen.
`--searchdesc`	`-S`	Durchsucht den Portage Tree, zieht aber auch Paketbeschreibungen in die Suche mit ein.
`--sync`		Aktualisiert den Portage Tree.
`--unmerge`	`-C`	Deinstalliert ein Paket.
`--update`	`-u`	Aktualisiert ein Paket oder ein Target (`system|world`).
`--version`	`-v`	Gibt die Version des Paketmanagers aus.

Tabelle 3.1: Portage-Aktionen

Die in der folgenden Tabelle gelisteten Optionen können im Gegensatz zu den Aktionen kombiniert werden, beispielsweise `emerge --verbose --pretend`.

Option	Kurzform	Beschreibung
`--ask`	`-a`	Fragt nach `--pretend`-Ausgaben, ob die gewünschte Operation ausgeführt werden soll.
`--buildpkg`	`-b`	Baut Binärpakete und installiert diese.
`--buildpkgonly`	`-B`	Baut ausschließlich Binärpakete, installiert diese aber nicht.
`--changelog`	`-l`	Zeigt den Change-Log zu einem Paket an.
`--deep`	`-D`	Bezieht den vollständigen Abhängigkeitspfad mit ein, anstelle nur der minimal benötigten Abhängigkeiten.
`--emptytree`	`-e`	Stößt eine Reinstallation von allen installierten Paketen an.
`--fetchonly`	`-f`	Lädt nur die Quell-Archive, nimmt aber keine Installation vor.
`--ignore-default-opts`		Übergeht die in der Variablen EMERGE_DEFAULT_OPTS vorgegebenen Standardoptionen.
`--newuse`	`-N`	Prüft, ob bei Paketen eine geänderte USE-Flag-Konfiguration vorhanden ist.
`--nodeps`	`-O`	Installiert nur die angegebenen Programme, nicht deren Abhängigkeiten.
`--noreplace`	`-n`	Verhindert die erneute Installation von Programmen, die bereits installiert wurden.
`--oneshot`	`-1`	Installiert ein Paket, trägt dieses aber nicht in die World-Datei ein.
`--onlydeps`	`-o`	Installiert nur die Abhängigkeiten eines Pakets.
`--pretend`	`-p`	Führt das angegebene Kommando in einem »Was wäre wenn«-Modus aus und zeigt die zu unternehmenden Schritte an.
`--quiet`	`-q`	Erzeugt weniger Ausgaben, die Menge verbleibender Ausgaben hängt von der gewählten Aktion ab.
`--skipfirst`		Übergeht das erste Paket in der Liste zu installierender Pakete.
`--tree`	`-t`	Zeigt den vollständigen Abhängigkeitsbaum an.
`--usepkg`	`-k`	Benutzt, wenn vorhanden, Binärpakete anstelle der Installation aus Quell-Archiven.

Tabelle 3.2:   Portage-Optionen

Option	Kurzform	Beschreibung
`--usepkgonly`	`-K`	Benutzt ausschließlich Binärpakete, sind diese nicht vorhanden, schlägt die Aktion fehl.
`--verbose`	`-v`	Verleiht Portage die Gesprächigkeit, das Maß der Gesprächigkeit variiert von Aktion zu Aktion. Sinnvoll bei `-pretend`.

Tabelle 3.2: Portage-Optionen (Forts.)

3.2   Wo konfiguriere ich Portage?

Die Konfiguration des Paketmanagementsystems gliedert sich in zwei Bereiche:

- Globale, allgemeingültige Konfiguration

- Konfiguration pro Paket

Mit der Veröffentlichung der Version 2.0.50 des Paketmanagementsystems Portage im Herbst 2004, und späteren weiteren Versionen, wurde die Möglichkeit geschaffen und erweitert, die Konfiguration auf Ebene eines einzelnen Pakets durchzuführen. Dadurch wird vor allem die Konfiguration von Ausnahmen stark vereinfacht, so dass es seitdem problemlos möglich ist, in einem stabilen System einzelne Pakete aus dem Test-Zweig der Distribution zu nutzen – oder global für alle Programme die Nutzung einer optionalen Komponente über die Deaktivierung des USE-Flags zu verhindern, mit Ausnahme eines Pakets, in dem diese optionale Komponente benötigt wird.

Die globale, allgemeingültige Konfiguration erfolgt über die Datei `/etc/make.conf`, die lokale Konfiguration pro Paket über unterschiedliche Dateien im Verzeichnis `/etc/portage/`.

3.2.1   Konfigurationsdateien im Überblick

Um einen besseren Überblick über die verschiedenen von Portage genutzten Konfigurationsdateien und Verzeichnisse zu erlangen, sind diese hier kurz dargestellt.

Datei/Verzeichnis	Funktion/Zweck
`/etc/make.conf`	Globale Konfiguration
`/etc/portage/`	Lokale, paketbezogene Konfiguration Anpassung des Paketmanagements
`/etc/portage/package.use`	Paketbezogene Konfiguration von USE-Flags
`/etc/portage/package.keywords`	Paketbezogene Konfiguration des zu nutzenden Zweiges

Tabelle 3.3: Konfigurationsdateien und Verzeichnisse

Datei/Verzeichnis	Funktion/Zweck
/etc/portage/package.mask	Paketbezogene Maskierung von Paketen oder einzelnen Versionen von Paketen
/etc/portage/package.unmask	Paketbezogene Demaskierung von Paketen oder einzelnen Versionen von Paketen
/var/lib/portage/	Enthält die World-Datei und die Prüfsummen der Konfigurationsdateien
/var/lib/portage/world	Enthält alle direkt installierten Pakete, d.h. ohne Abhängigkeiten.
/var/lib/portage/config	Enthält Prüfsummen von Konfigurationsdateien, siehe Abschnitt 6.3
/var/db/	Enthält Paketdatenbanken.
/var/db/pkg/	Enthält die Portage-Paketdatenbank.
/var/db/webapps/	Enthält die Paketdatenbank von mit webapp-config installierten Webapplikationen.
/var/cache/edb/	Enthält unter anderem den Metadaten-Cache zur Beschleunigung von Suchvorgängen und der Auflösung von Abhängigkeiten.

Tabelle 3.3: Konfigurationsdateien und Verzeichnisse (Forts.)

3.3 Die Atomisierung des Portage Tree

In Kapitel 2, vor der eigentlichen Installation, stand die Erklärung der Begrifflichkeiten »Stage-Archiv« und Portage Tree. Während sich ein Stage-Archiv nahezu ausschließlich auf die Installation bezieht, beinhaltet der Portage Tree alle Daten des Paketmanagementsystems. Bevor also ein tieferer Einblick in das Paketmanagementsystem stattfinden kann, ist eine Atomisierung, ein Zerlegen in die kleinsten Teile, für das weitere Verständnis erforderlich.

3.3.1 Ein »Paket«?

Zunächst eine vielleicht unwichtig erscheinende Betrachtung – wir sprechen von einem Paketmanagementsystem und einzelnen Paketen auf der einen Seite und Anpassbarkeit und Individualität einer Metadistribution auf der anderen Seite.

Unter der Beschreibung »Paket« findet sich zwangsläufig die Assoziation zu einem Programm und dessen elementaren Dateien. In einem weiteren Schritt assoziieren wir mit einem »Paket« die Installation eines Programms in einer binären Distribution. Das unter anderem von SuSE, Red Hat und Mandriva genutzte RPM-Format trägt das »Paket« nicht umsonst bereits im Namen und Debian-Archive werden weitläufig auch als »Debian-Paket« bezeichnet. Worin unterscheidet sich die Meta-distribution Gentoo also von anderen binären Distributionen – wenn doch bei beiden »Pakete« zur Installation kommen?

Schauen wir uns daher als Beispiel ein Debian-Paket ein wenig genauer an:

```
debian:~# ar t /var/cache/apt/archives/file_4.17-5etch1_i386.deb
debian-binary
control.tar.gz
data.tar.gz
```

Ein Debian-Paket besteht aus einer Datei `debian-binary`, in der die Version des Debian-Paket-Formats beschrieben ist, und zwei Tar-Archiven.

`control.tar.gz` beinhaltet Metadaten in Form von Prüfsummen der einzelnen Bestandteile des `data.tar.gz`-Archivs und einer Beschreibung, zu der Informationen über die Kategorie, Architektur, Abhängigkeiten und den Paketbetreuer gehören.

```
Package: file
Version: 4.17-5etch1
Section: utils
Priority: standard
Architecture: i386
Depends: libmagic1 (= 4.17-5etch1), libc6 (>= 2.3.6-6), libmagic1
Installed-Size: 116
Maintainer: Michael Piefel piefel@debian.org
Description: Determines file type using "magic" numbers
 File tests each argument in an attempt to classify it.  There are three
 sets of tests, performed in this order: filesystem tests, magic number
 tests, and language tests.  The first test that succeeds causes the
 file type to be printed.
 .
 Starting with version 4, the file command is not much more than a wrapper
 around the "magic" library.
```

Listing 3.1:   Metadaten innerhalb eines Debian-Pakets

`data.tar.gz` beinhaltet die eigentliche Anwendung sowie dazugehörige Konfigurationsdateien und Dokumentation.

```
./usr
./usr/bin
./usr/bin/file
./usr/share
./usr/share/man
./usr/share/man/man1
./usr/share/man/man1/file.1.gz
./usr/share/lintian
./usr/share/lintian/overrides
./usr/share/lintian/overrides/file
./usr/share/doc
./usr/share/doc/file
./usr/share/doc/file/changelog.Debian.gz
./usr/share/doc/file/copyright
./usr/share/doc/file/changelog.gz
./usr/share/bug
./usr/share/bug/file
./usr/share/bug/file/presubj
./etc
./etc/magic
```

Listing 3.2:   Inhalte des data.tar.gz innerhalb eines Debian-Pakets

Lassen wir nun die Version der das Debian-Paketformat beschreibende debian-binary-Datei außen vor, so bleiben im nächsten Schritt zwei Bestandteile innerhalb eines Debian-Pakets übrig:

- Metadaten und Prüfsummen

- die eigentliche Anwendung oder Systembibliothek(en)

Diese beiden Bestandteile eines »Pakets« lassen sich nun auch auf Struktur und Aufbau der Gentoo-Distribution abbilden. Ein »Paket« besteht auch hier aus zwei Bestandteilen, den Metadaten und Prüfsummen und der eigentlichen Anwendung bzw. Systembibliothek.

Der Unterschied ist jedoch die Form der Distribution – anstelle eines Archivs mit allen Bestandteilen verbreitet Gentoo innerhalb seines Portage Tree Metadaten und Prüfsummen, das eigentliche »Paket« entsteht erst durch Kompilierung unter Zuziehung dieser Metadaten durch den Anwender.

Wird im Folgenden also von einem »Paket« gesprochen, so bezieht sich das Paket auf den innerhalb des Portage Tree verbreiteten Bestandteil – Ebuild, Metadaten, Prüfsummen usw.

> **Hinweis**
>
> Die Betrachtung eines »Pakets« lässt sich recht ähnlich auch auf RPM-basierte Distributionen übertragen. Das RPM-Format beinhaltet ebenfalls unterschiedliche Bestandteile – Metadaten und das eigentliche Programm – in einem »Paket«.

3.3.2 Schritt 1: Portage Tree

Der Begriff »Portage Tree« umfasst alle Pakete innerhalb der Gentoo-Distribution. Sofern nicht explizit anders konfiguriert, befindet sich die lokale Kopie des Portage Tree im Verzeichnis /usr/portage.

In einem ersten Schritt sind diese zur besseren Übersichtlichkeit in thematische Kategorien aufgeteilt. Über diese Kategorien hinaus befinden sich weitere Verzeichnisse und Dateien innerhalb des Portage Tree:

- distfiles: In diesem Verzeichnis werden die Sources der einzelnen Programme gespeichert.

- eclass: In diesem Verzeichnis werden in eclasses ausgelagerte Funktionen gespeichert.

- licenses: In diesem Verzeichnis werden alle von verbreiteten Programmen genutzten Lizenzen gespeichert.

- metadata: In diesem Verzeichnis werden verschiedene Metadaten gespeichert, dazu gehören ein Cache des Portage Tree zur Optimierung von Suchanfragen, DTD-Dateien zur Definition verschiedener XML-Datentypen und sämtliche veröffentlichten Gentoo Linux Security Announcements (GLSA) im XML-Format.

- profiles: Dieses Verzeichnis beinhaltet Profile, die für die von Gentoo unterstützten Architekturen und Veröffentlichungen Voreinstellungen für das Paketmanagementsystem setzen.

- scripts: Dieses Verzeichnis beinhaltet das bootstrap.sh-Skript zum Installieren eines Gentoo-Systems ausgehend von einem Stage-1-Archiv.

- Zusätzlich beinhaltet der Portage Tree die Datei header.txt sowie die Vorlagendateien (»Skeletons«) skel.ChangeLog, skel.ebuild und skel.metadata.xml.

```
tobias@homer /usr/portage $ ls
app-accessibility  dev-db           games-engines     media-gfx      net-www            sys-cluster
app-admin          dev-dotnet       games-fps         media-libs     net-zope           sys-devel
app-antivirus      dev-embedded     games-kids        media-plugins  packages           sys-freebsd
app-arch           dev-games        games-misc        media-radio    perl-core          sys-fs
app-backup         dev-haskell      games-mud         media-sound    profiles           sys-kernel
app-benchmarks     dev-java         games-puzzle      media-tv       rox-base           sys-libs
app-cdr            dev-lang         games-roguelike   media-video    rox-extra          sys-power
app-crypt          dev-libs         games-rpg         metadata       sci-astronomy      sys-process
app-dicts          dev-lisp         games-server      net-analyzer   sci-biology        virtual
app-doc            dev-ml           games-simulation  net-dialup     sci-calculators    www-apache
app-editors        dev-perl         games-sports      net-dns        sci-chemistry      www-apps
app-emacs          dev-php          games-strategy    net-firewall   sci-electronics    www-client
app-emulation      dev-php4         games-util        net-fs         sci-geosciences    www-misc
app-forensics      dev-php5         gnome-base        net-ftp        sci-libs           www-servers
app-i18n           dev-python       gnome-extra       net-im         sci-mathematics    x11-apps
app-laptop         dev-ruby         gnustep-apps      net-irc        sci-misc           x11-base
app-misc           dev-scheme       gnustep-base      net-libs       sci-physics        x11-drivers
app-mobilephone    dev-tcltk        gnustep-libs      net-mail       sci-visualization  x11-libs
app-office         dev-tex          header.txt        net-misc       scripts            x11-misc
app-pda            dev-tinyos       kde-base          net-nds        sec-policy         x11-plugins
app-portage        dev-util         kde-misc          net-news       skel.ChangeLog     x11-proto
app-shells         distfiles        licenses          net-nntp       skel.ebuild        x11-terms
app-text           eclass           local             net-p2p        skel.metadata.xml  x11-themes
app-vim            games-action     mail-client       net-print      sys-apps           x11-wm
app-xemacs         games-arcade     mail-filter       net-proxy      sys-auth           xfce-base
dev-ada            games-board      mail-mta          net-voip       sys-block          xfce-extra
dev-cpp            games-emulation  media-fonts       net-wireless   sys-boot
```

Abb. 3.2: Kategorieansicht des Portage Tree

3.3.3 Schritt 2: Kategorien

Jeder durch ein Verzeichnis abgebildeten Kategorie sind einzelne Programme, besser Pakete, zugeordnet. Die Kategorie `app-portage` beispielsweise beinhaltet Anwendungen rund um das Paketmanagement, die `games-*`-Kategorien beinhalten weiter kategorisiert verschiedene Arten von Spielen und unter `gnome-base` sind die Basiskomponenten des GNOME-Desktops einsortiert.

Die Verknüpfung Paket – Kategorie und Kategorie – Paket funktioniert jedoch nicht immer eindeutig, da ein Paket, je nach Betrachtungsweise, durchaus nicht nur in einer Kategorie gut aufgehoben ist.

```
tobias@homer /usr/portage $ cd app-portage/
tobias@homer /usr/portage/app-portage $ ls
cfg-update   elogviewer             gatt-svn         getdelta      metagen             portage-utils
conf-update  emerge-delta-webrsync  g-cpan           herdstat      mirrorselect        porthole
deltup       epm                    genflags         kelogviewer   perl-info           profuse
demerge      esearch                genlop           kuroo         portage-manpages    splat
eix          euses                  gentoolkit       layman        portagemaster       udept
elogv        flagedit               gentoolkit-dev   metadata.xml  portage-mod_jabber  ufed
```

Abb. 3.3: Pakete innerhalb der Kategorie app-portage

Zusätzlich ist in jeder Kategorie eine `metadata.xml`-Datei vorhanden, in der die Kategorie kurz in mehreren Sprachen beschrieben wird.

```
tobias@homer /usr/portage/app-portage $ cat metadata.xml
<?xml version="1.0" encoding="UTF-8"?>
<!DOCTYPE catmetadata SYSTEM "http://www.gentoo.org/dtd/metadata.dtd">
```

```
<catmetadata>
        <longdescription lang="en">
                The app-portage category contains software which works with
                portage or ebuilds.
        </longdescription>
        <longdescription lang="de">
                Die Kategorie app-portage enthält Programme für das Arbeiten
                mit Portage oder Ebuilds.
        </longdescription>
</catmetadata>
```

Listing 3.3:   metadata.xml in der Kategorie app-portage

3.3.4   Schritt 3: Pakete

```
tobias@homer /usr/portage/app-portage $ cd portage-utils/
tobias@homer /usr/portage/app-portage/portage-utils $ ls
ChangeLog  Manifest       portage-utils-0.1.23.ebuild  portage-utils-0.1.25.ebuild
files      metadata.xml   portage-utils-0.1.24.ebuild
```

Abb. 3.4:   Das Paket portage-utils

Ein einzelnes Paket besteht in der Gentoo-Distribution aus mehreren Komponenten. Wichtigster Teil eines Pakets sind Ebuilds – kleine Bash-Skripte, versehen mit zusätzlichen Metadaten, die die Kompilierung und Installation eines Pakets steuern.

Zusätzlich sind jedoch für jedes Paket zwingend weitere Dateien vorhanden:

- ChangeLog, wie der Name beschreibt, eine Log-Datei, in der Aktivitäten und Veränderungen an dem jeweiligen Paket dokumentiert werden.

- Das Manifest beinhaltet Prüfsummen sämtlicher zu einem Paket gehörender Dateien sowie der Quell-Archive. Es wird zwischen den Formaten Manifest und Manifest2 unterschieden, derzeit enthält der Portage Tree Prüfsummen in beiden Formaten – langfristig wird jedoch nur noch das Manifest2 unterstützt werden.

- metadata.xml enthält analog zur metadata.xml-Datei der Kategorie eine kurze Beschreibung des Pakets. Darüber hinaus sind Informationen über die oder den jeweiligen Paketbetreuer enthalten.

- Das files/-Verzeichnis enthält kleinere Patchs von maximal wenigen KB, die Fehler in den Quell-Archiven beheben. Zusätzlich sind Digest-Dateien enthalten, die Prüfsummen der Quell-Archive enthalten. Nach Abschluss der Umstellung auf das Manifest2-Format sind diese Digest-Dateien überflüssig.

Betrachten wir nun das Ebuild für die Version 0.1.25 der portage-utils – Sie sehen die Aufteilung in Metadaten einerseits und Anweisungen für die Kompilierung und Installation andererseits.

```
DESCRIPTION="small and fast portage helper tools written in C"
HOMEPAGE="http://www.gentoo.org/"
SRC_URI="mirror://gentoo/${P}.tar.bz2"


LICENSE="GPL-2"
SLOT="0"
KEYWORDS="~alpha ~amd64 ~arm ~hppa ~ia64 ~m68k ~mips ~ppc ~ppc64 ~s390 ~sh
~sparc ~sparc-fbsd ~x86 ~x86-fbsd"
IUSE=""
DEPEND=""
```

Listing 3.4:   Metadaten-Bestandteil des portage-utils-0.1.25.ebuild

Neben für die Kompilierung und Installation des Pakets unwesentlichen Informationen wie der Homepage des Programms, Lizenz und Beschreibung sind essenzielle Informationen vorhanden:

- SRC_URI: Wo liegt das Quell-Archiv?

- KEYWORDS: Für welchen Zweig welcher Architekturen ist das Ebuild freigegeben?

- IUSE: Welche optionalen Komponenten unterstützt das Programm?

- DEPEND: Welche Abhängigkeiten benötigt das Programm?

In diesem sehr simplen Beispiel werden keine optionalen Komponenten unterstützt oder weitere Pakete als Abhängigkeit benötigt.

```
src_compile() {
        tc-export CC
        emake || die
}


src_install() {
        dobin q || die "dobin failed"
        doman man/*.[0-9]
        for applet in $(<applet-list) ; do
                dosym q /usr/bin/${applet}
```

```
      done
}
```

Listing 3.5: `portage-utils-0.1.25.ebuild`

Die Shell-Funktionen `src_compile()` und `src_install()` übernehmen die bei der manuellen Kompilierung und Installation eines Programms notwendigen Schritte `./configure && make && make install`. Der `./configure && make`-Part wird über die Funktion `src_compile()` abgehandelt, `make install` über die Funktion `src_install()`.

3.4 Aktualisierung des Systems

Der wichtigste Modus – neben Installation und Deinstallation – von `emerge` ist die Aktualisierung eines Gentoo-Systems. Nachdem Sie die Installation mit einem Stage-Archiv begonnen haben, das aus einem Snapshot, einer Momentaufnahme, des Portage Tree heraus erstellt wurde, können zwischen Veröffentlichung des Stage-Archivs und Installation Ihres Gentoo-Systems mit diesem Stage-Archiv schnell einige Monate oder gar ein halbes Jahr vergehen. Innerhalb dieses Zeitraums sind zahlreiche Sicherheitsaktualisierungen, Korrekturen von Fehlern sowie zahlreiche neuere Versionen von Programmen in den Portage Tree eingepflegt worden. Um diese nutzen zu können, ist eine Aktualisierung des von Ihnen installierten Gentoo-Systems notwendig.

Die Aktualisierung gliedert sich in zwei Schritte:

1. Aktualisierung des Portage Tree

2. Installation aktualisierter Programme

3.4.1 Aktualisierung des Portage Tree

Erster Schritt bei der Aktualisierung eines Gentoo-Systems ist die Aktualisierung des Portage Tree – ohne neue Metadaten stehen keine neuen Pakete zur Verfügung.

Aktualisierung des Portage Tree

Die Aktualisierung des Portage Tree kann auf mehrere Arten erfolgen. Welche davon die für Sie passende ist, hängt von Ihrer Umgebung und insbesondere Einschränkungen durch etwaige Firewalls ab.

emerge --sync Die Synchronisierung des Portage Tree mit einem `rsync`-Mirror ist die vorgegebene Standardmethode. Diese Methode nutzt das `rsync`-Protokoll, bei dem die lokalen Datenbestände mit denen auf dem `rsync`-Mirror abgeglichen und Unterschiede übertragen werden. Durch die Nutzung eines inkrementellen Übertragungsverfahrens ist der Abgleich nicht nur schnell, sondern benötigt auch wenig Bandbreite.

Dieses Aktualisierungsverfahren ist jedoch nur anwendbar, wenn ausgehende TCP-Verbindungen zu Port 873 möglich sind, was in Unternehmensnetzwerken zumeist nicht der Fall sein wird.

Die Konfiguration des zu nutzenden `rsync`-Mirrors erfolgt über die Variable SYNC in der Datei /etc/make.conf.

```
# nano -w /etc/make.conf
SYNC="rsync://rsync.de.gentoo.org/gentoo-portage"
```

Die `rsync`-Mirror sind in verschiedenen DNS-Round-Robin-Rotationen organisiert. Die Hauptrotation ist via `rsync.gentoo.org` erreichbar, daneben gibt es `rsync.europe.gentoo.org` sowie länderspezifische DNS-Rotationen wie `rsync.de.gentoo.org` und `rsync.at.gentoo.org`.

```
# emerge --sync
```

emerge-webrsync Ist die Aktualisierung des Portage Tree über das `rsync`-Protokoll auf Grund restriktiver Firewall-Beschränkungen oder aus anderen Gründen nicht möglich, kann eine Aktualisierung über einen Snapshot des Portage Tree erfolgen.

Diese werden einmal täglich erzeugt und auf den verschiedenen Gentoo-Mirrorservern via HTTP oder FTP bereitgestellt. Hierbei fällt eine deutlich höhere Menge zu übertragender Daten an, da der gesamte Portage Tree, wenn auch in gepackter Form, übertragen werden muss. Die lokale Synchronisierung des Portage Tree findet ebenfalls via `rsync` statt, so dass zusätzlich temporär genügend freier Speicherplatz für zwei Kopien des Portage Tree vorhanden sein muss.

Die Konfiguration der zu nutzenden Gentoo-Mirrorservers erfolgt über die Variable GENTOO_MIRRORS in der /etc/make.conf.

```
# nano -w /etc/make.conf
GENTOO_MIRRORS="http://ftp.belnet.be/pub/mirrors/rsync.gentoo.org/gentoo"
```

In der Variablen können mehrere zu nutzende Gentoo-Mirrorserver deklariert werden, diese werden der Reihenfolge nach benutzt. Ist das gewünschte Archiv auf Mirrorserver A noch nicht verfügbar, wird versucht, das Archiv von Mirrorserver B herunterzuladen.

Hinweis

Eine Auflistung sämtlicher aktuell verfügbarer Gentoo-Mirrorserver finden Sie unter *http://www.gentoo.org/main/en/mirrors.xml*.

```
# emerge-webrsync
Fetching most recent snapshot
Attempting to fetch file dated: 20070320
portage-20070320.tar.bz2: OK
Syncing local tree...
scanning tarball...

[...]

*** Completed websync, please now perform a normal rsync if possible.
    Update is current as of the of YYYYMMDD: 20070320
```

Listing 3.6: emerge-webrsync

emerge-delta-webrsync emerge-delta-webrsync funktioniert analog zu emerge-webrsync, jedoch mit dem Unterschied, dass nur die Differenz zwischen einem lokal vorhandenen Portage-Snapshot und dem aktuell auf einem Gentoo-Mirror verfügbaren Snapshot des Portage Tree übertragen werden muss.

Die Konfiguration der zu nutzenden Gentoo-Mirrorserver erfolgt über die Variable GENTOO_MIRRORS in der /etc/make.conf.

```
# nano -w /etc/make.conf
GENTOO_MIRRORS="http://ftp.belnet.be/pub/mirrors/rsync.gentoo.org/gentoo"
```

In der Variablen können mehrere zu nutzende Gentoo-Mirrorserver deklariert werden, diese werden der Reihenfolge nach benutzt. Ist das gewünschte Archiv auf Mirrorserver A noch nicht verfügbar, wird versucht, das Archiv von Mirrorserver B herunterzuladen.

Hinweis

Eine Auflistung sämtlicher aktuell verfügbarer Gentoo-Mirrorserver finden Sie unter *http://www.gentoo.org/main/en/mirrors.xml*.

emerge-delta-webrsync ist im Gegensatz zu emerge-webrsync nicht Bestandteil des Paketmanagementsystems, da es weitere Pakete (diffball, tarsync) als Abhängigkeiten benötigt. Es muss daher samt Abhängigkeiten zunächst installiert werden:

```
# emerge emerge-delta-webrsync
```

Nach der Installation steht das Skript zur Verfügung und kann ausgeführt werden:

```
homer ~ # emerge-delta-webrsync
```

3.4.2 Installation aktualisierter Programme

Die Aktualisierung bereits installierter Programme und Installation von eventuell neu hinzugekommenen Abhängigkeiten geschieht über ein world genanntes virtuelles Metapaket. Die Aktualisierung wird über den --update-Modus von emerge durchgeführt. Als Argument muss das zu aktualisierende Paket benannt werden, bei einer Aktualisierung des gesamten Systems world, bei Aktualisierung nur von Paketen aus dem Basissystem system.

Zusätzlich kann die Aktualisierung in zwei Modi durchgeführt werden. Der eine Modus aktualisiert alle explizit installierten Pakete, der andere Modus aktualisiert alle installierten Pakete.

Aktualisierung explizit installierter Pakete

Die Aktualisierung explizit installierter Pakete umfasst sämtliche Pakete, die von Ihnen zur Installation angegeben wurden. Als Beispiel der GNOME-Desktop – Sie geben zur Installation das Paket gnome an, als Abhängigkeiten von diesem Metapaket werden alle Komponenten des GNOME-Desktops mit installiert. In die Datei installierter Pakete, die so genannte »World«-Datei, wird jedoch nur das Metapaket gnome eingetragen. Im einfachen Aktualisierungsmodus werden nun alle in der World-Datei vorhandenen Pakete sowie Pakete, die zum Basissystem gehören, auf vorhandene neuere Versionen überprüft.

Vor der Aktualisierung bietet emerge die Möglichkeit, ein »Was-wäre-wenn« anzuzeigen, eine Auflistung aller Programme und Bibliotheken, die als Abhängigkeit des zu installierenden Programms zwingend benötigt werden. Erreicht wird dies über die Option --pretend, frei übersetzt »so tun als ob«.

```
# emerge --update world --pretend
These are the packages that would be merged, in order:

Calculating world dependencies... done!
[ebuild     U ] sys-apps/man-1.6d [1.6-r1]
[...]
[ebuild  N   ] x11-proto/xf86bigfontproto-1.1.2  USE="-debug"

[ebuild  N   ] x11-proto/inputproto-1.3.2  USE="-debug"

[ebuild  N   ] x11-proto/bigreqsproto-1.0.2  USE="-debug"

[ebuild  N   ] x11-proto/xcmiscproto-1.1.2  USE="-debug"

[ebuild  N   ] x11-libs/libXau-1.0.2  USE="-debug"
```

```
[ebuild  N   ] x11-libs/libXdmcp-1.0.1 USE="-debug"
[...]
[ebuild     U ] sys-libs/db-4.2.52_p4-r2 [4.2.52_p2-r1] USE="-tcl% -test%"
[ebuild     U ] dev-lang/python-2.4.3-r4 [2.4.3-r1] USE="-tk%"
[ebuild     U ] sys-apps/file-4.19 [4.17-r1]
```

Listing 3.7: Auflistung zu aktualisierender Programme

Neben zu aktualisierenden Programmen stehen in diesem Beispiel auch Anwendungen zur Installation an, da diese als Abhängigkeit neuerer Programmversionen benötigt werden. Nach Prüfung der anstehenden Aktualisierungen können Sie die Aktualisierung nun anstoßen:

```
# emerge --update world
[...]
--- !empty dir /usr
--- !empty dir /sbin
--- !empty dir /etc
--- !empty dir /bin
>>> Auto-cleaning packages...

>>> No outdated packages were found on your system.
 * GNU info directory index is up-to-date.
 * IMPORTANT: 25 config files in '/etc' need updating.
 * Type emerge --help config to learn how to update config files.
```

Listing 3.8: Durchführung der System-Aktualisierung

Nach der Durchführung der Aktualisierung aller explizit installierten Pakete wird Ihnen in den meisten Fällen der Hinweis auf aktualisierte, aber noch zurückgehaltene Konfigurationsdateien angezeigt werden. Die Funktion dieses Schutzes von Konfigurationsdateien und der Umgang mit aktualisierten Konfigurationsdateien wird in Kapitel 6 beschrieben.

Wichtig

Bei Nutzung von emerge --update world zur Aktualisierung der installierten Pakete werden Pakete, bei denen sicherheitsrelevante Aktualisierungen notwendig sind, nicht zwangsläufig in die Liste zu aktualisierender Anwendungen mit aufgenommen. Sie sollten zusätzlich zwingend regelmäßig das in Kapitel 10 beschriebene Programm glsa-check zur Überprüfung auf vorliegende sicherheitsrelevante Aktualisierungen nutzen.

Aktualisierung aller installierten Pakete

Zur Aktualisierung sämtlicher installierter Pakete verfügt der Aktualisierungsmo-dus über den zusätzlichen Schalter --deep. Das Anhängen des --deep-Parameters führt dazu, dass das Paketmanagement bei Aktualisierungen sowohl Pakete des Basissystems als auch explizit installierte und in der World-Datei festgehaltene sowie zusätzlich deren Abhängigkeiten berücksichtigt.

```
# emerge --update --deep world --pretend


These are the packages that would be merged, in order:


Calculating world dependencies... done!
[ebuild     U ] sys-devel/gnuconfig-20060702 [20060227]
[ebuild     U ] sys-kernel/linux-headers-2.6.17-r2 [2.6.11-r2] USE="-
gcc64%"
[ebuild     U ] app-misc/pax-utils-0.1.15 [0.1.13]
[ebuild     U ] dev-libs/gmp-4.2.1-r1 [4.2.1]
[ebuild     U ] sys-libs/timezone-data-2007c [2006a] USE="nls%*"
[ebuild     U ] sys-apps/busybox-1.4.1-r2 [1.1.3]
[ebuild     U ] app-arch/bzip2-1.0.4 [1.0.3-r6]
[...]
```

Listing 3.9:   Aktualisierung aller installierten Pakete

Wird emerge dann noch in den --verbose-Modus versetzt, zeigt es nach Prüfung aller Aktualisierungen auch die Gesamtzahl zu aktualisierender und neu zu instal-lierender Pakete sowie die Gesamtgröße der benötigten Quell-Archive an.

```
# emerge --update --deep world --pretend --verbose


These are the packages that would be merged, in order:


Calculating world dependencies... done!
[ebuild     U ] sys-devel/gnuconfig-20060702 [20060227] 39 kB
[ebuild     U ] sys-kernel/linux-headers-2.6.17-r2 [2.6.11-r2] USE="-
gcc64%" 40,347 kB
[ ... ]
[ebuild     U ] sys-apps/shadow-4.0.18.1 [4.0.15-r2] USE="cracklib%* nls
pam -nousuid (-selinux) -skey" 1,481 kB
```

```
[ebuild    U ] net-misc/openssh-4.5_p1-r1 [4.3_p2-r1] USE="X%* pam tcpd -
X509 -chroot -hpn -kerberos -ldap -libedit (-selinux) -skey -smartcard -
static (-ipv6%*) (-sftplogging%)" 944 kB


Total: 74 packages (54 upgrades, 19 new, 1 in new slot), Size of down-
loads: 164,993 kB
```

Listing 3.10: Aktualisierung aller Pakete, --verbose-Modus

Nach Prüfung der zu aktualisierenden Pakete kann die Aktualisierung nun gestartet werden.

```
# emerge --update --deep world
[...]
--- !empty dir /usr
--- !empty dir /sbin
--- !empty dir /etc
--- !empty dir /bin
>>> Auto-cleaning packages...

>>> No outdated packages were found on your system.
 * GNU info directory index is up-to-date.
 * IMPORTANT: 25 config files in '/etc' need updating.
 * Type emerge --help config to learn how to update config files.
```

Listing 3.11: Durchführung der System-Aktualisierung

Nach der Durchführung der Aktualisierung aller explizit installierten Pakete wird Ihnen in den meisten Fällen der Hinweis auf aktualisierte, aber noch zurückgehaltene Konfigurationsdateien angezeigt werden. Die Funktion dieses Schutzes von Konfigurationsdateien und der Umgang mit aktualisierten Konfigurationsdateien wird in Kapitel 6 beschrieben.

3.5   Installation von Programmen

Die Installation von Programmen mit Gentoos Portage geht einfach und intuitiv vonstatten. Die Auflösung von Abhängigkeiten, das heißt Programmen und Bibliotheken, die für die Kompilierung oder Ausführung eines Programms erforderlich sind, geschieht automatisch, ohne dass ein Eingriff durch den Benutzer notwendig wird.

Tipp

Für den Aufruf nahezu aller Optionen und Modi des Paketmanagements gibt es neben der langen, »sprechenden« Bezeichnung auch einen kurzen Parameter, bei --pretend beispielsweise -p. Zur besseren Veranschaulichung des Einstiegs in das Paketmanagement werden folgend zunächst die sprechenden Bezeichnungen genutzt.

Die Veranschaulichung der Installations- und Deinstallationsmodi findet am Beispiel des Texteditors vim statt.

```
# emerge vim --pretend
These are the packages that would be merged, in order:

Calculating dependencies... done!
[ebuild  N   ] dev-util/ctags-5.5.4-r2
[ebuild  N   ] app-admin/eselect-1.0.7  USE="-bash-completion -doc"
[ebuild  N   ] app-admin/eselect-vi-1.1.4
[ebuild  N   ] app-editors/vim-core-7.0.174  USE="nls -acl -bash-comple-
tion -livecd"
[ebuild  N   ] app-editors/vim-7.0.174  USE="gpm nls perl python -acl -
bash-completion -cscope -minimal -ruby -vim-pager -vim-with-x"
[ebuild  N   ] app-vim/gentoo-syntax-20051221-r1  USE="-ignore-glep31"
```

Listing 3.12: Installation des Texteditors vim, --pretend-Modus

Aus dieser Ausgabe lassen sich folgende Informationen ablesen:

1. Alle Programme sind bisher nicht installiert und werden neu in das System installiert.

2. Neben vim werden ctags, eselect, eselect-vi, vim-core und gentoo-syntax benötigt.

3. vim hat als einziges Programm aktivierte USE-Flags (gpm, nls, perl und python).

Weitere Informationen über die Installation von Programmen lassen sich gewinnen, wenn emerge in einen geschwätzigeren Modus versetzt wird. Dies wird über die zusätzliche Option --verbose erreicht.

```
# emerge vim --pretend --verbose
These are the packages that would be merged, in order:
```

```
Calculating dependencies... done!
[ebuild  N    ] dev-util/ctags-5.5.4-r2  255 kB
[ebuild  N    ] app-admin/eselect-1.0.7 USE="-bash-completion -doc" 149 kB
[ebuild  N    ] app-admin/eselect-vi-1.1.4  2 kB
[ebuild  N    ] app-editors/vim-core-7.0.174  USE="nls -acl -bash-comple-
tion
livecd" 6,233 kB
[ebuild  N    ] app-editors/vim-7.0.174 USE="gpm nls perl python -acl -
bash-completion -cscope -minimal -ruby -vim-pager -vim-with-x" 0 kB
[ebuild  N    ] app-vim/gentoo-syntax-20051221-r1 USE="-ignore-glep31" 19
kB


Total: 6 packages (6 new), Size of downloads: 6,656 kB
```

Listing 3.13: Installation des Texteditors vim, --pretend- und –verbose-Modi

Die zusätzliche Option --verbose führt im --pretend-Modus dazu, dass zusätzlich zur bisherigen Ausgabe auch die Größe der benötigten Quell-Archive angezeigt wird – sowohl für jedes einzelne als Abhängigkeit installierte Programm als
auch in Summe für alle benötigten Quell-Archive.

Eine weitere Information, die aus beiden Ausgaben ersichtlich wird, sind die USE-
Flags. Diese steuern die Installation optionaler Komponenten von Programmen
und sind eines der Kern-Features des Paketmanagementsystems.

In diesem Beispiel würde vim als einziges zu installierendes Programm mit zusätzlichen Komponenten installiert – gpm, nls, perl und python. Die Idee hinter USE-
Flags und Möglichkeiten zu deren Nutzung werden in Kapitel 5 detailliert vorgestellt.

Nachdem Sie nun Informationen zu den zusätzlich zum Texteditor vim benötigten
Programmen eingesehen haben, können Sie das Programm installieren. Das
Paketmanagementsystem übernimmt sämtliche erforderlichen Schritte – angefangen vom Herunterladen und Auspacken der Quell-Archive bis hin zu Kompilierung und Installation in das Gentoo-System.

```
# emerge vim
```

3.6   Deinstallation von Programmen

Genauso einfach wie die Installation von Programmen kann die Deinstallation von
Programmen über das Paketmanagementsystem erfolgen. Mit einem Unterschied:
Im Gegensatz zur Installation erfolgt bei der Deinstallation keine Auflösung von

Abhängigkeiten. Das heißt, nach der Deinstallation von Programmen sind als deren Abhängigkeit installierte Programme nach wie vor installiert und befinden sich möglicherweise in einem verwaisten Status, wenn kein weiteres Programm diese benötigt.

Die Deinstallation von Programmen wird über die Option --unmerge gesteuert. Auch bei dieser Funktion ist die --pretend-Option verfügbar.

```
# emerge vim --unmerge --pretend

>>> These are the packages that would be unmerged:

 app-editors/vim
    selected: 7.0.174
   protected: none
     omitted: none


>>> 'Selected' packages are slated for removal.
>>> 'Protected' and 'omitted' packages will not be removed.
```

Listing 3.14: Deinstallation des Texteditors vim, --unmerge- und --pretend-Modi

In diesem Beispiel würde die Version 7.0.174 des Texteditors vim deinstalliert werden:

```
# emerge vim --unmerge

 app-editors/vim
    selected: 7.0.174
   protected: none
     omitted: none

>>> 'Selected' packages are slated for removal.
>>> 'Protected' and 'omitted' packages will not be removed.

>>> Waiting 5 seconds before starting...
>>> (Control-C to abort)...
>>> Unmerging in: 5 4 3 2 1
>>> Unmerging app-editors/vim-7.0.174...
No package files given... Grabbing a set.
```

```
<<<       sym /usr/bin/vimdiff
<<<       obj /usr/bin/vim
<<<       sym /usr/bin/rvim
<<<       sym /usr/bin/rview
--- !empty dir /usr/bin
--- !empty dir /usr
 * No suitable vim binary to rebuild documentation tags
 * Calling eselect vi update...
 * GNU info directory index is up-to-date.
```

Listing 3.15:   Deinstallation des Texteditors vim

Bevor die tatsächliche Deinstallation erfolgt, sehen Sie noch einmal die Ausgabe des --pretend-Modus und haben fünf Sekunden Zeit, die Deinstallation abzubrechen, für den Fall, dass Sie sich verschrieben oder den Deinstallationsmodus aus Versehen gewählt haben.

Die weiteren zuvor als Abhängigkeit mitinstallierten Programme ctags, eselect, eselect-vi, vim-core und gentoo-syntax sind nun nach wie vor noch installiert, obwohl keine anderen Programme eine Abhängigkeit zu diesen haben. Um auch diese Programme zu deinstallieren, steht der --depclean- (kurz für »Dependency Clean«) Modus zur Verfügung, dessen Nutzung jedoch problembehaftet sein kann. Dieses Problem betrifft im Besonderen (für das Paketmanagement) verwaiste Bibliotheken.

Auch wenn kein Programm innerhalb der Datenbank des Paketmanagements von diesen Bibliotheken abhängt, können noch Programme dynamisch gegen diese gelinkt sein. Ergebnis der Deinstallation dieser Bibliotheken wäre, dass solche Programme nicht weiter ausführbar wären. Auslöser wäre ein Fehler im Paketmanagement, in dem Paket zu dem betreffenden Programm müsste die Abhängigkeit notiert sein – folglich würde die Bibliothek bei der Ausführung des --depclean-Modus übersprungen werden.

Bei der Installation des Texteditors vim sind jedoch keine Bibliotheken installiert worden, so dass der --depclean-Modus an dieser Stelle gefahrfrei genutzt werden kann. Auch hier zeigt der --pretend-Modus analog zur Deinstallation einzelner Programme detailliert an, welche Versionen von Programmen zur Deinstallation vorgesehen sind. Hier, wie erwartet, die Programme ctags, eselect, eselect-vi, vim-core und gentoo-syntax:

```
# emerge --depclean --pretend
[...]
```

```
Calculating dependencies... done!

>>> These are the packages that would be unmerged:

 dev-util/ctags
    selected: 5.5.4-r2
   protected: none
     omitted: none


 app-admin/eselect
    selected: 1.0.7
   protected: none
     omitted: none


 app-vim/gentoo-syntax
    selected: 20051221-r1
   protected: none
     omitted: none


 app-editors/vim-core
    selected: 7.0.174
   protected: none
     omitted: none


 app-admin/eselect-vi
    selected: 1.1.4
   protected: none
     omitted: none


>>> 'Selected' packages are slated for removal.
>>> 'Protected' and 'omitted' packages will not be removed.

Packages installed:   106
Packages in world:    1
Packages in system:   56
Unique package names: 106
Required packages:    100
Number to remove:     5
```

Listing 3.16: Deinstallation nicht weiter benötigter Abhängigkeiten, --pretend-Modus

Nach der tatsächlichen Deinstallation dieser Programme sind nun alle als Abhängigkeit von vim installierten Programme wieder vollständig aus dem System entfernt, wie Ihnen nach der Deinstallation noch einmal angezeigt wird. Aus »Number to remove« wurde »number removed« – die Anzahl der deinstallierten Programme.

```
# emerge --depclean
[...]


Packages installed:   106
Packages in world:    1
Packages in system:   56
Unique package names: 106
Required packages:    100
Number removed:         5
```

Listing 3.17: emerge --depclean, Anzahl deinstallierter Programme

3.7   Suchen von Paketen

Sei es eine Benennung, die von der Benennung eines Programms durch die Upstream-Autoren abweicht, die Verschiebung eines Programms in eine andere Kategorie innerhalb des Portage Tree oder aber das pure Interesse, wie viele Pakete in der Gentoo-Distribution auf einen Suchstring passen – Gentoos Paketmanagement hilft Ihnen auch, ein Paket im Portage Tree zu finden. Neben den in das Paketmanagement integrierten Suchfunktionen gibt es weitere Programme, die – da auf einem Cache basierend – zum Teil schneller arbeiten.

3.7.1   Suche mit dem Paketmanagement

Das Paketmanagement Portage bietet zwei integrierte Modi zur Suche von Paketen innerhalb des Portage Tree.

- emerge --search erlaubt die Suche nach Paketnamen.

- emerge --searchdesc bezieht die Beschreibungen der jeweiligen Pakete in die Suche mit ein.

Als Beispiel für die Nutzung der Suchfunktion dient das Programm SpamAssassin. Von den Upstream-Autoren SpamAssassin benannt, ist das Paket in der Gentoo-Distribution in der Kategorie mail-filter als spamassassin verfügbar. Der Versuch, das Paket SpamAssassin zu installieren, schlägt daher fehl.

Wichtig ist an dieser Stelle zu wissen, dass Portage bei der Installation von Paketen zwischen Groß- und Kleinschreibung unterscheidet. In diesem Fall gibt es zwar ein Paket spamassassin, wie die folgende Suche zeigen wird, nicht jedoch ein Paket SpamAssassin.

```
# emerge SpamAssassin --pretend

These are the packages that would be merged, in order:

Calculating dependencies
emerge: there are no ebuilds to satisfy "SpamAsssin".
```

Die Suche nach SpamAssassin führt nun das Paket spamassassin und weitere auf den Suchstring passende Pakete auf.

```
# emerge --search SpamAssassin
Searching...
[ Results for search key : SpamAssassin ]
[ Applications found : 5 ]

*  mail-filter/spamassassin
       Latest version available: 3.2.0-r1
       Latest version installed: 3.2.0-r1
       Size of files: 1,042 kB
       Homepage:      http://spamassassin.apache.org/
       Description:   SpamAssassin is an extensible email filter which is
used to identify spam.
       License:       Apache-2.0

*  mail-filter/spamassassin-fuzzyocr
       Latest version available: 3.5.1
       Latest version installed: [ Not Installed ]
       Size of files: 121 kB
       Homepage:      http://fuzzyocr.own-hero.net/
       Description:   SpamAssassin plugin for performing Optical Character
Recognition (OCR) on attached images
       License:       Apache-2.0
[ ... ]
```

Listing 3.18: Suche nach dem Paket SpamAssassin

Neben dem Paket `spamassassin` hat die vorangegangene Suche auch das Plug-In SpamAssassin-FuzzyOCR hervorgebracht. Wollen Sie nun nach weiteren Plug-Ins für SpamAssassin oder mit SpamAssassin nutzbaren Paketen suchen, können Sie die Beschreibungen der einzelnen Pakete mit in die Suche einbeziehen.

```
# emerge --searchdesc SpamAssassin
Searching...
[ Results for search key : SpamAssassin ]
[ Applications found : 7 ]


*  mail-filter/spamassassin
      Latest version available: 3.2.0-r1
      Latest version installed: 3.2.0-r1
      Size of files: 1,042 kB
      Homepage:     http://spamassassin.apache.org/
      Description:  SpamAssassin is an extensible email filter which is
used to identify spam.
      License:      Apache-2.0
[...]


*  mail-filter/clamassassin
      Latest version available: 1.2.4
      Latest version installed: [ Not Installed ]
      Size of files: 34 kB
      Homepage:     http://jameslick.com/clamassassin/
      Description:  clamassassin is a simple script for virus scanning
(through clamav) an e-mail message as a filter (like spamassassin)
      License:      BSD


*  mail-filter/spamass-milter
      Latest version available: 0.3.1-r1
      Latest version installed: [ Not Installed ]
      Size of files: 113 kB
      Homepage:     http://savannah.nongnu.org/projects/spamass-milt/
      Description:  A Sendmail milter for SpamAssassin
      License:      GPL-2
```

Listing 3.19: Suche nach SpamAssassin unter Einbeziehung der Paketbeschreibung

Neben dem Paket `spamassassin` und den anderen Ergebnissen aus der vorherigen Suche bringt die Einbeziehung der Paketbeschreibungen zwei weitere Ergebnisse – die Pakete `clamassassin` und `spamass-milter`.

3.7.2 Weitere Suchwerkzeuge

Wie Sie festgestellt haben, führt die in das Paketmanagement integrierte Suche zwar zum Ziel, ist mitunter jedoch recht träge und zeitintensiv. Die integrierten Suchmodi greifen direkt auf den Portage Tree zu, das heißt, jedes Ebuild muss zum Lesen geöffnet werden – bei der Masse der vorhandenen Ebuilds erklärt sich der benötigte Zeitaufwand.

Mit `esearch` und `eix` stehen zwei zusätzliche Programme bereit, die dieses Manko umgehen, indem sie einen Cache benutzen. Dieser muss jedoch nach jeder Aktualisierung des Portage Tree aktualisiert werden, damit die Suche auf aktuell vorhandenen Paketen aufbauen kann.

esearch

`esearch` ist als separates Paket verfügbar und muss daher zunächst installiert werden.

```
# emerge esearch
```

Da `esearch` auf einem eigenen Cache aufbaut, muss dieser über das Hilfsprogramm `eupdatedb` zunächst erstellt werden. Beachten Sie, dass der Cache nach jeder Aktualisierung des Portage Tree erneut erstellt werden muss, um die Aktualität der Datenbasis zu gewährleisten.

```
# esearch spamassassin
 * Error: Could not find esearch-index. Please run eupdatedb as root first
# eupdatedb
 * indexing: 0 ebuilds to go
 * esearch-index generated in 30 second(s)
 * indexed 11695 ebuilds
 * size of esearch-index: 1808 kB
```

Nach dem Erstellen des Cache ist `esearch` nun bereit, genutzt zu werden. `esearch` unterstützt mehrere Modi, darunter einen Standmodus, der mit `emerge --search` identisch ist, und einen mit `emerge --searchdesc` identischen Modus `--searchdesc`.

```
# esearch SpamAssassin
[ Results for search key : SpamAssassin ]
[ Applications found : 5 ]

*  mail-filter/spamassassin
     Latest version available: 3.2.0-r1
     Latest version installed: 3.2.0-r1
     Size of downloaded files: [no/bad digest]
     Homepage:   http://spamassassin.apache.org/
     Description: SpamAssassin is an extensible email filter which is used
to identify spam.
     License:    Apache-2.0
[...]
```

Listing 3.20: Suche nach SpamAssassin mit esearch

Analog zu emerge --searchdesc SpamAssassin liefert esearch --searchdesc SpamAssassin ebenfalls zwei weitere Ergebnisse. Zur genaueren Eingrenzung der Suchergebnisse kann der Suchstring auch als regulärer Ausdruck angegeben werden.

Ein weiterer interessanter Modus von esearch ermöglicht die Eingrenzung der Suche auf installierte Pakete, hier am Beispiel von KDE verdeutlicht.

```
# esearch --instonly kde
[ Results for search key : kde ]
[ Applications found : 3 ]

*  kde-base/kdelibs
     Latest version available: 3.5.6-r8
     Latest version installed: 3.5.6-r8
     Size of downloaded files: [no/bad digest]
     Homepage:   http://www.kde.org/
     Description: KDE libraries needed by all KDE programs.
     License:    GPL-2 LGPL-2

*  kde-base/kdesu
     Latest version available: 3.5.6-r1
     Latest version installed: 3.5.6-r1
     Size of downloaded files: [no/bad digest]
```

```
    Homepage:    http://www.kde.org/
    Description: KDE: gui for su(1)
    License:     GPL-2


*  kde-base/libkdegames
    Latest version available: 3.5.6
    Latest version installed: 3.5.6
    Size of downloaded files: [no/bad digest]
    Homepage:    http://www.kde.org/
    Description: Base library common to many KDE games.
    License:     GPL-2
```

Listing 3.21: Beschränkung der Suche mit esearch auf installierte Pakete

eix

Genau wie esearch ist auch eix ein zusätzliches Paket, das vor der Nutzung
zunächst installiert werden muss. Ebenfalls ist es erforderlich, einen Cache anzulegen.

```
# emerge eix
# update-eix
Reading Portage settings ..
Building database (/var/cache/eix) ..
[0] /usr/portage/ (cache: metadata)
    Reading 100%
Applying masks ..
Database contains 11666 packages in 149 categories.
```

Listing 3.22: Installation von eix und Anlegen des Cache

Bei der Suche nach Paketen bietet eix einen unschlagbaren Vorteil, der Suchstring
kann reguläre Ausdrücke beinhalten. Ganz rudimentär lässt sich die Suche so beispielsweise auf Pakete begrenzen, auf die der exakte Suchstring zutrifft.

```
# eix ^spamassassin$
[I] mail-filter/spamassassin
    Available versions:  3.1.8 3.1.8-r1 (~)3.2.0 (~)3.2.0-r1 {berkdb doc
ipv6 ldap mysql postgres qmail sqlite ssl tools}
    Installed versions:  3.2.0-r1(15:58:03 08.05.2007)(berkdb -doc -ipv6 -
ldap -mysql -postgres -qmail -sqlite ssl -tools)
```

```
  Homepage:          http://spamassassin.apache.org/

  Description:         SpamAssassin is an extensible email filter which
is used to identify spam.
```

Listing 3.23: Nutzung der Suchfunktion von eix

Ein weiterer Unterschied ist die Anzeige der Suchergebnisse. Während die in das Paketmanagement integrierten Suchfunktionen und esearch eine nahezu identische Ausgabe produzieren, setzt sich eix hier ab und gibt mehr Informationen aus. So werden für jede vorhandene Version die Zugehörigkeit zu einem Zweig der Distribution (stabil, testing, maskiert) und die unterstützten USE-Flags angezeigt. Zu der installierten Version werden neben dem Installationsdatum auch die bei der Installation genutzten USE-Flags dargestellt.

Ein Alleinstellungsmerkmal von eix ist die Anzeige nach Aktualisierung des programminternen Cache – hier werden neu in die Distribution aufgenommene oder entfernte Programme oder Programme, die in den stabilen Zweig verschoben wurden, gesondert angezeigt.

```
# update-eix
* Running update-eix
Reading Portage settings ..
Building database (/var/cache/eix) ..
[0] /usr/portage/ (cache: metadata)
    Reading 100%
Applying masks ..
Database contains 11664 packages in 149 categories.
Diffing databases (11666 – 11664 packages)
[>] == app-crypt/gnupg (1.4.6 1.9.21(1.9) -> 1.4.7-r1 1.9.21(1.9)): The GNU Pri-
vacy Guard, a GPL pgp replacement
[>] == app-crypt/gpgme (0.3.14-r1(0.3) 1.1.2-r1(1) -> 0.3.14-r1(0.3) 1.1.4(1)):
GnuPG Made Easy is a library for making GnuPG easier to use
[U] == dev-lang/php (5.2.1-r3(5)@04/09/07; 4.4.6(4) 5.2.1-r3(5) -> 4.4.7(4)
5.2.2-r1(5)): The PHP language runtime engine: CLI, CGI and Apache2 SAPIs.
    << mail-client/mahogany ([M]!0.65): Highly customizable powerful mail client
[U] == sys-libs/timezone-data (2007c@04/09/07; 2007c -> 2007e): Timezone data
(/usr/share/zoneinfo) and utilities (tzselect/zic/zdump)
[...]
```

Listing 3.24: Anzeige der Änderungen nach Aktualisierung des Portage Tree

In diesem Beispiel liegen die nicht installierten Anwendungen gnupg und gpgme sowie die installierten Pakete php und timezone-data in neuen Versionen vor. Das Paket mahogany hingegen wurde aus dem Portage Tree entfernt.

eix beinhaltet einen Wrapper, über den sowohl die Aktualisierung des Portage Tree als auch die Aktualisierung des eix-Cache in einem vorgenommen werden kann.

```
# eix-sync
```

3.8   Grafische Frontends

Neben dem Kommandozeilenclient emerge gibt es einige weitere grafische Frontends zum Paketmanagementsystem Portage. Porthole, Kuroo und portageMaster bedienen jeweils ihre eigene Klientel.

portageMaster eignet sich zum schnellen Anzeigen von Informationen, die beiden »mächtigeren« Anwendungen Kuroo und Porthole sind auf die verbreiteten Desktopsysteme KDE und GNOME zugeschnitten.

Zu beachten ist, dass die grafischen Frontends durch eigene Projekte außerhalb von Gentoo entwickelt werden. Sie werden im Gegensatz zu emerge nicht als Teil des Paketmanagementsystems entwickelt und gepflegt. Daher ist eine vollständige Funktion dieser Programme nicht immer garantiert. Dies wird sich jedoch voraussichtlich mit Festlegung der EAPI ändern, in der Funktionalität und Verhalten des Paketmanagementsystems festgeschrieben werden. Sollten Sie auf spezielle Probleme mit diesen Frontends treffen, so ist dies mit großer Wahrscheinlichkeit ein Fehler in der Anwendung – Sie sollten den Programmierern den Fehler möglichst detailliert mitteilen.

3.8.1   Porthole

Die Frontends Porthole und Kuroo verfügen in etwa über den gleichen Umfang, sie ermöglichen über die Funktionalitäten von portageMaster hinaus die selektive Installation einzelner Pakete, die Suche innerhalb des Portage Tree und verfügen nicht zuletzt über eine ansprechendere Benutzeroberfläche.

Porthole bietet zusätzlich die Möglichkeit, Befehle vorzudefinieren und zur Installation von Paketen zu nutzen. Die Entwicklung der Anwendung scheint Ende 2005 mit der aktuellen Version 0.5.0 stehen geblieben zu sein – in den Vorgaben zur Definition individueller Kommandos werden noch längst als veraltet gekennzeichnete Funktionen, wie etwa ACCEPT_KEYWORDS="~x86" emerge paketname, vorgegeben.

Nachdem beim Start der Anwendung der Portage Tree initialisiert wurde, ermöglicht die Oberfläche direkt nach dem Start ein bequemes Browsen innerhalb des Portage Tree. Bereits installierte Anwendungen werden gesondert hervorgehoben.

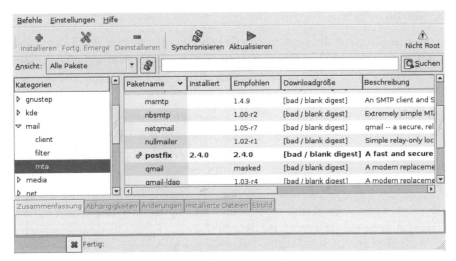

Abb. 3.5:   Browsen durch den Portage Tree mit Porthole

Neben Funktionen zur Synchronisierung des Portage Tree und Aktualisierung des gesamten Systems können einzelne Anwendungen zur Installation ausgewählt werden – nachdem diese entweder durch Browsen durch den Portage Tree oder Suche nach dem Paketnamen ausgewählt wurden.

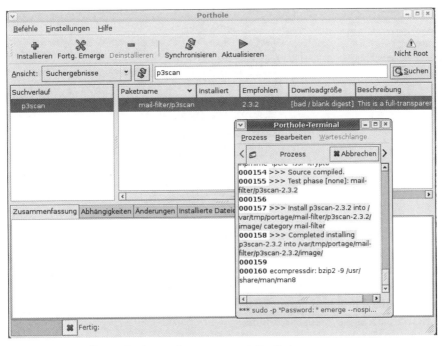

Abb. 3.6:   Installation der Anwendung p3scan mit Porthole

3.8.2 Kuroo

Das Frontend Kuroo ist der persönliche Geheimtipp des Autors, die Anwendung verfügt über die meisten Funktionen aller verfügbaren Portage Frontends, hat eine sehr aufgeräumte und intuitive Benutzeroberfläche und wird aktiv weiterentwickelt.

Kernziele der Kuroo-Entwicklung sind die einfache Benutzbarkeit und das Funktionieren ohne vorheriges Eingreifen und Konfigurieren durch den Anwender. Ziel ist die Entwicklung einer stabilen Anwendung, die sich zur Erfüllung der grundlegenden administrativen Funktionen rund um Gentoos Paketmanagement eignet.

Die Anzeige des Portage Tree ist auf zwei Spalten verteilt, um Kategorien wie app, net oder media und Subkategorien wie sound, tv, radio und video zeigen zu können. Die einzelnen Pakete werden mit Beschreibung in einer Tabelle angezeigt, für das in der Tabelle jeweils ausgewählte Paket werden zusätzlich weitere Informationen mit angezeigt, wie Abbildung 3.7 für das apache-Paket.

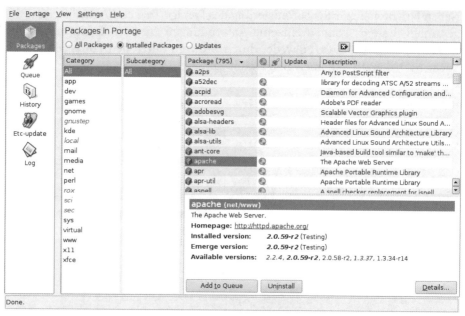

Abb. 3.7: Browsen des Portage Tree, Anzeige der Details zum Apache-Paket

Über den Button DETAILS lässt sich ein weiteres Fenster mit zahlreichen Informationen zu einem Paket öffnen. Dort lassen sich verfügbare Versionen, USE-Flags, das Change-Log, das Ebuild, Abhängigkeiten und – bei bereits installierten Paketen – auch die Dateien eines Pakets anzeigen.

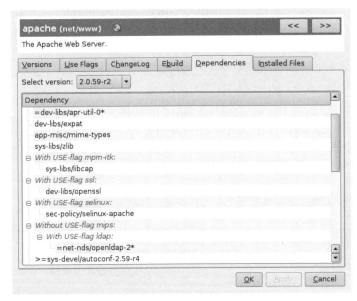

Abb. 3.8:   Detailansicht zum Apache-Paket

Installation von Anwendungen mit Kuroo

Die Installation von Paketen mit Kuroo geschieht in zwei, genau genommen in drei Schritten. Zunächst können aus der Übersicht einzelne Pakete in die Installationswarteschlange eingereiht werden.

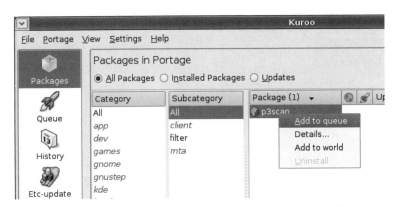

Abb. 3.9:   Einreihen von Anwendungen in die Installationswarteschlange

Die eigentliche Installation der Anwendung erfolgt in zwei weiteren Schritten, nachdem Sie in der Funktionsliste auf die Installationswarteschlange (Queue) zugegriffen haben.

- In Schritt 1 überprüfen Sie die zur Installation vorgemerkten Pakete. Hierbei wird `emerge` im `--pretend`-Modus aufgerufen, um evtl. nicht korrekte Abhängigkeiten auflösen zu können.

- In Schritt 2 wird die eigentliche Installation durchgeführt. Nach der Installation werden die von Portage ausgegebenen Meldungen angezeigt.

Eine Besonderheit bei Kuroo ist die Anzeige von Fortschrittsbalken bei Installationen. Hier wird auf zurückliegende Installationen eines Pakets zugegriffen und aus der Dauer der Installation dieses Pakets ein Mittelwert gebildet, der Grundlage für die Berechnung des Fortschrittsbalkens ist.

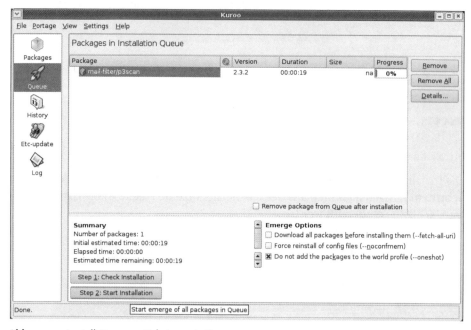

Abb. 3.10: Installation von Paketen mit Kuroo

3.9 Fazit

In diesem Kapitel haben Sie die grundlegenden Funktionen von `emerge` kennen gelernt.

Sie können mit dem Paketmanagementsystem nun Programme installieren und deinstallieren sowie eine vollständige Aktualisierung des Gentoo-Systems vornehmen. Die Einführung in den Portage Tree hat Ihnen gezeigt, wie Pakete innerhalb der Gentoo-Distribution organisiert sind.

## Kapitel 4

Installation und Konfiguration eines Desktopsystems

Nach der Installation des rudimentären Gentoo-Basissystems und einer Einführung in Gentoos Paketmanagement beschreibt dieses Kapitel die Installation und Konfiguration der grafischen Oberfläche, genauer des X-Servers X.Org und einer Desktop-Umgebung Ihrer Wahl – hier GNOME oder KDE.

4.1 Installation von X.Org

X.Org ist die von der Gentoo-Distribution unterstützte Implementierung von X11. Als X11 oder auch X-Window-System ist eine Sammlung von Protokollen und Programmen beschreiben, die für die Anzeige einer grafischen Oberfläche unter Linux- und UNIX-Systemen genutzt werden.

4.1.1 Das X.Org-Projekt

Ende 2003 bzw. Anfang 2004 sollten für das kommende XFree86 X4.4.0 einige Restriktionen in die Lizenz der neuen Version der X11-Implementierung aufgenommen werden. Da nicht alle Entwickler, Distributoren und Hardwarehersteller der Umstellung der Lizenz zustimmen konnten oder wollten, wurde auf Basis der letzten Veröffentlichung unter der alten Lizenz das X.Org-Projekt ins Leben gerufen und die X.Org-Foundation gegründet.

Die X.Org-Foundation ist eine gemeinnützige Firma nach amerikanischem Recht, die die Entwicklung des X-Window-Systems vorantreiben soll und sich in der Verantwortung sieht, neue Technologien und Standards voranzubringen.

Mit X.Org 6.8 wurde die erste X11-Implementierung des X.Org-Projekts veröffentlicht. Während sowohl die Versionen des XFree86-Projekts als auch die erste X.Org-Veröffentlichung noch aus einem monolithischen Gesamtpaket bestanden, wurden aktuelle Veröffentlichungen (7.0, 7.1, 7.2 ...) in ihre einzelnen Teile und Komponenten zerlegt, was die Wartbarkeit und Veröffentlichung neuer Versionen von Komponenten des X.Org-X-Servers vereinfachen soll.

Für Sie als Gentoo-Nutzer ergibt sich dadurch die Möglichkeit, über USE-Flags gesteuert nur die Komponenten des X.Org-X-Servers zu installieren, die Sie später auch benötigen werden.

4.1.2 Installation

Die Installation des X.Org-X-Servers kann wie gewohnt über Gentoos Paketmanager durchgeführt werden. Das Metapaket xorg-x11 beinhaltet als Abhängigkeiten alle benötigten Komponenten des X-Servers.

Vor der Installation des Metapakets sollten Sie im pretend-Modus des Paketmanagers die vorausgewählten USE-Flags überprüfen und an Ihre Gegebenheiten anpassen.

```
# emerge xorg-x11 --pretend --verbose

[...]

[ebuild N   ] x11-base/xorg-server-1.2.0-r3  USE="dri ipv6 nptl sdl xorg
-3dfx -debug -dmx -kdrive -minimal -xprint" INPUT_DEVICES="evdev keyboard
mouse -acecad -aiptek -calcomp -citron -digitaledge -dmc -dynapro -elo2300
-elographics -fpit -hyperpen -jamstudio -joystick -magellan -microtouch -
mutouch -palmax -penmount -spaceorb -summa -synaptics -tek4957 -ur98 -
vmmouse -void -wacom" VIDEO_CARDS="apm ark chips cirrus cyrix dummy fbdev
glint i128 i740 i810 imstt mach64 mga neomagic nsc nv r128 radeon rendi-
tion s3 s3virge savage siliconmotion sis sisusb tdfx tga trident tseng v4l
vesa vga via vmware voodoo -epson -fglrx (-impact) (-newport) -nvidia (-
sunbw2) (-suncg14) (-suncg3) (-suncg6) (-sunffb) (-sunleo) (-suntcx)"
5,874 kB

[...]
```

Neben regulären USE-Flags sehen Sie hier Flags, die genauso aussehen wie USE-Flags und eine identische Funktionalität besitzen. Die in Kapitel 5 näher beschriebenen so genannten erweiterten USE-Flags erlauben über die Variablen VIDEO_CARDS und INPUT_DEVICES, nur die benötigten Treiber des X-Servers zu installieren. Erweiterte USE-Flags setzen Sie wie gewohnt in der Konfigurationsdatei /etc/make.conf.

```
# nano -w /etc/make.conf
VIDEO_CARDS=" nv i810 radeon r128 flgrx"
```

Über die Flags nv, radeon, r128, fglrx und i810 werden Treiber für Nvidia- und ATI-Grafikkarten sowie aktuelle Intel-Grafiklösungen mitinstalliert.

- nv als freier Treiber aus X.Org

- nvidia als nicht offener Treiber des Herstellers für Nvidia-Grafikkarten

- radeon als Treiber für Grafikkarten mit R100-, R200-, R250- und R280-Chipsatz

- r128 als Treiber für Rage128-Grafikkarten

- fglrx als nicht offener Treiber des Herstellers ATI

Die Closed-Source-Treiber von ATI und Nvidia sind jeweils als eigenständiges Paket verfügbar, ati-drivers bzw. nvidia-drivers.

Um die Closed-Source-Nvidia-Treiber direkt zu installieren, können Sie das Flag VIDEO_CARDS="nvidia" oder bei ATI-Closed-Source-Treibern das Flag VIDEO_CARDS="flgrx" hinzufügen. Wenn Sie Gentoo in einer VMware-Virtualisierung installieren, nehmen Sie das Flag VIDEO_CARDS="vmware".

```
# nano -w /etc/make.conf

VIDEO_CARDS=" nv i810 radeon r128 nvidia vmware"
```

Auch die Auswahl möglicher Eingabegeräte können Sie beeinflussen, neben Maus und Tastatur können Sie auch die Synaptics-Treiber für die in den allermeisten Notebooks verbauten Touchpads und evdev zur Ansteuerung von Mäusen installieren.

```
# nano -w /etc/make.conf

INPUT_DEVICES="keyboard mouse synaptics evdev"
```

Wählen Sie nun die Ihrer Hardware entsprechenden USE-Flags sowie Treiber für Eingabegeräte und Grafikkarten aus und setzen Sie diese als erweiterte USE-Flags in der Konfigurationsdatei /etc/make.conf.

Nach der Konfiguration optionaler Komponenten über USE-Flags und erweiterte USE-Flags können Sie noch einmal im pretend-Modus die Installationsoptionen überprüfen.

```
# emerge xorg-x11 --pretend --verbose


These are the packages that would be merged, in order:


Calculating dependencies... done!
[ebuild N   ] x11-libs/libxkbfile-1.0.4 USE="-debug" 268 kB
[...]
[ebuild N   ] x11-base/xorg-server-1.2.0-r3 USE="dri ipv6 nptl sdl xorg
-3dfx -debug -dmx -kdrive -minimal -xprint" INPUT_DEVICES="evdev keyboard
mouse synaptics -acecad -aiptek -calcomp -citron -digitaledge -dmc -dyna-
pro -elo2300 -elographics -fpit -hyperpen -jamstudio -joystick -magellan -
microtouch -mutouch -palmax -penmount -spaceorb -summa -tek4957 -ur98 -
vmmouse -void -wacom" VIDEO_CARDS="fglrx i810 nv nvidia r128 radeon -apm -
ark -chips -cirrus -cyrix -dummy -epson -fbdev -glint -i128 -i740 (-
impact) -imstt -mach64 -mga -neomagic (-newport) -nsc -rendition -s3 -
s3virge -savage -siliconmotion -sis -sisusb (-sunbw2) (-suncg14) (-suncg3)
(-suncg6) (-sunffb) (-sunleo) (-suntcx) -tdfx -tga -trident -tseng -v4l -
vesa -vga -via -vmware -voodoo" 5,874 kB
```

```
[ebuild  N  ] x11-drivers/xf86-input-evdev-1.1.5-r1 USE="-debug" 237 kB

[ebuild  N  ] x11-drivers/xf86-input-mouse-1.2.1 USE="-debug" 265 kB

[ebuild  N  ] x11-drivers/xf86-video-nv-1.2.2.1 USE="-debug" 291 kB

[ebuild  N  ] x11-drivers/nvidia-drivers-1.0.8776-r1  6,328 kB

[ebuild  N  ] x11-drivers/synaptics-0.14.6  124 kB

[ebuild  N  ] x11-drivers/xf86-video-i810-1.7.4 USE="dri -debug" 452 kB

[ebuild  N  ] x11-drivers/xf86-video-ati-6.6.3 USE="dri -debug" 707 kB

[ebuild  N  ] x11-drivers/xf86-input-keyboard-1.1.1 USE="-debug" 230 kB

[ebuild  N  ] x11-apps/mesa-progs-6.5.2  1,294 kB

[ebuild  N  ] x11-base/xorg-x11-7.2  0 kB


Total: 106 packages (106 new), Size of downloads: 93,928 kB
```

Neben den Kernpaketen des X-Servers sind mit xf86-input-evdev, xf86-input-mouse, xf86-input-keyboard und synaptics die von Ihnen angegebenen Treiber für Eingabegeräte ausgewählt. Ebenso mit nvidia-drivers, xf86-video-i810 und xf86-video-ati die ausgewählten Treiber für Grafikkarten.

Sie können die Installation nun anstoßen:

```
# emerge xorg-x11
```

Nach der Installation befinden sich in den Verzeichnissen /usr/lib/xorg/modules/drivers die über VIDEO_CARDS ausgewählten Grafikkartentreiber und unter /usr/lib/xorg/modules/input die als INPUT_DEVICES ausgewählten Treiber für Eingabegeräte wie Maus und Tastatur.

```
# find /usr/lib/xorg/modules/drivers
/usr/lib/xorg/modules/drivers
/usr/lib/xorg/modules/drivers/nvidia_drv.so
/usr/lib/xorg/modules/drivers/atimisc_drv.so
/usr/lib/xorg/modules/drivers/radeon_drv.so
/usr/lib/xorg/modules/drivers/vmware_drv.so
/usr/lib/xorg/modules/drivers/riva128.so
/usr/lib/xorg/modules/drivers/nv_drv.so
/usr/lib/xorg/modules/drivers/r128_drv.so
/usr/lib/xorg/modules/drivers/ati_drv.so
/usr/lib/xorg/modules/drivers/fglrx_drv.so
/usr/lib/xorg/modules/drivers/i810_drv.so
```

```
# find /usr/lib/xorg/modules/input
/usr/lib/xorg/modules/input/
/usr/lib/xorg/modules/input/kbd_drv.so
/usr/lib/xorg/modules/input/mouse_drv.so
/usr/lib/xorg/modules/input/keyboard_drv.so
/usr/lib/xorg/modules/input/synaptics_drv.so
/usr/lib/xorg/modules/input/evdev_drv.so
```

4.1.3 Konfiguration

Zur Konfiguration des X-Servers stehen mehrere Möglichkeiten zur Verfügung, einerseits automatisierte Verfahren wie X -configure oder xorgcfg und andererseits der textbasierte Assistent xorgconfig.

X –configure

Mit der in den X-Server integrierten Funktion –configure können Sie eine Konfiguration für den X-Server erstellen, an der Sie im Anschluss nur kleine Anpassungen vornehmen müssen.

```
# X -configure
X Window System Version 7.2.0
Release Date: 22 January 2007
X Protocol Version 11, Revision 0, Release 7.2
Build Operating System: Linux 2.6.19-gentoo-r5 i686
Current Operating System: Linux localhost 2.6.19-gentoo-r5 #1 SMP Wed Apr
4 05:44:43 UTC 2007 i686
[...]
List of video drivers:
        ati
        radeon
        vmware
        nv
        r128
        atimisc
        i810
(++) Using config file: "/root/xorg.conf.new"
[...]
```

Listing 4.1: Automatische Konfiguration des X-Servers

Mit dem Kommando X –config /root/xorg.conf.new können Sie den X-Server nun mit der soeben erstellten Konfiguration starten und diese testen. Anschließend verschieben Sie die Konfiguration in das Verzeichnis /etc/X11/.

```
# mv xorg.conf.new /etc/X11/xorg.conf
```

Anpassungen

Die xorg.conf-Konfigurationsdatei ist in verschiedene Abschnitte, Sektionen, unterteilt, die wiederum in einer Sektion ServerLayout zusammengefasst sind.

Die Grafikkarte Über den Abschnitt Device, hier als Card0 bezeichnet, wird der für die Grafikkarte zu nutzende Treiber bestimmt. In diesem Beispiel wurde der vorhandene Grafikchip korrekt erkannt und das i810-Treibermodul eingebunden.

```
Section "Device"
    Identifier  "Card0"
    Driver      "i810"
EndSection
```

Wenn Sie die Close-Source-Treiber von ATI (flgrx) oder Nvidia (nvidia) benutzen wollen, können Sie diese an dieser Stelle ebenfalls als Driver konfigurieren.

Die Maus Über den Abschnitt InputDevice, hier als Mouse0 bezeichnet, wird die Maus konfiguriert. Das Maus-Device /dev/input/mice wurde richtig erkannt und eingebunden, wurde als auto konfiguriert – hier kann fix PS/2 oder IMPS/2 genutzt werden. Über die Option ZAxisMapping wird das Mausrad aktiviert.

```
Section "InputDevice"
    Identifier  "Mouse0"
    Driver      "mouse"
    Option      "Protocol" "IMPS/2"
    Option      "Device" "/dev/input/mice"
    Option      "ZAxisMapping" "4 5 6 7"
EndSection
```

Die Tastatur Über einen weiteren Abschnitt InputDevice, hier als Keyboard0 bezeichnet, wird die Tastatur konfiguriert. Die automatische Erkennung hat die Tastatur rein generisch konfiguriert, über die Direktiven XkbModel und XkbLayout kann ein deutsches Tastaturlayout einer »normalen« 105-Tasten-Tastatur konfiguriert werden.

```
Section "InputDevice"
        Identifier "Keyboard0"
        Driver     "kbd"
        Option     "XkbRules" "xorg"
        Option     "XkbModel" "pc105"
        Option     "XkbLayout" "de"
EndSection
```

4.1.4 Besonderheiten bei ATI-und Nvidia-Treibern

Die von ATI und Nvidia angebotenen Closed-Source-Treiber unterliegen einigen Besonderheiten.

Nvidia

Die aktuellen Versionen der von Nvidia angebotenen Treiber enthalten keine Treiber für ältere Grafikkartenmodelle mehr, beispielsweise Grafikkarten mit TNT-, TNT2-, GeForce- und GeForce2-Chipsätzen.

Um diese älteren Grafikkarten weiterhin unterstützen zu können, bietet Gentoo ein zusätzliches Paket nvidia-legacy-drivers an, das eine entsprechend »alte« Version der Nvidia-Treiber installiert. Die Treiber für neuere Grafikkarten mit Nvidia-Chipsätzen werden von Gentoo im Paket nvidia-drivers bereitgestellt.

Wichtig

Beachten Sie, dass bei bekannt werdenden Sicherheitslücken Nvidia vermutlich keine Aktualisierungen für die älteren »legacy«-Treiber veröffentlicht. Sofern Sie auf 3D-Unterstützung verzichten können, sollten Sie daher den freien nv-Treiber verwenden.

Kernel-Unterstützung Zur Installation der nvidia-drivers wie auch der nvidia-legacy-drivers müssen Unterstützung für Module und MTRR im Kernel vorhanden sein.

```
# cd /usr/src/linux
# make menuconfig
Loadable module support --->
  [*] Enable loadable module support
Processor and Features --->
  [*] MTRR (Memory Type Range Register) support
```

xorg.conf Zur Nutzung des Nvidia-Treibers müssen zwei Abschnitte der xorg.conf angepasst werden. Einerseits der Device-Abschnitt, andererseits muss im Modules-Abschnitt das glx-Modul als zu laden konfiguriert werden.

```
# nano -w /etc/X11/xorg.conf
Section "Module"
        Load  "dbe"
        Load  "GLcore"
        Load  "extmod"
        Load  "dri"
        Load  "glx"
        Load  "xtrap"
        Load  "record"
        Load  "freetype"
        Load  "type1"
EndSection

[...]

Section "Device"
    Identifier  "Card0"
    Driver      "nvidia"
EndSection
```

Nach der Konfiguration muss noch die OpenGL-Konfiguration aktualisiert werden, damit beim nächsten Start die Nvidia-GLX-Implementierung genutzt wird.

```
# eselect opengl set nvidia
```

ATI

Zur Anpassung der xorg.conf-Konfigurationsdatei installiert das Paket ati-drivers das Tool aticonfig mit. Dieses setzt unter anderem den Grafikkartentreiber auf das mitinstallierte fglrx-Modul.

```
# aticonfig --initial
```

Nach der Konfiguration muss noch die OpenGL-Konfiguration aktualisiert werden, damit beim nächsten Start die ATI-GLX-Implementierung genutzt wird.

```
# eselect opengl set ati
```

Weitere Konfigurationstools

Das Programm `nvidia-settings` erlaubt es, die Konfiguration des X-Servers im laufenden Betrieb anzupassen, wie beispielsweise die Bildwiederholrate bei Röhrenmonitoren oder die Farbtiefe. `nvidia-settings` können Sie über Gentoos Paketmanager installieren.

```
# emerge nvidia-settings
```

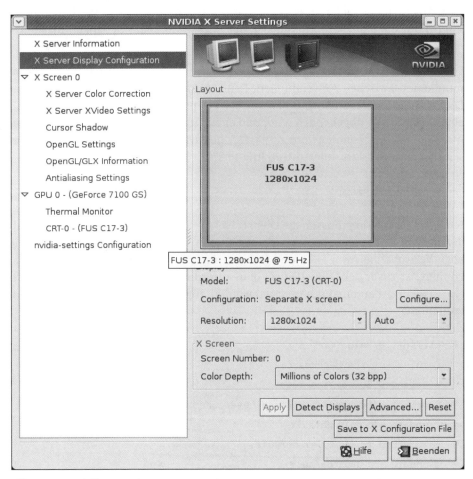

Abb. 4.1:   `nvidia-settings`

4.2   HAL und D-Bus

Zur Nutzung von Funktionen wie etwa dem automatischen Mounten von Wechsel-datenspeichern, zum Beispiel USB-Sticks oder USB-Festplatten, sind die Pro-gramme HAL und D-Bus erforderlich.

HAL, der Hardware Abstraction Layer, ermöglicht Anwendungen einen standardi-sierten Zugriff auf Geräte. So können Entwickler über HAL auf Geräte wie etwa eine Fotokamera zugreifen. Vereinfacht: Der Entwickler würde HAL nutzen, um die IDs angeschlossener Kamera auszulesen, der Anwender würde (bei mehreren angeschlossenen Kameras) eine Kamera auswählen, die ID dieser Kamera würde zum Auslesen der Bilder an HAL übergeben. Über etwaige Besonderheiten beim Zugriff auf die Hardware müsste sich der Entwickler keine Gedanken machen – eine große Vereinfachung.

D-Bus ist ein System Message Bus, ein einfacher Weg zur Realisierung von Kom-munikation zwischen Anwendungen. D-Bus nutzt einerseits einen systemweiten Dienst, über den die Kommunikation bei Hotplug Events, wie dem Anstecken eines USB-Sticks, abgehandelt wird, und einen Session-basierten Dienst zur Kom-munikation zwischen den vom Anwender gestarteten Anwendungen – die ihrer-seits wiederum D-Bus unterstützen müssen.

```
# emerge hal dbus
```

Nach der Installation müssen die Dienste hald und dbus gestartet werden, die Auf-lösung von Abhängigkeiten in Gentoos Runlevel-System zeigt noch einmal die enge Verwobenheit von HAL und D-Bus – um den HAL-Dienst hald starten zu können, ist zuvor der D-Bus-Dienst dbus erforderlich. Damit beide Dienste nach einem Neustart automatisch gestartet werden, fügen Sie diese dem default-Run-level hinzu.

```
# /etc/init.d/hald start
 * Caching service dependencies ...                          [ ok ]
 * Starting D-BUS system messagebus ...                      [ ok ]
 * Starting Hardware Abstraction Layer daemon ...            [ ok ]
# rc-update add hald default
 * hald added to runlevel default
# rc-update add dbus default
 * dbus added to runlevel default
```

Listing 4.2:   Starten der HAL- und D-Bus-Dienste

Um sich eine Übersicht über von HAL erkannte Geräte zu beschaffen, dient die Anwendung `hal-device-manager`. Diese kann über Gentoos Paketmanager installiert werden.

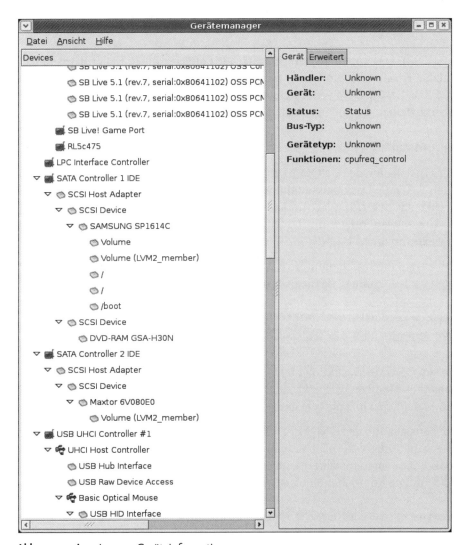

Abb. 4.2:   Anzeige von Geräteinformationen

Damit ein Benutzer später USB-Sticks und externe Festplatten mounten kann, muss dieser Mitglied der Gruppe `plugdev` sein. Fügen Sie Ihren Benutzer dieser Gruppe hinzu.

```
# gpasswd -a benutzer plugdev
```

4.3 GNOME

Die GNOME-Desktop-Umgebung wird durch das GNOME-Projekt entwickelt und beinhaltet neben der Desktop-Umgebung auch eine Entwicklungsumgebung, mit der sich Anwendungen entwickeln lassen, die sich nahtlos in die Desktop-Umgebung integrieren.

Der GNOME-Desktop fokussiert sich auf freie Software, die für jedermann einfach benutzbar ist, anstelle von immer mehr und mehr Features und Konfigurationsoptionen. Für GNOME-Anwendungen gelten Richtlinien[1] zur Gestaltung der Benutzerschnittstellen, die helfen sollen, dieser Fokussierung gerecht zu werden.

4.3.1 Installation

Vor der Installation des GNOME-Desktops sollten Sie USE-Flags konfigurieren, die für den GNOME-Desktop benötigt werden. Dazu gehört neben dem gnome-USE-Flag auch das gtk-USE-Flag für die vom GNOME-Desktop genutzte GTK+-Bibliothek. Um Anwendungen mit Unterstützung für HAL und D-Bus zu installieren, sind weiterhin die hal- und dbus-USE-Flags notwendig.

Wenn Sie auf die Installation des KDE-Desktops oder einzelner Komponenten verzichten wollen, können Sie die qt*- und kde-USE-Flags deaktivieren.

```
# nano -w /etc/make.conf
USE="-qt3 -qt4 -kde hal dbus gnome gtk"
```

Um den GNOME-Desktop mit einem Gentoo-»Branding«, das heißt minimal angepassten Grafiken, wie etwa einem Startsplash oder Themen für den GNOME-Login-Manager zu installieren, aktivieren Sie zusätzlich das USE-Flag branding.

Bei der Installation des GNOME-Desktops können Sie zwischen einem Metapaket gnome wählen, das den vollständigen GNOME-Desktop inklusive sämtlicher optionaler Komponenten installiert, und einem Metapaket gnome-light, das nur zwingend benötigte Komponenten des GNOME-Desktops zur Installation auswählt.

```
# emerge gnome oder emerge gnome-light
```

Wenn Sie das gnome-light-Metapaket ausgewählt haben, können Sie anschließend weitere von Ihnen benötigte Komponenten des GNOME-Desktops installieren, wie etwa das PIM-Programm Evolution.

---

1   HIG, Human Interfaces Guidelines, *http://developer.gnome.org/projects/gup/hig/*

4.3.2 Konfiguration

Zur Konfiguration des GNOME-Desktops sind nur einige wenige Schritte erforderlich. Über integrierte Konfigurationshilfen können Sie den GNOME-Desktop später weiter an Ihre Bedürfnisse anpassen.

Benutzer zum Zugriff auf Wechseldatenträger berechtigen

Damit ein Benutzer später USB-Sticks und externe Festplatten mounten kann, muss dieser Mitglied der Gruppe plugdev sein. Fügen Sie Ihren Benutzer dieser Gruppe hinzu.

```
# gpasswd -a benutzer plugdev
```

Den Login-Manager GDM konfigurieren

Um den grafischen Login-Manager GDM (GNOME Display Manager) zu nutzen, müssen Sie diesen als Login-Manager in der Konfigurationsdatei /etc/conf.d/xdm festlegen.

```
# nano -w /etc/conf.d/xdm
[...]
# What display manager do you use ?  [ xdm | gdm | kdm | entrance ]
# NOTE: If this is set in /etc/rc.conf, that setting will override this
one.
DISPLAYMANAGER="gdm"
```

Listing 4.3: Konfiguration des GNOME Display Manager als Login-Manager

Sie können den xdm-Dienst nun starten und den GNOME Display Manager dem default-Runlevel hinzufügen.

```
# rc-update add xdm default
# /etc/init.d/xdm start
```

Im Konfigurationsmenü können Sie den Display Manager weiter konfigurieren.

Automatisches Mounten von Wechseldatenträgern

Durch die Nutzung der Dienste HAL und D-Bus und das Hinzufügen des Benutzers zur Gruppe plugdev können Sie Wechseldatenträger im GNOME-Desktop automatisch mounten.

Das Verhalten können Sie über den gnome-volume-manager nach Ihren Vorlieben anpassen, beispielsweise, ob bei Einlegen einer Video-DVD direkt eine Anwendung zur Wiedergabe der DVD gestartet werden soll.

Wenn Sie das gnome-light-Metapaket installiert haben, müssen Sie den gnome-volume-manager zusätzlich installieren.

```
# emerge gnome-volume-manager
```

Starten Sie nun die Anwendung gnome-volume-properties, um das Verhalten beim Einlegen von Datenträgern zu konfigurieren.

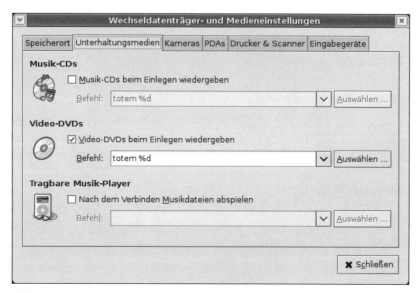

Abb. 4.3:   gnome-volume-properties

4.4   KDE

Während der GNOME-Desktop nur einen eingeschränkten Umfang an konfigurierbaren Optionen hat, glänzt der KDE-Desktop mit schier endloser Konfigurierbarkeit – nahezu alles und jedes Verhalten des Desktops ist konfigurierbar und kann angepasst werden. Mit dem Konqueror beinhaltet KDE eine Anwendung, die sowohl als Dateimanager wie auch als Webbrowser nutzbar ist und darüber hinaus noch viel mehr Funktionen bietet.

Neben der PIM-Anwendung KContact beinhaltet KDE mit dem KOffice-Paket eine eigene Suite von Büroanwendungen, die sich nahtlos in den Desktop integriert.

4.4.1   Installation

Vor der Installation des KDE-Desktops sollten Sie USE-Flags konfigurieren, die für den KDE-Desktop benötigt werden. Dazu gehören neben dem kde-USE-Flag auch die qt3- und qt4-USE-Flags für die vom KDE-Desktop genutzte Qt-Bibliothek. Um

Anwendungen mit Unterstützung für HAL und D-Bus zu installieren, sind weiterhin die hal- und dbus-USE-Flags notwendig.

Wenn Sie auf die Installation des GNOME-Desktops oder einzelner Komponenten verzichten wollen, können Sie die gtk- und gnome-USE-Flags deaktivieren.

```
# nano -w /etc/make.conf
USE="-gnome -gtk qt3 qt4 kde hal dbus"
```

Die USE-Flags qt3 und qt4 sind für die Installation des KDE-Desktops nicht von Belang, ermöglichen aber, dass sich weitere Anwendungen nahtlos in den Desktop integrieren können.

Die Installation des KDE-Desktops können Sie nach Konfiguration der USE-Flags über zwei Metapakete anstoßen. Zum einen über das Metapaket kde und zum anderen über das Metapaket kde-meta. Während das kde-Paket Abhängigkeiten zu den einzelnen Teilen des Desktops wie etwa kdepim, kdenetwork oder kdebase enthält, kann über das kde-meta-Paket jede Anwendung wie etwa Konquerer oder KMail einzeln installiert werden.

```
# emerge kde oder emerge kde-meta
```

4.4.2 Konfiguration

Zur Konfiguration des KDE-Desktops sind nur einige wenige Schritte erforderlich. Über integrierte Konfigurationshilfen können Sie den KDE-Desktop später weiter an Ihre Bedürfnisse anpassen.

Benutzer zum Zugriff auf Wechseldatenträger berechtigen

Damit ein Benutzer später USB-Sticks und externe Festplatten mounten kann, muss dieser Mitglied der Gruppe plugdev sein. Fügen Sie Ihren Benutzer dieser Gruppe hinzu.

```
# gpasswd -a benutzer plugdev
```

Den Login-Manager KDM konfigurieren

Um den grafischen Login-Manager KDM (KDE Display Manager) zu nutzen, müssen Sie diesen als Login-Manager in der Konfigurationsdatei /etc/conf.d/xdm festlegen.

```
# nano -w /etc/conf.d/xdm
[...]
# What display manager do you use ? [ xdm | gdm | kdm | entrance ]
```

```
# NOTE: If this is set in /etc/rc.conf, that setting will override this one.
DISPLAYMANAGER="kdm"
```

Listing 4.4:   Konfiguration des GNOME Display Manager als Login-Manager

Sie können den xdm-Dienst nun starten und den KDE Display Manager dem default-Runlevel hinzufügen.

```
# rc-update add xdm default
# /etc/init.d/xdm start
```

Im Konfigurationsmenü können Sie den Display Manager weiter konfigurieren.

Lokalisierung

Die Lokalisierung für den KDE-Desktop ist in den Standard-KDE-Paketen nicht enthalten – um den KDE-Desktop in deutscher Sprachumgebung zu nutzen, ist die Installation eines zusätzlichen Pakets kde-i18n notwendig. Über das erweiterte USE-Flag LINGUAS werden die zu installierenden Sprachumgebungen festgelegt.

```
# nano -w /etc/make.conf
LINGUAS="de"


# emerge kde-i18n --pretend --verbose


These are the packages that would be merged, in order:


Calculating dependencies... done!

[ebuild  N  ] kde-base/kde-i18n-3.5.6 USE=" -arts -debug - kdeenablefi-
nal -xinerama" LINGUAS="de -af -ar -az -bg -bn -br -bs -ca -cs -cy -da -el
-en_GB -eo -es -et -eu -fa -fi -fr -fy -ga -gl -he -hi -hr -hu -is -it -ja -
kk -km -ko -lt -lv -mk -mn -ms -nb -nds -nl -nn -pa -pl -pt -pt_BR -ro -ru -
rw -se -sk -sl -sr -sr@Latn -ss -sv -ta -tg -tr -uk -uz -vi -zh_CN -zh_TW"
22,934 kB


# emerge kde-i18n
```

Nach Konfiguration und Überprüfung der Sprachauswahl können Sie das Paket installieren.

Initiale Konfiguration der KDE-Umgebung

Bei der ersten Anmeldung am KDE-Desktop startet automatisch die Anwendung
KPersonalizer, über die Sie etwa die Sprachumgebung und das Erscheinungsbild
des KDE-Desktops konfigurieren können.

Abb. 4.4:   KPersonalizer

4.5   Fazit

Dieses Kapitel hat die Installation und Konfiguration des X.Org-X-Servers und
Besonderheiten bei der Installation der Closed-Source-Treiber von ATI und Nvidia
beschrieben. Aufbauend auf den X-Server wurde mit KDE oder GNOME wahlweise
eine Desktopumgebung installiert, in der Wechseldatenträger über HAL und D-
Bus automatisch gemountet werden können.

## Kapitel 5

USE-Flags

USE-Flags sind eines der Kernfeatures der Gentoo-Distribution – wenn nicht sogar **das** Feature, mit dem sich Gentoo von anderen Distributionen unterscheidet.

In Foren oder Mailinglisten, zuweilen auch in Presseveröffentlichungen, wird immer wieder gerne betont, dass Gentoo so anders (oder gar besser) sei, weil man alles an seine eigene Hardware angepasst kompilieren könne. Die Aussage ist so zwar nicht völlig falsch, der Vorteil, der sich allein durch die angepasste und optimierte Kompilierung für ein fixes Zielsystem erreichen lässt, liegt jedoch im unteren Promillebereich und ist somit bestenfalls messbar – jedoch nicht spürbar.

Während bei binären Distributionen die einzelnen Paketbetreuer entscheiden, welche Funktionen innerhalb eines Programms der Anwender wohl benötigen mag, überträgt Gentoo diese Entscheidung auf den Anwender. Zugegeben, beide Verfahren haben ihre Vorteile.

Die Installationsgeschwindigkeit einer binären Distribution werden Sie mit Gentoo auch auf einem High-End-PC der allerneuesten Ausstattung nicht schlagen können, demgegenüber werden Sie die Anpassbarkeit und Möglichkeit zur individuellen Anpassung der Gentoo-Distribution so schnell mit kaum einer anderen Distribution realisieren können.

Diese Anpassbarkeit und Individualisierung erfordert vom Anwender jedoch auch einen erhöhten »Fleiß« und Aufwand, schließlich kann man nur Optionen nutzen und Anpassungen durchführen, die man kennt. Dieser Aufwand fällt vor allem bei der Installation und ersten Einrichtung des Systems ins Gewicht, bei späteren Aktualisierungen können Sie sich Änderungen an den von Paketen unterstützten Funktionalitäten bequem anzeigen lassen und bei Bedarf eingreifen.

Dieses Kapitel erläutert die Ideen und Konzepte hinter USE-Flags, zeigt, wo USE-Flags definiert werden und wie diese zur Anpassung einer Gentoo-Installation eingesetzt werden können.

5.1 Die Idee

Die Idee hinter USE-Flags ist so einfach wie genial: Anpassung eines Programms an die exakten Wünsche und Bedürfnisse des Anwenders, beziehungsweise noch spezieller des jeweiligen Gentoo-Systems.

Von größeren Cluster-Konfigurationen abgesehen, ist jedes installierte Gentoo-System einzigartig. Selbst wenn mehrere Systeme die gleichen Aufgaben erfüllen sollen, wird der jeweilige Anwender nicht immer zwingend auch die gleichen Pakete mit den gleichen optionalen Komponenten benutzen wollen. Oder anders herum: Auch wenn zwei Gentoo-Anwender einen Arbeitsplatz mit KDE installieren wollen, steht nur am Anfang die gleiche Anforderung – ein Arbeitsplatz mit KDE. Wie eingerichtet und mit welchen optionalen Komponenten installiert wird, können beide Anwender individuell für sich entscheiden. Von Komponenten des KDE-Desktops angefangen über die Auswahl von Soundunterstützung und eventueller Medienabspieler bis hin zur Auswahl eines Office-Systems oder nur einer Textverarbeitung.

5.2 Das Beispiel

Ein simples Beispiel für die Anwendung von USE-Flags ist die rein fiktive Anwendung MyApp. Diese hat neben einem Kommandozeileninterface zwei optionale Frontends, die in GTK+ und Qt realisiert sind. Ein Anwender wird sich für das GTK+-Frontend entscheiden, ein anderer Anwender für Qt und ein dritter Anwender benötigt keines der beiden Frontends. Warum sollte ein Anwender also optionale Komponenten eines Programms und möglicherweise zusätzlich benötigte Bibliotheken installieren, die er vermutlich nie benutzen wird?

Über USE-Flags kann jeder der drei Anwender nun die von ihm benötigten Komponenten des Programms zur Installation auswählen.

Variante 1:

```
# emerge MyApp --pretend
Calculating dependencies... done!
[ebuild  N   ] app-admin/MyApp-0.1  USE="gtk -qt3"
```

Variante 2:

```
# emerge MyApp --pretend
Calculating dependencies... done!
[ebuild  N   ] app-admin/MyApp-0.1  USE="-gtk qt3"
```

Variante 3:

```
# emerge MyApp --pretend
Calculating dependencies... done!
[ebuild  N   ] app-admin/MyApp-0.1  USE="-gtk -qt3"
```

Dieses Beispiel mag noch simpel sein, bei anderen – aber realen – Paketen werden USE-Flags zum Teil exzessiv genutzt. Die Programmiersprache PHP ist hier das sicherlich ideale Beispiel für eine stark ausgeprägte Nutzung dieser Funktionalität.

```
# emerge php --pretend --verbose
Calculating dependencies... done!
[ebuild  N   ] dev-lang/php-5.2.1-r3  USE="apache2 berkdb cli crypt ctype
gdbm iconv mysql ncurses nls oci8-instant-client pcre readline reflection
session spell spl ssl truetype unicode zlib -adabas -apache -bcmath -
birdstep -bzip2 -calendar -cdb -cgi -cjk -concurrentmodphp -curl -curl-
wrappers -db2 -dbase -dbmaker -debug -discard-path -doc -empress -empress-
bcs -esoob -exif -fastbuild -fdftk -filter -firebird -flatfile -force-cgi-
redirect -frontbase -ftp -gd -gd-external -gmp -hash -imap -inifile -
interbase -iodbc -ipv6 -java-external -json -kerberos -ldap -ldap-sasl -
libedit -mcve -mhash -msql -mssql -mysqli -oci8 -odbc -pcntl -pdo -pdo-
external -pic -posix -postgres -qdbm -recode -sapdb -sharedext -sharedmem
-simplexml -snmp -soap -sockets -solid -sqlite -suhosin -sybase -sybase-ct
-sysvipc -threads -tidy -tokenizer -wddx -xml -xmlreader -xmlrpc -xmlwri-
ter -xpm -xsl -yaz -zip -zip-external"
```

PHP als Beispiel an dieser Stelle mag einerseits extrem und vielleicht gar abschreckend wirken – aber versuchen Sie andererseits einmal, mit einer binären Distribution eine solche Flexibilität zu erreichen ;) Sobald von einer Webapplikation vom Distributor nicht vorgesehene Komponenten von PHP benutzt werden oder Datenbanken wie Microsoft SQL oder Oracle angebunden werden sollen, werden Sie dort in vielen Fällen selbst zur Kompilierung von PHP greifen müssen – ohne Hilfe durch ein Paketmanagementsystem.

5.3   Woher kommen USE-Flags?

Ähnlich zur Konfiguration des Paketmanagementsystems an sich gliedert sich sowohl die Definition wie auch die Konfiguration von USE-Flags in eine globale und eine lokale Ebene.

Die Konfiguration aktiver und inaktiver USE-Flags kann sowohl global, also systemweit, für alle Pakete oder aber lokal ausschließlich für ein einzelnes Paket vorgenommen werden.

Die von einem Paket unterstützten USE-Flags werden im jeweiligen Ebuild definiert – zuvor müssen diese jedoch dem Paketmanagementsystem bekannt gemacht werden. Hierbei wird zwischen globalen, von vielen Paketen unterstützten USE-Flags und lokalen, von einem oder nur sehr wenigen Paketen unterstützten USE-Flags unterschieden.

5.3.1 Definition von unterstützten USE-Flags

Die Definition von USE-Flags findet auf Paketebene, genauer auf der Ebene eines Ebuilds statt. Verschiedene Versionen eines Pakets können dadurch unterschiedliche Funktionalitäten und optionale Komponenten unterstützen.

Innerhalb eines Ebuilds werden alle von der jeweiligen Version des Programms oder der Bibliothek genutzten und unterstützten USE-Flags in der Variablen IUSE deklariert. Zusätzlich ist auch die Deklaration von USE-Flags in eclasses möglich – diese Option wird bei größeren Programmen wie dem Interpreter der Programmiersprache PHP oder der KDE-Desktop-Umgebung genutzt.

Wieder das Beispiel MyApp einerseits ...

```
# grep IUSE /usr/local/portage/app-admin/MyApp/MyApp-0.1.ebuild
IUSE="gtk qt3"
```

... und das Beispiel PHP andererseits:

```
# grep USE /usr/portage/dev-lang/php/php-5.2.1-r3.ebuild
CGI_SAPI_USE="discard-path force-cgi-redirect"
APACHE2_SAPI_USE="concurrentmodphp threads"
IUSE="cli cgi ${CGI_SAPI_USE} ${APACHE2_SAPI_USE} fastbuild"
```

Zum einen erfolgt die Deklaration von USE-Flags in diesem Ebuild über die Variable ISUE, bei der zwei weitere Variablen CGI_SAPI_USE und APACHE2_SAPI_USE zur besseren Übersichtlichkeit und Wartbarkeit genutzt werden. Die anderen im vorherigen Beispiel angezeigten USE-Flags werden durch die eclass hinzugefügt.

```
# grep IUSE /usr/portage/eclass/php5_2-sapi.eclass
IUSE="adabas bcmath berkdb birdstep bzip2 calendar cdb cjk crypt ctype
curl curlwrappers db2 dbase dbmaker debug doc empress empress-bcs esoob
exif frontbase fdftk filter firebird flatfile ftp gd gd-external gdbm gmp
hash iconv imap inifile interbase iodbc ipv6 java-external json kerberos
ldap ldap-sasl libedit mcve mhash msql mssql mysql mysqli ncurses nls oci8
oci8-instant-client odbc pcntl pcre pdo pdo-external pic posix postgres
qdbm readline reflection recode sapdb session sharedext sharedmem simp-
lexml snmp soap sockets solid spell spl sqlite ssl suhosin sybase sybase-
ct sysvipc tidy tokenizer truetype unicode wddx xml xmlreader xmlwriter
xmlrpc xpm xsl yaz zip zip-external zlib"
```

Die im Ebuild und in der eclass deklarierten USE-Flags ergänzen sich zur Gesamtmasse der von diesem Ebuild unterstützten USE-Flags.

5.3.2 Globale und lokale USE-Flags

Bei der Definition von USE-Flags wird zwischen lokalen und globalen USE-Flags unterschieden. Die Unterscheidung an sich ist relativ einfach, wenn auch für die Entwickler teilweise eine grenzwertige Entscheidung, da fixe Vorgaben fehlen und so ein Ermessensspielraum grundsätzlich vorhanden ist.

- **Lokale USE-Flags** werden nur in einer geringen Anzahl von Programmen benutzt.

- **Globale USE-Flags** werden von einer Vielzahl von Programmen benutzt und erfüllen einen nicht speziellen Zweck.

Beispiele für globale USE-Flags sind die häufig genutzten `gtk`- und `qt`-USE-Flags, ein Beispiel für ein lokales USE-Flag mag das USE-Flag `classic` für das Paket `app-dicts/aspell-be` sein.

Für den Anwender ist die Unterteilung in lokale und globale USE-Flags nachrangig, da transparent gelöst. Bei der Konfiguration aktiver und inaktiver USE-Flags spielt diese Unterscheidung keine Rolle.

Verwaltung von USE-Flags

Vor der ersten Verwendung eines USE-Flags muss dieses durch die Gentoo-Entwickler innerhalb des Paketmanagements definiert und dokumentiert werden.

Diese Definition erfolgt in zwei Dateien, `/usr/portage/profiles/use.desc` und `/usr/portage/profiles/use.local.desc` – aufgeteilt für lokale und globale USE-Flags. Diese beiden Dateien unterscheiden sich unwesentlich in ihrer Syntax.

```
gtk - Adds support for x11-libs/gtk+ (The GIMP Toolkit)
[...]
qt3 - Adds support for the Qt GUI/Application Toolkit version 3.x
qt4 - Adds support for the Qt GUI/Application Toolkit version 4.x
```

Listing 5.1: `/usr/portage/profiles/use.desc`

Die globale USE-Flag-Definition geht von einer Beschreibung des USE-Flags aus, in der lokalen Definition von USE-Flags wird ein USE-Flag jeweils auf Paketbasis definiert. Ein ideales Beispiel ist auch hier wieder PHP:

```
dev-lang/php:cgi - Enable CGI SAPI
dev-lang/php:cli - Enable CLI SAPI
dev-lang/php:fastbuild - Build PHP quicker (experimental)
[...]
```

```
dev-lang/php:xmlreader - Enable XMLReader support
dev-lang/php:xmlwriter - Enable XMLWriter support
dev-lang/php:zip - Enable ZIP file support
dev-lang/php:zip-external - Enable ZIP file support (external PECL exten-
sion)
```

Listing 5.2:   /usr/portage/profiles/use.local.desc

Sowohl die Definition als auch die Unterteilung in globale und lokale USE-Flags sind für Sie als Anwender nachrangig – solange Sie keine eigenen Ebuilds entwickeln wollen.

Hilfreich sind diese beiden Dateien mit Definitionen von USE-Flags jedoch dann, wenn ein Programm ein Ihnen unbekanntes USE-Flag enthält und Sie schnell Informationen über den Zweck des USE-Flags einsehen möchten.

5.3.3   Konfiguration von USE-Flags

Die Konfiguration der zu nutzenden USE-Flags gliedert sich in eine globale systemweite und eine lokale paketbezogene Konfiguration. Zusätzlich werden über Profile Standardvorgaben getätigt, das heißt USE-Flags aktiviert, solange sie vom Anwender nicht explizit deaktiviert werden.

Vorgegebene USE-Flags aktivieren innerhalb eines Profils zumeist zwingend benötigte Funktionen, wie zum Beispiel die Unterstützung für NPTL (Native Posix Thread Library) in aktuellen Versionen der GNU-C-Bibliothek (glibc). Bei einer Deaktivierung von vorgegebenen USE-Flags sollten Sie daher behutsam vorgehen und im Einzelfall eine sorgfältige Abwägung treffen.

Vorgegebene Konfiguration: Profile

Die Vorgabe-Konfiguration erfolgt in der Konfigurationsdatei make.defaults innerhalb des Profilverzeichnisses. Das Verzeichnis /etc/make.profile/ ist ein Link auf das jeweilige im System konfigurierte Profil im Pfad /usr/portage/profiles/ – beispielsweise default-linux/x86/2007.0.

Hinweis

Beachten Sie, dass neuere Profile als »kaskadierende Profile« konzipiert sind und die Vorgabekonfiguration nicht ausschließlich aus einer einzelnen make.defaults-Konfigurationsdatei zusammengesetzt wird. Die Funktionalität von Profilen wird in Abschnitt 6.7 eingehend behandelt.

```
# grep USE /etc/make.profile/make.defaults
USE="alsa apm arts bitmap-fonts cups eds emboss encode fortran foomaticdb
gdbm gif gnome gpm gstreamer gtk gtk2 imlib jpeg kde libg++ libwww mad
```

```
mikmod motif mp3 mpeg -nptl ogg opengl oss png qt3 qt4 quicktime sdl spell
truetype truetype-fonts type1-fonts vorbis X xml xv"
```

Diese Vorgabekonfiguration sollten Sie nicht bearbeiten, da sämtliche Änderungen nach einer Aktualisierung des Portage Tree wieder entfernt sind. Die Deaktivierung vorgegebener USE-Flags nehmen Sie stattdessen über die globale oder lokale Konfiguration von USE-Flags vor.

Globale Konfiguration: /etc/make.conf

Die globale Konfiguration erfolgt durch die USE-Variable in der Konfigurationsdatei /etc/make.conf. Solange diese Variable nicht gesetzt ist – und keine lokale USE-Flag-Konfiguration genutzt wird –, werden auf dem System nur die vorgegebenen USE-Flags aus dem ausgewählten Profil benutzt.

Folgende USE-Flag-Konfiguration könnte bei einem Desktopsystem zum Tragen kommen, bei dem GNOME als Desktop-Umgebung genutzt und besonderer Wert auf Multimedia-Funktionalität gelegt wird.

```
# less /etc/make.conf
[...]
USE="-fortran -ipv6 -kde -qt \
dbus samba acpi svg mp3 cairo firefox ffmpeg sse sse2"
[...]
```

In der ersten Zeile erfolgt die Deaktivierung von vorgegebenen USE-Flags – Fortran-, IPv6-, KDE- und Qt-Unterstützung ist in diesem System nicht gewünscht. Stattdessen wird globale Unterstützung für DBUS, Samba, ACPI, das Vektorgrafikformat SVG, MP3, die Grafikbibliothek Cairo, den Browser Firefox, die Medienbibliothek FFMpeg sowie SSE und SSE2 aktiviert.

Die Deaktivierung von USE-Flags erfolgt durch einfaches Voranstellen eines --Zeichens.

Lokale Konfiguration: /etc/portage/package.use

Die lokale paketbezogene Konfiguration von USE-Flags erfolgt über die Konfigurationsdatei /etc/portage/package.use. Solange diese Datei nicht angelegt wurde, werden nur aus dem Profil vorgegebene und globale USE-Flags genutzt.

Diese Funktionalität wurde in Portage Version 2.0.50 im Herbst 2004 hinzugefügt.

Die Syntax für die paketbezogene Konfiguration setzt die Bennennung des Pakets inklusive Kategorie, gefolgt von mehreren zu aktivierenden oder zu deaktivierenden USE-Flags in einer Zeile voraus.

```
# cat /etc/portage/package.use
mail-mta/postfix sasl
app-text/acroread nsplugin
net-analyzer/nmap -gtk
```

In diesem Beispiel würden der Mailserver Postfix mit zusätzlicher Unterstützung
für die Authentifizierungsbibliothek cyrus-sasl und der Acrobat Reader mit einem
zusätzlichen Browser-Plug-In installiert. Der Portscanner nmap hingegen wird
explizit ohne das GTK+-basierende Frontend installiert.

Tipp

Anstelle der Konfigurationsdatei /etc/portage/package.use können Sie auch
ein Verzeichnis /etc/portage/package.use erstellen, in dem einzelne Dateien
zur Konfiguration lokaler USE-Flags abgelegt werden. So lassen sich USE-Flag-
Konfigurationen zu Programmen, die Teil des GNOME-Desktops sind, in /etc/
portage/package.use/gnome oder bei Programmen des KDE-Desktops unter /
etc/portage/package.use/kde ablegen und die Übersichtlichkeit deutlich
verbessern.

Temporäre USE-Flags

Wenn Sie eine optionale Komponente eines Programms nur kurz ausprobieren
möchten, führt eine temporäre Deklaration eines oder mehrerer USE-Flags schnell
zum Ziel.

```
# USE="qt3" emerge myApp --pv
 Calculating dependencies... done!
 [ebuild  N   ] app-admin/MyApp-0.1 USE="qt3 -gtk" 0 kB
```

Wenn Sie nach dem Test der optionalen Komponente beschließen, diese so installiert zu behalten, können Sie für spätere Aktualisierungen das USE-Flag für die
Anwendung konfigurieren.

```
# nano -w /etc/portage/package.use
app-admin/MyApp qt3
```

5.3.4 Erweiterte USE-Flags

Mit Einführung der Modularisierung in den Paketen des X-Servers X.Org entstand
ein Bedarf nach einer Weiterentwicklung von USE-Flags. Anstelle eines monolithischen Pakets, in dem alle unterstützten Treiber für Eingabegeräte oder Grafikkar-

ten beinhaltet waren, war die modularisierte Version des X-Servers X.Org nahezu ein Paradebeispiel für die Anwendung von USE-Flags.

Eine Fülle weiterer USE-Flags hätte jedoch bei allein deutlich mehr als 30 Grafikkartentreibern zu einem erheblichen Verlust von Übersichtlichkeit geführt – was ist noch ein altbekanntes USE-Flag und was löst die optionale Installation eines Grafikkartentreibers aus?

Die Lösung für dieses Problem waren erweiterte, expandierte USE-Flags. Mit erweiterten USE-Flags werden weitere Variablen bezeichnet, die innerhalb des Paketmanagementsystems als Variablen deklariert werden können, die ebenfalls zusätzliche USE-Flags enthalten dürfen. Intern werden diese Variablen umgesetzt und können genauso wie USE-Flags verwendet werden.

Ein Beispiel wird diese zunächst theoretisch klingende Erläuterung verdeutlichen. In der Konfigurationsdatei /usr/portage/profiles/base/make.defaults werden zunächst die zu expandierenden USE-Flags definiert:

```
# grep USE_EXPAND /usr/portage/profiles/base/make.defaults
USE_EXPAND="FOO2ZJS_DEVICES MISDN_CARDS FRITZCAPI_CARDS FCDSL_CARDS
VIDEO_CARDS DVB_CARDS LIRC_DEVICES INPUT_DEVICES LINGUAS USERLAND KERNEL
ELIBC CROSSCOMPILE_OPTS ALSA_CARDS ALSA_PCM_PLUGINS LCD_DEVICES CAMERAS"
```

Sie sehen direkt, dass expandierte USE-Flags mittlerweile eine vielfältige und breite Verwendung finden. Doch konzentrieren wir uns zunächst auf die Variable VIDEO_CARDS, die hier als expandiertes USE-Flag deklariert wurde.

Diese wird zusätzlich zu den bereits bekannten USE-Flags zur Lösung unseres eingangs beschriebenen Problems in dem Paket xorg-server benutzt – genau wie das ebenfalls erweiterte USE-Flag INPUT_DEVICES.

```
# emerge xorg-server --pv
Calculating dependencies... done!
[ebuild   R  ] x11-base/xorg-server-1.2.0-r3 USE="dri nptl xorg -3dfx -
debug -dmx -ipv6 -kdrive -minimal -sdl -xprint" INPUT_DEVICES="keyboard
mouse -acecad -aiptek -calcomp -citron -digitaledge -dmc -dynapro -elo2300
-elographics -evdev -fpit -hyperpen -jamstudio -joystick -magellan -micro-
touch -mutouch -palmax -penmount -spaceorb -summa -synaptics -tek4957 -
ur98 -vmmouse -void -wacom" VIDEO_CARDS="i810 -apm -ark -chips -cirrus -
cyrix -dummy -epson -fbdev -fglrx -glint -i128 -i740 (-impact) -imstt -
mach64 -mga -neomagic (-newport) -nsc -nv - nvidia -r128 -radeon -rendi-
tion -s3 -s3virge -savage -siliconmotion -sis -sisusb (-sunbw2) (-suncg14)
(-suncg3) (-suncg6) (-sunffb) (-sunleo) (-suntcx) -tdfx -tga -trident -
tseng -v4l -vesa -vga -via -vmware -voodoo" 9,092 kB
```

Wenn, wie in diesem Beispiel, nur der Treiber für Grafikkarten mit Intel-i810-kompatiblen Chipsätzen installiert werden soll, ist in der globalen Konfigurationsdatei /

etc/make.conf die Variable VIDEO_CARDS mit dem oder den entsprechenden Grafikkartentreibern zu setzen.

```
# nano -w /etc/make.conf
VIDEO_CARDS="i810"
```

Ähnlich verhält es sich mit den Treibern für Eingabegeräte (INPUT_DEVICES) oder optional zu installierenden Sprachpaketen zu diversen Anwendungen (LINGUAS).

```
# nano -w /etc/make.conf
INPUT_DEVICES="keyboard mouse"
LINGUAS="de en"
```

Die vollständige Auflistung aller verfügbaren erweiterten USE-Flags können Sie der Variablen USE_EXPAND in der Datei /usr/portage/profiles/make.defaults entnehmen – oder beachten Sie die Ausgabe des emerge –pretend-Modus vor Installationsvorgängen. In diesem werden erweiterte USE-Flags genauso wie »normale« USE-Flags angezeigt.

5.3.5 Architekturbezogene USE-Flags

Bezogen auf die von Ihnen verwendete Prozessorarchitektur wird in jedem Fall vom Paketmanagement automatisch ein die verwendete Architektur bezeichnendes USE-Flag gesetzt. Für die x86-Architektur das USE-Flag x86, für die PowerPC-Architektur das USE-Flag ppc und für die ALPHA-Architektur das USE-Flag alpha – und so weiter.

Diese USE-Flags ermöglichen unter anderem die Anwendung von Patchs in Paketen, die nur für diese spezielle Architektur benötigt werden.

Das USE-Flag der verwendeten Architektur wird bei der Ausgabe von emerge --info mit ausgegeben.

```
# emerge --info
```

Wichtig

Eine Anpassung dieser architekturspezifischen USE-Flags ist unnötig bis wenig sinnvoll und kann dazu führen, dass Patchs auf Programme angewandt werden, die nur für andere Architekturen benötigt werden oder auf der von Ihnen genutzten Architektur zusätzliche Probleme erzeugen. Auf eine Anpassung sollten Sie daher unbedingt verzichten.

5.4   Arbeiten mit USE-Flags

Nach der Einführung in die Konfiguration von USE-Flags steht die Nutzung und praktische Anwendung von USE-Flags.

Die Anzeige von USE-Flags im --pretend-Modus von emerge hat sich in den vergangenen Jahren mehrfach geändert und ist deutlich komplexer geworden – zugleich aber auch logischer und übersichtlicher. Gruppierung, Markierung, farbliche Abgrenzung und alphabetische Sortierung ermöglichen es, schnell einen Überblick über die bei der Installation und Aktualisierung von Paketen aktuell gültige Konfiguration von USE-Flags zu erlangen.

Darstellung von USE-Flags

Bei der Nutzung der --pretend-Funktion zur Anzeige der vorzunehmenden Änderungen bei der Installation oder Aktualisierung von Paketen oder dem gesamten System nimmt die Anzeige von USE-Flags einen hohen Stellenwert ein – Änderungen, die jetzt übersehen werden, führen möglicherweise zu einem erhöhten Aufwand nach der Installation oder Aktualisierung.

```
# emerge konqueror --pretend


These are the packages that would be merged, in order:


Calculating dependencies... done!
[ebuild  N    ] kde-base/kcontrol-3.5.6-r1 USE="kdeenablefinal opengl -
arts -debug -ieee1394 -kdehiddenvisibility -logitech-mouse -xinerama"
[ebuild  N    ] kde-base/konqueror-3.5.6 USE="java kdeenablefinal -arts -
debug -kdehiddenvisibility -xinerama"
```

Listing 5.3:   emerge konqueror --pretend

Neben der getrennten Darstellung aktiver und inaktiver USE-Flags erfolgt zusätzlich eine farbliche Unterscheidung. Aktive USE-Flags werden in Rot dargestellt, inaktive in Blau. Zur leichteren Auffindbarkeit werden sie in den Gruppen aktiver und inaktiver USE-Flags zusätzlich alphabetisch sortiert.

Eine Sonderrolle nimmt die Aktualisierung von Paketen oder die Anwendung neu konfigurierter USE-Flags ein. Wenn gewohnte Funktionen nach der Aktualisierung eines Pakets nicht mehr enthalten sind, weil sich das Verhalten von USE-Flags geändert hat, beginnt die – vielleicht gar langwierige – Suche nach den Ursachen und Gründen.

Um dies zu verhindern – oder zumindest die Möglichkeit zu schaffen, es zu verhindern –, werden USE-Flags im --pretend-Modus in unterschiedlichen Farben dargestellt und bei geänderten USE-Flags zusätzliche Zeichen als Hinweis auf Änderungen in die Anzeige mit einbezogen. Als Beispiel zur einfacheren Verdeutlichung die Ausgabe eines `emerge --newuse --pretend world`-Befehls:

```
# emerge --newuse --pretend world


These are the packages that would be merged, in order:


Calculating world dependencies... done!
[ebuild   R  ] media-gfx/gimp-2.3.16  USE="dbus%*"
[ebuild   R  ] dev-python/pycrypto-2.0.1-r5  USE="-test*"
[ebuild   R  ] app-admin/eselect-1.0.9  USE="-vim-syntax%"
[...]
```

Listing 5.4:   `emerge --newuse --pretend world`

Änderungen gegenüber den bei der Installation der Pakete aktivierten USE-Flags betreffen in diesem (gekürzten) Beispiel drei Pakete. Schauen wir uns diese im Detail an:

Die Grafikanwendung GIMP unterstützt im Gegensatz zur bereits installierten Version ein neues USE-Flag dbus. Als neu hinzugefügtes USE-Flag wird diesem ein % Zeichen angefügt. Da das USE-Flag dbus systemweit (oder nur für das Paket GIMP) aktiviert ist und somit bei einer neuen Installation von GIMP zum Tragen käme, wird ein zusätzliches *-Zeichen an die Anzeige angehängt. Als zusätzlicher Hinweis auf die Änderung wird das USE-Flag farblich abgegrenzt in Gelb dargestellt.

Die pycrpto-Bibliothek wurde bei der Installation mit dem aktivierten USE-Flag test installiert. Dieses ist nun nicht weiter aktiviert und zusätzliche Komponenten zur Verifizierung der Funktionalität der Bibliothek würden nicht mitinstalliert werden. Das USE-Flag ist als inaktiv gekennzeichnet, das angehängte *-Zeichen weist darauf hin, dass dieses USE-Flag vor der letzten Installation des Pakets aktiviert war. Als zusätzlicher Hinweis auf die Änderung wird das USE-Flag farblich abgegrenzt in Grün dargestellt.

Zu dem Konfigurationsframework eselect wurde nach der Installation des Pakets das neue USE-Flag vim-syntax hinzugefügt. Als neu hinzugefügtes USE-Flag wird diesem ähnlich wie dem dbus-USE-Flag bei GIMP ein %-Zeichen angehängt. Da dieses USE-Flag jedoch deaktiviert ist und somit keine Auswirkungen auf das installierte oder zu installierende Programm hat, ist es nicht mit einem zusätzlichen *-Zeichen gekennzeichnet. Als zusätzlicher Hinweis auf die Änderung wird das USE-Flag farblich abgegrenzt in Gelb dargestellt.

5.4.1 Systemweite Konfiguration von USE-Flags

Die systemweit gültige Konfiguration von USE-Flags erfolgt über die Variable USE in der Konfigurationsdatei /etc/make.conf. Aus dem Profil vorgegebene USE-Flags können hier deaktiviert und zusätzliche USE-Flags aktiviert werden.

```
# grep USE /etc/make.conf
USE="-fortran -gpm -ipv6 kde qt opengl X gtk gnome jpeg png hal dbus samba
acpi alsa truetype svg mp3 vorbis mad ogg cairo firefox gstreamer cups xv
ffmpeg spell oss branding"
```

Da beispielsweise das USE-Flag ipv6 systemweit deaktiviert ist, würden Anwendungen mit optionaler Unterstützung für das IPv6-Protokoll ohne diese Funktionalität installiert werden – als Beispiel das Paket iputils.

```
# emerge iputils --pretend --verbose

These are the packages that would be merged, in order:

Calculating dependencies... done!

[ebuild  N  ] net-misc/iputils-20070202  USE="-doc -ipv6 -static"
```

Weiterhin sehen Sie in diesem Beispiel eine Vielzahl an USE-Flags, die für gewöhnlich nur bei Desktopsystemen zum Einsatz kommen.

Aufteilung in Desktop- und Server-Profile

Beginnend mit den Gentoo-Veröffentlichungen im Jahr 2006 enthalten die Profile weitere Subprofile speziell für Server- und Desktopsysteme, die eine größere und angepasste Auswahl an aus dem Profil vorgegebenen USE-Flags beinhalten.

Zur Konfiguration des Profils können Sie das Konfigurationsframework eselect benutzen. Dieses beinhaltet ein Modul, das die Anzeige des aktuellen Profils und weiterer verfügbarer Profile sowie das Wechseln auf ein anderes Profil ermöglicht.

```
# eselect profile show
Current make.profile symlink:
  /usr/portage/profiles/default-linux/x86/2007.0

# eselect profile list
Available profile symlink targets:
  [1]   default-linux/x86/2006.1
  [2]   default-linux/x86/no-nptl
```

```
[3]   default-linux/x86/no-nptl/2.4
[4]   default-linux/x86/2006.1/desktop
[5]   default-linux/x86/2007.0 *
[6]   default-linux/x86/2007.0/desktop
[7]   hardened/x86/2.6
[8]   selinux/x86/2006.1
```

Das Profil default-linux/x86/2007.0 ist mit einem * als derzeit aktiviertes Profil gekennzeichnet. Um nun auf ein Profil zu wechseln, das bereits eine angepasste Auswahl vorgegebener USE-Flags für ein Desktopsystem beinhaltet, nutzen Sie das eselect profile set-Kommando.

```
#eselect profile set 6
#eselect profile show
Current make.profile symlink:
 /usr/portage/profiles/default-linux/x86/2007.0/desktop
```

Das -*-USE-Flag

Eine Sonderrolle nimmt das USE-Flag -* ein. Dies erlaubt – in der USE-Variablen in der Datei /etc/make.conf gesetzt – die Deaktivierung sämtlicher USE-Flags für sämtliche Anwendungen. So ist es auf eine einfache Art möglich, Serversysteme nur mit den zwingend benötigten Komponenten zu installieren oder schlanke Systeme für den Embedded-Bereich zu entwickeln.[1]

Wichtig

Das USE-Flag -* sollten Sie nur sehr vorsichtig und bewusst einsetzen, da eine Grundmenge an USE-Flags für ein funktionierendes System essenziell ist. Als Beispiel seien die pam- und ssl-USE-Flags genannt.

5.4.2   Paketbezogene Konfiguration von USE-Flags

Ist eine Funktionalität systemweit gewünscht, einige wenige oder gar nur eine Anwendung soll jedoch eine Ausnahme bilden, helfen paketbezogene USE-Flags.

Vor der ersten Verwendung paketbezogener USE-Flags steht die Frage, in welchem Maß Sie die Konfiguration paketbezogener USE-Flags betreiben wollen. Sind es nur einige wenige Pakete, die abweichend von den systemweit aktivierten USE-

---

1   Ein Beispiel für die mögliche Anwendung des -*-USE-Flags sind die Server-Standards von Gentoos Infrastruktur-Projekt, die unter *http://www.gentoo.org/proj/en/infrastructure/server-standards.xml* beschrieben sind.

Flags installiert werden sollen, ist es sinnvoller, die Konfiguration in der Datei /etc/portage/package.use durchzuführen – wollen Sie aber für zahlreiche Anwendungen eine abweichende Konfiguration festlegen, können Sie die Übersichtlichkeit stark verbessern. Legen Sie anstelle der Konfigurationsdatei ein Verzeichnis /etc/portage/package.use an, in dem wiederum in einzelnen Dateien die paketbezogene USE-Flag-Konfiguration gruppiert zusammengefasst werden kann.

Im folgenden Beispiel sollen die Anwendungen mtr und nmap entgegen der systemweiten Vorgabe ohne ein optionales GTK+-Frontend installiert werden.

Zunächst die Ausgabe des --pretend-Modus vor der Konfiguration der USE-Flags:

```
# emerge mtr nmap --pretend


These are the packages that would be merged, in order:


Calculating dependencies... done!
[ebuild  N   ] net-analyzer/mtr-0.72  USE="gtk -ipv6"
[ebuild  N   ] net-analyzer/nmap-4.20  USE="gtk ssl"
```

Durch Deaktivieren der USE-Flags in der Datei /etc/portage/package.use können die beiden Anwendungen nun entgegen der systemweiten Konfiguration ohne die optionalen Frontends installiert werden.

```
# nano -w /etc/portage/package.use
net-analyzer/mtr -gtk
net-analyzer/nmap -gtk
```

Bei anschließender erneuter Ausführung des --pretend-Modus werden die beiden gtk-USE-Flags als deaktiviert angezeigt.

```
# emerge mtr nmap --pretend


These are the packages that would be merged, in order:


Calculating dependencies... done!
[ebuild  N   ] net-analyzer/mtr-0.72  USE="-gtk -ipv6"
[ebuild  N   ] net-analyzer/nmap-4.20  USE="ssl -gtk"
```

Wenn Sie die Konfiguration paketbezogener USE-Flags übersichtlicher gestalten möchten, legen Sie zunächst das Verzeichnis /etc/portage/package.use an. In diesem Verzeichnis können Sie beliebig benannte Dateien zur Konfiguration paketbezogener USE-Flags anlegen. In diesem Beispiel würde sich die Datei /etc/portage/package.use/net-analyzer anbieten, durch deren Benennung Sie die Konfigurationsdatei bei einer späteren Änderung schnell wieder finden können.

```
# mkdir /etc/portage/package.use
# nano -w /etc/portage/package.use/net-analyzer
net-analyzer/mtr -gtk
net-analyzer/nmap -gtk
```

Die Ausgabe des --pretend-Modus von emerge führt auch hier zu dem gewünschten Ergebnis:

```
# emerge mtr nmap --pretend

These are the packages that would be merged, in order:

Calculating dependencies... done!
[ebuild  N  ] net-analyzer/mtr-0.72 USE="-gtk -ipv6"
[ebuild  N  ] net-analyzer/nmap-4.20 USE="ssl -gtk"
```

5.4.3 Anwendung neu konfigurierter USE-Flags

Die Konfiguration von USE-Flags kann zu jedem Zeitpunkt stattfinden, nicht nur, wie in den vorangegangen Beispielen demonstriert, vor der Installation eines Pakets – auch wenn dies sicherlich der beste Zeitpunkt für die Konfiguration ist.

Nachdem Sie das Gentoo-System in Betrieb genommen und einige Zeit damit gearbeitet haben, kann das Bedürfnis entstehen, zusätzliche Funktionen hinzuzufügen oder entgegen der ursprünglichen Planung doch nicht benötigte Funktionen zu entfernen. Nicht nur die Konfiguration der zu nutzenden USE-Flags muss angepasst werden, sondern die von den Änderungen betroffenen Pakete müssen für die eigentliche Anwendung der neuen Auswahl auf das System installiert werden.

Die emerge-Option --newuse hilft beim Auffinden betroffener Pakete und der Anwendung neu konfigurierter USE-Flags. Wie gewohnt ist zunächst auch der --pretend-Modus nutzbar, so dass die Auswirkung systemweit neu gesetzter USE-Flags vor der eigentlichen Anwendung auf das System geprüft werden kann.

Im folgenden Beispiel wird die systemweite Unterstützung für IPv6 wieder deakti-viert. Zunächst erfolgt die Deaktivierung des USE-Flags ipv6.

```
# nano -w /etc/make.conf
USE="-ipv6 X eds hal dbus gnome gtk"
```

Zur Übernahme der geänderten Konfiguration muss die Installation aller Pakete wiederholt werden, die eine optionale Unterstützung für IPv6 beinhalten und bis-her mit dieser optionalen Unterstützung installiert waren. Die Auswahl dieser Pakete kann über die emerge-Funktion --newuse erfolgen.

```
# emerge --newuse world --pretend


These are the packages that would be merged, in order:


[ebuild    R  ] net-dns/bind-9.3.4-r2  USE="-ipv6*"

[ebuild    R  ] net-mail/courier-imap-4.0.6-r2  USE="-ipv6*"

[ebuild    R  ] media-video/mplayer-1.0.20070321  USE="-ipv6*"

[ebuild    R  ] net-analyzer/mtr-0.72  USE="-ipv6*"

[ebuild    R  ] net-misc/iputils-20060512  USE="-ipv6*"

[ebuild    R  ] sys-process/psmisc-22.3  USE="-ipv6*"

[ebuild    R  ] net-misc/rsync-2.6.9-r1  USE="-ipv6*"

[ebuild    R  ] www-client/mozilla-firefox-2.0.0.3  USE="-ipv6*"

[ebuild    R  ] mail-client/mozilla-thunderbird-1.5.0.10  USE="-ipv6*"

[ebuild    R  ] x11-libs/libXfont-1.2.7-r1  USE="-ipv6*"

[ebuild    U ] dev-util/valgrind-3.2.3 [3.2.1]

[ebuild    R  ] media-libs/xine-lib-1.1.4-r2  USE="-ipv6*"

[ebuild    R  ] net-mail/dovecot-1.0_rc29  USE="-ipv6*"

[...]
```

Listing 5.5: Anwendung neu konfigurierter USE-Flags

Die im Vergleich zur vorangegangenen Installation eines Pakets veränderten USE-Flags werden mit einem * gesondert gekennzeichnet und farblich von der norma-len Ausgabe abgegrenzt. Die Nutzung der --newuse-Funktion bezieht, wie aus dem Listing hervorgeht, die Funktion --update mit ein, so dass in diesem Beispiel neben der Deaktivierung der IPv6-Unterstützung auch die Anwendung valgrind aktualisiert werden würde.

5.5 Werkzeuge rund um USE-Flags

Neben der Aktivierung und Deaktivierung von USE-Flags mit dem Texteditor bieten zusätzliche Anwendungen die Möglichkeit, diese Konfigurationen in einer grafischen oder konsolenbasierten Oberfläche vorzunehmen. Darüber hinaus erlauben Werkzeuge, Informationen über USE-Flags, deren Beschreibung und betroffene Pakete einzuholen.

5.5.1 equery

Das Python-Skript equery aus dem Paket gentoolkit hat gleich mehrere Funktionen, die vor, aber auch nach der Installation von Paketen hilfreich sein können. Zunächst muss das Paket gentoolkit installiert werden, sofern noch nicht geschehen:

```
# emerge gentoolkit
```

Die Funktion equery uses <paketname> bietet gegenüber dem pretend-Modus von emerge die zusätzliche Anzeige der Beschreibung der Funktion einzelner USE-Flags. Bei Paketen mit bislang für Sie unbekannten USE-Flags ersparen Sie sich die manuelle Suche in den Beschreibungsdateien zu USE-Flags.

```
$ equery uses MyApp
[ Searching for packages matching MyApp... ]
[ Colour Code : set unset ]
[ Legend : Left column  (U) - USE flags from make.conf              ]
[        : Right column (I) - USE flags packages was installed with ]
[ Found these USE variables for app-admin/MyApp-0.1 ]
 U I
 + + gtk : Adds support for x11-libs/gtk+ (The GIMP Toolkit)
 - - qt3 : Adds support for the Qt GUI/Application Toolkit version 3.x
```

Listing 5.6: equery uses

Eine weitere interessante Funktion, die beim Aufräumen vermeintlich unbenutzter globaler USE-Flags helfen kann, ist equery hasuse <USE-Flag>. Diese Funktion zeigt alle installierten Pakete im System an, die dieses USE-Flag unterstützen.

```
$ equery hasuse qt3
 [ Searching for USE flag qt3 in all categories among: ]
 * installed packages
[I--] [ ] app-text/poppler-bindings-0.5.4 (0)
```

```
[I--] [ ] app-crypt/pinentry-0.7.2-r3 (0)
[I--] [ ~] net-dns/avahi-0.6.17 (0)
[I--] [ ~] net-print/hplip-1.7.3 (0)
```

5.5.2 quse

quse aus dem Paket `portage-utils` erlaubt ebenfalls die Anzeige der Beschreibungen zu USE-Flags, weiterhin ist ein Auffinden aller Pakete möglich, die ein bestimmtes USE-Flag unterstützen.

Zunächst müssen die `portage-utils` installiert werden, sofern noch nicht vorhanden.

```
# emerge portage-utils
```

Zur Anzeige der Beschreibung von USE-Flags dient der Schalter –D, zu beachten ist die Unterscheidung zwischen lokalen und globalen USE-Flags in der Ausgabe.

```
# quse gtk -D
 global:gtk: Adds support for x11-libs/gtk+ (The GIMP Toolkit)
# quse classic -D
 local:classic:app-dicts/aspell-be: Support classic spelling by default
```

Wird quse ohne Angabe eines Schalters aufgerufen, sucht es nach allen verfügbaren Ebuilds, die ein USE-Flags unterstützen.

```
# quse qt4
app-text/poppler-bindings/poppler-bindings-0.5.3.ebuild gtk qt3 cairo qt4
app-text/poppler-bindings/poppler-bindings-0.5.4.ebuild gtk qt3 cairo qt4
dev-lang/qu-prolog/qu-prolog-7.4-r1.ebuild debug doc examples qt3 qt4
threads
dev-lang/qu-prolog/qu-prolog-7.4.ebuild debug doc qt3 qt4 threads
media-gfx/openmesh/openmesh-1.0.0.ebuild qt4 debug
media-gfx/openmesh/openmesh-1.9.4-r1.ebuild qt4 debug
[...]
```

5.5.3 Profuse

Profuse ist ein in GTK+ realisiertes Frontend zur Anzeige aktivierter und deaktivierter USE-Flags nebst Beschreibung wie auch zur Konfiguration von USE-Flags. Um mit Profuse Änderungen an der Konfiguration vornehmen zu können, muss Profuse mit den Rechten des Root-Benutzers ausgeführt werden.

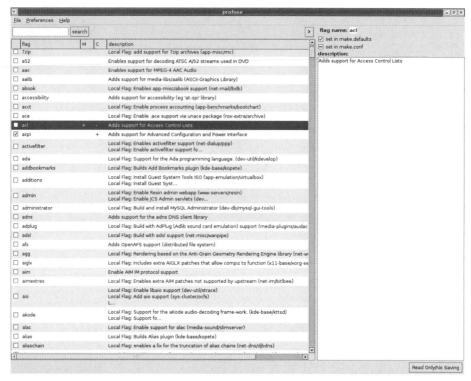

Abb. 5.1:   Profuse

In diesem Beispiel ist das USE-Flag `acl` ausgewählt, über das die Unterstützung
für Access-Control-Listen beispielsweise im Paket `e2fsprogs` aktiviert werden
kann.

Abb. 5.2:   Profuse en detail

In der Detailbetrachtung sticht besonders der Unterschied zwischen USE-Flags,
die global in der Datei `/etc/make.conf` gesetzt wurden, und denen, die mit der
vom Profil vorgegebenen Datei `make.defaults` konfiguriert wurden, hervor.

Eine paketbezogene Konfiguration von USE-Flags ist mit Profuse noch nicht möglich.

5.5.4 Ufed

Ufed, der USE-Flag-Editor, bietet einen mit Profuse vergleichbaren Funktionsumfang. Im Gegensatz zu Profuse ist Ufed als Ncurses-Oberfläche realisiert und kann daher auch auf der Konsole verwendet werden.

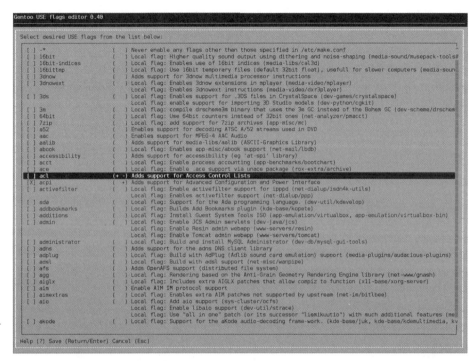

Abb. 5.3:   Ufed: Gentoo USE flags editor

In der Anzeige unterscheidet Ufed genau wie Profuse zwischen aus dem Profil vorgegebenen und vom Anwender global konfigurierten USE-Flags. Als Beispiel auch hier wieder das `acl`-USE-Flag, das im Profil aktiviert, vom Anwender jedoch deaktiviert wurde. Im Vergleich dazu das `acpi`-USE-Flag, das im Profil weder aktiviert noch deaktiviert, aber in der Konfigurationsdatei `/etc/make.conf` systemweit aktiviert wurde.

Eine paketbezogene Konfiguration von USE-Flags ist mit Ufed ebenfalls noch nicht möglich.

5.6 Fazit

Dieses Kapitel hat die Ideen und Konzepte hinter USE-Flags erläutert und dargestellt, wo und wie USE-Flags definiert werden.

Die Konfiguration und Anwendung von USE-Flags sowohl bezogen auf einzelne
Pakete als auch auf das gesamte System hat gezeigt, wie mit USE-Flags eine bis ins
Detail abgestimmte Anpassung eines Gentoo-Systems vorgenommen werden
kann.

Vorgestellte optionale Programme wie `equery` und `quse` ermöglichen das schnelle
Auffinden von Paketen, die bestimmte USE-Flags unterstützen, und der Beschreibung von USE-Flags. Mit Profuse und Ufed existieren zwei Oberflächen zur Konfiguration von USE-Flags, die beide bisher nur für eine grundlegende Konfiguration
geeignet sind, da beide die paketbezogene Konfiguration von USE-Flags noch nicht
unterstützen.

## Kapitel 6

Schutz von Konfigurationsdateien

Gentoos Paketmanagementsystem Portage verfügt über eine weitere eingebaute und aktivierte Funktion, die hilft, den Überblick zu behalten.

Die Config File Protection oder zu Deutsch der »Schutz von Konfigurationsdateien« verhindert, dass die Installation aktualisierter Versionen eines Pakets bestehende Konfigurationsdateien ungefragt überschreibt.

Dieses Kapitel zeigt, wie Sie die Funktion zum Schutz von Konfigurationsdateien nutzen können, wie Sie effizient aktualisierte Konfigurationsdateien mit bestehenden Versionen kombinieren oder einfach neue Versionen von Konfigurationsdateien nach vorheriger Überprüfung installieren.

6.1 Einführung

Während der Installation des Gentoo-Systems oder der grafischen Oberfläche sind Sie vermutlich schon über eine ähnliche Ausgabe gestolpert: `IMPORTANT: 1 config files in '/etc' need updating.`

Diese Information wird nach der Installation oder Aktualisierung von Paketen immer dann angezeigt, wenn der Schutz von Konfigurationsdateien gegriffen hat und eine neue Version einer Konfigurationsdatei durch den Anwender kontrolliert und gegebenenfalls angepasst und installiert werden muss.

```
# emerge --update world
[...]
>>> sys-apps/baselayout-1.12.10-r1 merged.


>>> No packages selected for removal by clean
>>> Auto-cleaning packages...


>>> No outdated packages were found on your system.
 * IMPORTANT: 1 config files in '/etc' need updating.
 * Type emerge --help config to learn how to update config files.
```

Listing 6.1: Anzeige zurückgehaltener, da aktualisierter Konfigurationsdateien

6.2 Funktionalität

Zur Aktivierung des Schutzes von Konfigurationsdateien werden in der Konfigurationsdatei /etc/make.globals die Variablen CONFIG_PROTECT und CONFIG_PROTECT_MASK gesetzt.

Die Variable CONFIG_PROTECT beinhaltet sämtliche Verzeichnisse, auf die der Schutz von Konfigurationsdateien angewandt werden soll, die Variable CONFIG_PROTECT_MASK beschreibt Ausnahmen hiervon.

```
# grep CONFIG_PROTECT /etc/make.globals
CONFIG_PROTECT="/etc"
CONFIG_PROTECT_MASK="/etc/env.d"
```

Für alle Dateien in Verzeichnissen, die in der Variablen CONFIG_PROTECT konfiguriert sind, erfolgt die Installation neuer Versionen von Konfigurationsdateien unter einem temporären Namen. Die Dateien werden bereits im eigentlichen Zielverzeichnis abgelegt, der Name beginnt jedoch mit ._cfg0000_, gefolgt von dem eigentlichen Namen der Konfigurationsdatei. Eine neue Version der Konfigurationsdatei /etc/ca-certificates.conf wird beispielsweise unter dem temporären Namen /etc/._cfg0000_ca-certificates.conf gespeichert.

Darüber hinaus wird bei der erstmaligen Installation eines Pakets eine Prüfsumme der Konfigurationsdatei gebildet und in der Datei /var/lib/portage/config gespeichert.

Nach der Installation eines Systems sind noch keine Prüfsummen von Konfigurationsdateien vorhanden, diese werden erst bei Aktualisierungen von Programmen erstellt.

```
# cat /var/lib/portage/config
/etc/dispatch-conf.conf c0beb5006642d0173e2f3da3a6a56e33
/etc/nanorc 5f26061f626d8945d8ba85e5c2031274
/etc/make.globals 4bda327373bcc565b6c87b2522267aab
/etc/DIR_COLORS 80c857bc4cd6271e1dd7e515ccb3bf0f
/etc/make.conf.example 5ac90b4c37b60882ad8b0c1db7c877c4
[...]
```

Listing 6.2: Konfigurationsdateien und deren Prüfsummen

Die Erstellung von Prüfsummen erlaubt die Deaktivierung des Schutzes von Konfigurationsdateien, wenn bei späteren Aktualisierungen von Paketen trotz einer neuen Programmversion weiterhin identische Konfigurationsdateien installiert werden. Sind diese Dateien nach wie vor identisch, also im Besonderen durch den

Anwender nicht editiert worden, können diese trotz des Schutzes von Konfigurationsdateien ungefragt überschrieben werden.

Suchen Sie nach solchen Konfigurationsdateien, vielleicht werden Sie fündig.

```
# find /etc -name ._cfg*
/etc/conf.d/._cfg0000_rc
```

6.3 Installieren neuer Konfigurationsdateien

Nachdem neue Versionen von Konfigurationsdateien nun unter einem temporären Dateinamen abgespeichert wurden, ist es in zahlreichen Fällen notwendig, Aktualisierungen wie etwa neue Parameter oder gar eine geänderte Syntax in die eigentliche Konfigurationsdatei zu übernehmen. Zur Durchführung dieser Aufgabe stehen mehrere Werkzeuge zur Verfügung.

Folgend sind mit etc-update und dispatch-conf zwei mögliche Programme beschrieben, die bei dieser Aufgabe behilflich sind.

6.3.1 etc-update

Das Bash-Skript etc-update ermöglicht die Installation neuer Versionen von Konfigurationsdateien, jedoch nicht nur die Installation, sondern auch Anpassung und das zeilenweise Zusammenführen von Änderungen aus der alten und der neuen Version einer Konfigurationsdatei.

Darüber hinaus kann etc-update marginale Änderungen (beispielsweise Änderungen an Kommentarzeilen) erkennen und diese automatisch durchführen.

```
# etc-update
Scanning Configuration files...
Automerging trivial changes in: /etc/hosts
Automerging trivial changes in: /etc/conf.d/net.example
Automerging trivial changes in: /etc/conf.d/wireless.example
[...]
```

Die jeweils zu bearbeitende Konfigurationsdatei wird über die vorangestellte Ziffer ausgewählt.

```
# etc-update
Scanning Configuration files...
The following is the list of files which need updating, each
```

```
configuration file is followed by a list of possible replacement files.
1) /etc/conf.d/hostname (1)
Please select a file to edit by entering the corresponding number.
          (don't use -3, -5, -7 or -9 if you're unsure what to do)
          (-1 to exit) (-3 to auto merge all remaining files)
                    (-5 to auto-merge AND not use 'mv -i')
                    (-7 to discard all updates)
                    (-9 to discard all updates AND not use 'rm -i'): 1
```

Im Pager less bekommen Sie nun die Unterschiede zwischen den Versionen angezeigt.

```
Showing differences between /etc/init.d/hostname and /etc/init.d/._cfg0000_hostname
--- /etc/init.d/hostname          2007-04-12 14:57:05.000000000 +0200
+++ /etc/init.d/._cfg0000_hostname      2007-04-12 14:57:04.000000000 +0200
@@ -7,9 +7,9 @@
 }

start() {
-       if [[ -f /etc/hostname ]] ; then
+       if [ -f /etc/hostname ] ; then
            ewarn "You should stop using /etc/hostname and use
/etc/conf.d/hostname"
-           HOSTNAME="$(< /etc/hostname)"
+           HOSTNAME=$(cat /etc/hostname)
       fi

       ebegin "Setting hostname to ${HOSTNAME}"
```

Durch Drücken der Taste ⌞q⌟ verlassen Sie den Pager.

```
File: /etc/init.d/._cfg0000_hostname
1) Replace original with update
2) Delete update, keeping original as is
3) Interactively merge original with update
4) Show differences again
Please select from the menu above (-1 to ignore this update): 1
```

Sie können nun zwischen dem Ersetzen der bisherigen Konfigurationsdatei durch die neue Version, dem Beibehalten der bisherigen Version der Konfigurationsdatei und einem interaktiven, zeilenweise Editieren der Änderungen wählen.

Wichtig

Neben dem Modus zur Bearbeitung einzelner Konfigurationsdateien bietet etc-update Modi, in denen die Massenbearbeitung möglich ist. Hier stehen die Möglichkeiten zur Auswahl, die Konfigurationsdateien beizubehalten (-7 und -9) oder die neuen Versionen der Konfigurationsdateien zu installieren. Von diesen Modi ist abzuraten, bis Sie mit dem Gentoo-System so weit vertraut sind, dass Sie sicher wissen, welche Konfigurationsdateien Sie gefahrlos neu installieren lassen können. So lange sollten Sie in jedem Fall jede Datei einzeln bearbeiten, um möglichen Problemen bereits im Vorfeld aus dem Weg zu gehen.

6.3.2 dispatch-conf

Neben einer anderen Anzeige unterscheidet sich dispatch-conf in einem viel wesentlicheren Punkt von etc-update: Es unterstützt die Nutzung eines einfachen Versionskontrollsystems zur Dokumentation von Änderungen an Konfigurationsdateien und zum einfachen Wiederherstellen älterer Versionen von Konfigurationsdateien.

Wird dispatch-conf ohne Parameter aufgerufen, überprüft es, ob nicht installierte neue Versionen von Konfigurationsdateien vorhanden sind.

```
# dispatch-conf
--- /etc/conf.d/rc     2007-04-12 13:24:08.000000000 +0200
+++ /etc/conf.d/._cfg0000_rc    2007-04-12 13:24:07.000000000 +0200
@@ -70,7 +70,7 @@
 # for various volume managers (MD, EVMS2, LVM, DM, etc). Note that they are
 # stopped in reverse order.

-RC_VOLUME_ORDER="lvm dm raid evms"
+RC_VOLUME_ORDER="raid evms lvm dm"


 # RC_VERBOSE will make init scripts more verbose. Only networking scripts
 # really use this at this time, and this is useful for trouble shooting
```

```
>> (1 of 1) -- /etc/conf.d/rc
>> q quit, h help, n next, e edit-new, z zap-new, u use-new
   m merge, t toggle-merge, l look-merge:
```

Sie können nun entweder die alte Version beibehalten, die neue Version nutzen – oder aber die Änderungen zeilenweise zusammenführen.

Die Nutzung eines Versionskontrollsystems zur Speicherung von allen Versionen von Konfigurationsdateien muss in der Konfigurationsdatei /etc/dispatch-conf.conf explizit aktiviert werden, nachdem zuvor das Versionskontrollsystem rcs installiert wurde.

```
# emerge rcs
# nano -w /etc/dispatch-conf.conf
[...]
# Use rcs for storing files in the archive directory?
# (yes or no)
use-rcs=yes
```

Durch die Nutzung eines Versionskontrollsystems zur Pflege der Konfigurationsdateien steigern Sie die Übersichtlichkeit und ermöglichen es sich, bei dem Auftreten von auf Änderungen an Konfigurationsdateien zurückzuführenden Problemen schnell auf eine ältere, fehlerfreie Version einer Konfigurationsdatei zurückzugreifen.

Bei einem erneuten Aufruf von dispatch-conf wird nun im Verzeichnis /etc/config-archive das Repository zur Ablage der Konfigurationsdateien erstellt, bevor die Änderungen an den Konfigurationsdateien vorgenommen werden können.

```
# dispatch-conf
/etc/config-archive/etc/conf.d/rc,v --> /etc/config-archive/etc/conf.d/rc
co: /etc/config-archive/etc/conf.d/rc,v: no side branches present for 1.1
/etc/config-archive/etc/conf.d/wireless.example,v <-- /etc/config-
archive/etc/conf.d/wireless.example
initial revision: 1.1
done
```

6.4   Fazit

In diesem Kapitel haben Sie den »Schutz von Konfigurationsdateien« kennen gelernt und erfahren, wie der Umgang mit neuen Versionen von Konfigurationsdateien in der Gentoo-Distribution gehandhabt wird. Neben der einfachen Installation neuer Konfigurationsdateien ermöglichen die Programme `etc-update` und `dispatch-conf` auch ein zeilenweises Editieren zum Einpflegen von notwendigen Änderungen.

`dispatch-conf` ermöglicht darüber hinaus die Pflege einer Versionskontrolle über Änderungen an Konfigurationsdateien, die Änderungen an Konfigurationsdateien dokumentiert und langfristig nachvollziehbar macht.

## Kapitel 7

Zweige der Gentoo-Distribution

Die Verfügbarkeit von Anwendungen innerhalb der Gentoo-Distribution verteilt sich auf mehrere Zweige, die sich hauptsächlich in der Stabilität und Dauer des Testens der Pakete unterscheiden. Wem die mehr als 10.000 Pakete, die Gentoos Paketmanagement bereitstellt, nicht ausreichen, der kann die Funktionalität über so genannte Overlays nahezu beliebig erweitern.

Dieses Kapitel stellt vornehmlich die von der Gentoo-Distribution gepflegten Zweige und deren Nutzung, wie auch Vermischung, dar. Zusätzlich wird aber auch die Nutzung von Overlays zu Gentoos Portage Tree und deren Verwaltung, Nutzung und Aktualisierung dargestellt.

7.1   Gentoos Zweige

Die Gentoo-Distribution unterteilt sich grundlegend in zwei »Branches«, den stabilen und den Test-Zweig. Zusätzlich besteht ein sehr kleiner dritter Zweig mit maskierten Paketen. Diese Pakete sind entweder sehr neu und dementsprechend bekannt instabil und beinhalten gravierende Probleme oder Sicherheitslücken, die von den Upstream-Autoren nicht innerhalb eines angemessenen Zeitfensters korrigiert wurden.

Seit Version 2.0.50 des Paketmanagementsystems Portage können die Zweige auch gemischt werden, so dass auf einem System mit dem ansonsten stabilen Zweig beispielsweise ein einzelnes Programm aus dem Test-Zweig installiert werden kann. Sie können jedoch auch ausschließlich auf Ihrem System ein Paket in den maskierten Zweig verschieben, wenn diese Version für Sie Probleme oder noch unbekannte Inkompatibilitäten verursacht.

Die Auswahl des zu nutzenden Zweiges erfolgt in der globalen Konfigurationsdatei /etc/make.conf. Die Variable ACCEPT_KEYWORDS beinhaltet den ausgewählten Zweig. Das Keyword x86 wählt hierin den stabilen Zweig für x86-kompatible Architekturen aus, während ~x86 den Test-Zweig für diese Prozessorarchitektur freigibt. Analog verhält es sich für andere Architekturen wie AMD64 oder PowerPC. Die Keywords amd64 oder ppc wählen den stabilen Zweig, die Keywords ~amd64 und ~ppc den Test-Zweig.

Innerhalb der einzelnen Pakete ist jedes Ebuild über die Variable KEYWORDS für jede Prozessorarchitektur einem Zweig zugeordnet. Ist eine Prozessorarchitektur nicht innerhalb der KEYWORDS-Variablen eines Ebuilds enthalten, so bedeutet dies, dass das Paket in dieser Version auf der entsprechenden Prozessorarchitektur noch nicht von Gentoo-Entwicklern getestet wurde.

7.2   Der stabile Zweig: arch

Der stabile Zweig der Gentoo-Distribution ist schlecht mit stabilen Zweigen anderer Distributionen vergleichbar. Während stabile Zweige (ergo Veröffentlichungen) bei anderen Distributionen einen Status quo beschreiben, ist der stabile Zweig von Gentoo ständig in Bewegung.

Für den Anwender bedeutet dies einen zumeist schnellen Zugriff auf neue Versionen von Programmen, der bei anderen Distributionen erst nach Veröffentlichung einer neuen stabilen Version möglich ist. Es kann aber durchaus Anwendungen geben, die einen nicht zu vernachlässigenden Zeitraum benötigen, bevor sie in den stabilen Zweig der Distribution übernommen werden. Beispiele hierfür sind regelmäßig neue Versionen der Desktop-Umgebungen GNOME und KDE, die aufgrund ihrer Komplexität speziell in Bezug auf als Abhängigkeiten benötigte Programme oder Bibliotheken erst einige Monate nach der Veröffentlichung in den stabilen Zweig der Gentoo-Distribution aufgenommen werden.

Gekennzeichnet wird die Verfügbarkeit eines Ebuilds innerhalb des stabilen Zweigs einer Architektur über die Variable KEYWORDS innerhalb des Ebuilds. Die einzelnen Kennzeichnungen x86, amd64 oder ppc geben das Ebuild für den stabilen Zweig frei.

Pflege des stabilen Zweigs

Der stabile Zweig wird von den jeweiligen Architektur-Teams gepflegt. Im Gegensatz zu anderen Distributionen verfolgt Gentoo nicht das Ziel, für jede unterstützte Architektur einen identischen stabilen Zweig zu pflegen. Die Architektur-Teams sind in der Pflege des stabilen Zweigs somit nicht an Vorgaben gebunden und Paketbetreuer unterliegen nicht dem Zwang, jedes Paket in jeder Version für jede unterstützte Architektur bereitzustellen. Dadurch entfällt auch der Zwang, Korrekturen von Architektur-spezifischen Fehlern aus einer neuen Version einer Anwendung in eine als stabil angepeilte Version zurückportieren zu müssen.

Bevor ein Paket in den stabilen Zweig einfließen kann – oder auch als »stabil« gekennzeichnet werden kann –, sollte es einen Monat im Test-Zweig der Distribution vorhanden gewesen sein und nicht über unbehobene Fehler (für die jeweilige Architektur) verfügen. In diesem Zeitraum sollten weiterhin keine nennenswerten Fehler aufgetreten sein. Bei der Korrektur kritischer Fehler oder gar Sicherheitslücken im stabilen Zweig wird von dieser Maßgabe abgesehen.

Vor dem Einfließen eines Pakets in den stabilen Zweig findet eine Absprache zwischen dem Paketbetreuer und den Architektur-Teams statt, zumeist wird die Stabilisierung des Pakets von dem Paketbetreuer angefordert.

7.3 Der Test-Zweig: ~arch

Der Test-Zweig der Gentoo-Distribution beinhaltet mit wenigen Ausnahmen die jeweils aktuellsten verfügbaren Versionen von Anwendungen. Die Verfügbarkeit eines Ebuilds im Test-Zweig wird durch die Variable KEYWORDS innerhalb des Ebuilds gekennzeichnet. Die einzelnen Kennzeichnungen ~x86, ~amd64 oder ~ppc geben das Ebuild für den Test-Zweig frei.

Pflege des Test-Zweigs

Der Test-Zweig wird durch die Paketbetreuer gepflegt, lediglich bei bekannten größeren Änderungen an einem Paket werden die Architektur-Teams hinzugezogen. Die initiale Aufnahme eines Pakets in den Test-Zweig erfolgt ebenfalls zumeist durch die Architektur-Teams oder Gentoo-Entwickler, die die Funktionalität einer Anwendung auf der jeweiligen Prozessorarchitektur überprüfen können.

7.4 Der maskierte Zweig: package.mask

Der maskierte Zweig beinhaltet Pakete, die zur Entfernung aus dem Portage Tree markiert sind, sowie Pakete oder einzelne Versionen von Paketen, die bekannte Fehler oder Sicherheitslücken beinhalten, die von den Autoren der Programme oder Bibliotheken nicht in einem vorgegebenen angemessenen Zeitfenster korrigiert wurden. Die derzeit maskierten Pakete sind in der Datei /usr/portage/profiles/package.mask einsehbar.

Neben dem Entwickler, der die Pakete in den maskierten Zweig verschoben hat, ist ein Datum sowie der Grund für das Verschieben in den maskierten Zweig dokumentiert.

```
# Samuli Suominen <drac@gentoo.org> (23 Mar 2007)
# Pending removal 23 Apr 2007. Bug 169987.
xfce-extra/xfce4-windowlist
xfce-extra/xfce4-showdesktop
xfce-extra/xfce4-taskbar
xfce-extra/xfce4-minicmd
xfce-extra/xfce4-iconbox
xfce-extra/xfce4-trigger-launcher
```

```
xfce-extra/xfce4-systray

xfce-extra/xfce4-toys
```

Listing 7.1:   /usr/portage/profiles/package.mask

Pakete aus dem maskierten Zweig können durch Konfiguration in /etc/portage/ package.unmask, wie in Kapitel 8 beschrieben, installiert werden.

7.4.1   Pflege des maskierten Zweigs

Die Pflege des maskierten Zweigs wird von mehreren Gruppen und Teams innerhalb der Gentoo-Distribution vorgenommen.

Der **Paketbetreuer** nimmt ein Paket neu in die Distribution auf, das zu vorherigen Versionen über eine unterschiedliche API oder ABI verfügt oder bekanntermaßen innerhalb des Test-Zweiges ohne weiteren Aufwand nicht funktionieren wird. Beta-Versionen oder Release-Candidates sind zumeist auch im maskierten Zweig der Gentoo-Distribution zu finden. Auch aus dem Portage Tree zu entfernende Pakete werden von den Paketbetreuern in den maskierten Zweig aufgenommen.

Das **Tree-Cleaner**-Projekt verschiebt Pakete in den maskierten Zweig, die von ursprünglichen Autoren nicht weiter betreut werden oder bei denen kein Paketbetreuer vorhanden ist und es offene nicht behobene Fehler gibt.

Das **Gentoo Security**-Projekt verschiebt Pakete in den maskierten Zweig, bei denen von den ursprünglichen Autoren Sicherheitslücken nicht innerhalb eines vorgegebenen angemessenen Zeitraums geschlossen wurden.

7.5   Die »beste« Version

Eines der Kern-Features des Paketmanagements ist das Finden der »besten« Version eines Pakets.

Aus dem zur Benutzung gewählten Zweig der Distribution und unter Berücksichtigung der Installation zusätzlicher Pakete aus einem anderen Zweig sucht das Paketmanagementsystem die »beste« Version eines Pakets heraus.

Die »beste« Version ist die höchste für den gewählten Zweig und die jeweilige Prozessorarchitektur verfügbare Version eines Pakets unter Berücksichtigung vom Anwender konfigurierter Ausnahmen.

Eine Verdeutlichung anhand eines Beispiels:

```
tobias@homer ~/cvs/gentoo-x86/app-shells/zsh $ earch
zsh-4.2.5: alpha
zsh-4.2.6-r1:
```

```
zsh-4.3.2-r1:  ~arm ~hppa ~x86 ~amd64 ~ppc ~sh ~ia64 ~sparc ~s390
zsh-4.3.2-r2:  ppc arm s390 amd64 hppa x86 ~alpha sparc ia64 sh
```

Listing 7.2:   Finden der besten Version

Betrachten Sie besonders die Versionen 4.2.5 und 4.3.2-r2 der Z-Shell. Zunächst fällt auf, dass die Version 4.3.2-r2 für Architekturen mit Ausnahme der ALPHA-Architektur dem stabilen Zweig angehört. Die ALPHA-Architektur bildet die Ausnahme – hier ist die Version 4.2.5 die aktuellste Version im stabilen Zweig.

Für den stabilen Zweig ist also Version 4.3.2-r2 für alle Architekturen – außer ALPHA – die »beste« Version, für die ALPHA-Architektur ist Version 4.2.5 die »beste« Version.

7.6   Mischen von Zweigen

Im Gegensatz zu anderen Distributionen erlaubt Gentoos Paketmanager Portage ein einfaches Mischen der von der Gentoo-Distribution unterstützten Zweige.

So können in einer Installation bei Nutzung des stabilen Zweigs der Distribution einzelne Pakete sowie deren eventuell benötigte zusätzliche Abhängigkeiten aus dem Test-Zweig der Distribution installiert werden – oder, wenn benötigt, auch experimentelle Pakete aus dem maskierten Zweig. Andersherum können aber auch bei Nutzung des stabilen Zweigs oder des Test-Zweigs der Distribution einzelne Pakete vom Anwender maskiert werden, etwa bei bekannten Inkompatibilitäten oder neueren, problembehafteten Versionen einer Anwendung.

Wurden in den Anfängen noch Pakete aus dem Test-Zweig über das Voranstellen der `ACCEPT_KEYWORDS="~x86"` vor das Installationskommando einzelner Pakete und deren Abhängigkeiten installiert, erlauben es aktuelle Portage-Versionen, diese Konfiguration nachvollziehbar im Konfigurationsverzeichnis `/etc/portage/` festzulegen. Damit sind die Probleme bei späteren Aktualisierungen nicht mehr vorhanden und die erforderliche Nutzung des mittlerweile nicht mehr existenten Parameters `--upgradeonly` des Paketmanagements überholt.

7.6.1   Installation von Paketen aus dem Test-Zweig

Die Konfiguration zur Installation einzelner Anwendungen aus dem Test-Zweig der Distribution erfolgt über die Konfigurationsdatei `/etc/portage/package.keywords`. Analog zur Konfiguration von USE-Flags in `/etc/portage/package.use` kann auch anstelle dieser Konfigurationsdatei ein Verzeichnis `/etc/portage/package.keywords` angelegt werden, in dem einzelne sprechend benannte Konfigurationsdateien die aus dem Test-Zweig zu installierenden Pakete beinhalten.

Ein Beispiel für die Installation eines Pakets aus dem Test-Zweig in ein ansonsten stabiles System stellt der Apache Webserver dar.

```
tobias@homer ~/cvs/gentoo-x86/net-www/apache $ earch
apache-1.3.34-r14:
apache-1.3.37:
apache-2.0.58-r2:  ppc ppc64 mips arm s390 amd64 hppa x86 sparc ia64 alpha
sh
apache-2.0.59-r2:
apache-2.2.4:  ~arm ~hppa ~x86 ~amd64 ~ppc ~sh ~x86-fbsd ~ia64 ~alpha
~sparc ~ppc64 ~mips ~s390
```

Listing 7.3:   Übersicht net-www/apache

Für alle Architekturen ist die Version 2.0.58-r2 die »beste« Version innerhalb des stabilen Zweigs, die Version 2.2.4 ist für alle Architekturen die aktuellste innerhalb des Test-Zweigs verfügbare Version.

Zur Installation der Version 2.2.4 des Apache Webservers wird das Paket, bezeichnet durch Kategorie und Paketnamen, in der Datei /etc/portage/package.keywords als aus dem Test-Zweig zu installierendes Paket festgelegt.

```
# nano -w /etc/portage/package.keywords
net-www/apache ~x86
```

Bei dem anschließenden Versuch, die Version 2.2.4 zu installieren, bemängelt das Paketmanagement fehlerhafte Abhängigkeiten.

```
# emerge apache --pretend
Calculating dependencies
!!! All ebuilds that could satisfy "=dev-libs/apr-util-1*" have been masked.
!!! One of the following masked packages is required to complete your request:
- dev-libs/apr-util-1.2.8 (masked by: ~x86 keyword)

For more information, see MASKED PACKAGES section in the emerge man page or
refer to the Gentoo Handbook.
(dependency required by "net-www/apache-2.2.4-r1" [ebuild])
```

Neben dem eigentlichen apache-Paket ist also die Installation eines weiteren Pakets aus dem Test-Zweig erforderlich. Nach dem Hinzufügen zur package.keywords-Datei und einem erneuten emerge apache zeigt sich eine weitere Abhängigkeit zu einer Version von app-admin/apache-tools aus dem Test-Zweig.

```
# nano -w /etc/portage/package.keywords
dev-libs/apr-util ~x86
app-admin/apache-tools ~x86
```

Nach dem Konfigurieren der benötigten Abhängigkeiten aus dem Test-Zweig steht einer Installation der Version 2.2.4 des Apache Webservers aus dem Test-Zweig nichts im Wege.

```
# emerge apache --pretend

These are the packages that would be merged, in order:

Calculating dependencies... done!
[ebuild  N   ] dev-libs/apr-1.2.8  USE="ipv6 -debug -urandom"
[ebuild  N   ] app-misc/mime-types-7
[ebuild  N   ] dev-libs/apr-util-1.2.8  USE="berkdb gdbm -ldap -postgres -
sqlite -sqlite3"
[ebuild  N   ] net-www/apache-2.2.4-r1  USE="ssl -debug -doc -ldap -mpm-
event -mpm-peruser -mpm-prefork -mpm-worker -no-suexec (-selinux) -
static-modules -threads"
[ebuild  N   ] app-admin/apache-tools-2.2.4-r1 )
```

Sollten Sie zwar Version 2.2.4 des Apache aus dem Test-Zweig installieren wollen, zukünftige neuere Versionen jedoch nicht automatisch bei Aktualisierungen des Systems mitinstallieren wollen, können Sie die Freigabe von Paketen aus dem Test-Zweig auch auf eine fixe Version beschränken. Darüber hinaus können Sie nicht nur eine fixe Version angeben, sondern mit den Zeichen <, > und = Versionen zusammenfassen.

```
# nano -w /etc/portage/package.keywords
=dev-libs/apr-util-1.2.8 ~x86
=app-admin/apache-tools-2.2.4-r1 ~x86
=net-www/apache-2.2.4-r1 ~x86
```

Um beispielsweise spätere Revisionen von Paketen der Version 2.2.4, also 2.2.4-r2 oder 2.2.4-r3, installieren zu können, geben Sie einfach diese Version vollständig frei. Dies geschieht durch Anhängen eines *-Zeichens an die Versionsnummer des Pakets.

```
# nano -w /etc/portage/package.keywords
=dev-libs/apr-util-1.2.8 ~x86
```

```
=app-admin/apache-tools-2.2.4* ~x86
=net-www/apache-2.2.4* ~x86
```

> **Tipp**
>
> Auf die Angabe des Zweiges (~x86) pro aus einem anderen Zweig zu installierendem Paket kann so lange verzichtet werden, wie der Test-Zweig der jeweiligen Architektur genutzt werden soll. Dies bedeutet, dass auf x86-Architekturen ein ~x86 nicht angegeben werden muss, es können aber auch Pakete aus dem Test-Zweig der AMD64-Architektur installiert werden. In diesem Fall ist die Angabe des Zweiges ~amd64 zwingend erforderlich.

autounmask

Stellen Sie sich nun vor, Sie würden auf einem System, auf dem Sie den stabilen Zweig der Gentoo-Distribution nutzen, ein neuere Version der Desktop-Umgebung KDE nutzen wollen. Praktikabel und machbar wäre dies, aber letztendlich ein sehr zeitaufwändiges Verfahren, da jede Abhängigkeit einzeln der package.keywords-Datei hinzugefügt werden müsste, nachdem das Paketmanagement deren Fehlen bemängelt hat.

Abhilfe schafft hier das Perl-Skript autounmask, das diesen Schritt automatisiert. Zunächst muss autounmask installiert werden.

```
# emerge autounmask
```

Zunächst ein Blick auf die aktuell zur Installation zur Verfügung stehende, stabile Version der Desktop-Umgebung KDE.

```
# emerge kde --pretend

These are the packages that would be merged, in order:
[...]
[ebuild  N   ] kde-base/kdeaddons-3.5.5 USE="arts berkdb sdl -debug -
kdeenablefinal -xinerama"
[ebuild  N   ] kde-base/kde-3.5.5 USE="-accessibility"
```

Um nun anstelle der Version 3.5.5 die neuere Version 3.5.6 von KDE zu installieren, müssen sämtliche Abhängigkeiten der /etc/portage/package.keywords-Datei hinzugefügt werden. autounmask übernimmt dies, wie der Name bereits verrät, automatisch.

```
# autounmask kde-base/kde-3.5.6


autounmask version 0.15 (using PortageXS-0.02.06)
Bugs and requests go to ian <ian@gentoo.org>.


* Using repository: /usr/portage


* Using package.keywords file: /etc/portage/package.keywords
* Using package.unmask file: /etc/portage/package.unmask


* Unmasking kde-base/kde-3.5.6 and its dependencies.. this might take a
while..


* Added '=kde-base/kde-3.5.6 ~x86' to /etc/portage/package.keywords
* Added '=kde-base/kdeartwork-3.5.6 ~x86' to /etc/portage/package.key-
words
* Added '=kde-base/kdebase-3.5.6-r3 ~x86' to /etc/portage/package.key-
words
[...]
* Added '=kde-base/kdeutils-3.5.6 ~x86' to /etc/portage/package.keywords
* Added '=kde-base/kdeedu-3.5.6 ~x86' to /etc/portage/package.keywords
* done!
```

Nun ist die Version 3.5.6 der Desktop-Umgebung KDE zur Installation aus dem
Test-Zweig freigegeben.

```
# emerge kde --pretend


These are the packages that would be merged, in order:
[...]
[ebuild  N   ] kde-base/kdeaddons-3.5.6  USE="arts berkdb sdl -debug -
kdeenablefinal -xinerama"
[ebuild  N   ] kde-base/kde-3.5.6  USE="-accessibility"
```

7.6.2 Installation von Paketen aus dem maskierten Zweig

Die Installation von Paketen aus dem maskierten Zweig erfolgt analog zur Installation von Paketen aus dem Test-Zweig. Sie sollten bei der Installation von Paketen
aus dem maskierten Zweig jedoch immer bedenken, dass die Pakete oder einzelne
Versionen von Paketen von den Paketbetreuern aus einem triftigen Grund heraus
maskiert wurden.

Dieser Grund ist in der Datei /usr/portage/profiles/package.mask neben den betroffenen Paketen oder Paketversionen dokumentiert.

Als Beispiel die Installation der Version 2.18.0 des GNOME-Desktops. Diese ist kurz nach Erscheinen und Aufnahme in die Gentoo-Distribution noch maskiert – so lange, wie die Paketbetreuer benötigen, um Abhängigkeiten zu evaluieren und Probleme an benötigten Paketen zu beheben.

```
# emerge =gnome-base/gnome-2.18.0 --pretend


These are the packages that would be merged, in order:


Calculating dependencies
!!! All ebuilds that could satisfy "=gnome-2.18.0" have been masked.
!!! One of the following masked packages is required to complete your
request:
- gnome-base/gnome-2.18.0 (masked by: package.mask, ~x86 keyword)
# Daniel Gryniewicz <dang@gentoo.org> (23 Mar 2007)
# The Great GNOME 2.18.0 mask


For more information, see MASKED PACKAGES section in the emerge man page or
refer to the Gentoo Handbook.
```

Die Ausgabe zeigt, dass die Version 2.18.0 gleich doppelt maskiert ist – einmal durch die Datei /usr/portage/profiles/package.mask und einmal durch den Test-Zweig (~x86).

Um die Version 2.18.0 des GNOME-Desktops und deren Abhängigkeiten auf einem System zu installieren, auf dem, wie in diesem Beispiel, der stabile Zweig der Gentoo-Distribution genutzt wird, muss das Paket und dessen Abhängigkeiten nun sowohl über die Datei /etc/portage/package.unmask für den Test-Zweig als auch über die Datei /etc/portage/package.keywords zur Installation freigegeben werden.

Dies kann wieder entweder für sämtliche Versionen des Pakets (gnome-base/gnome) oder explizit für die Version 2.18.0 (=gnome-base/gnome-2.18.0) erfolgen.

```
# nano -w /etc/portage/package.unmask
gnome-base/gnome (oder) =gnome-base/gnome-2.18.0


# nano -w /etc/portage/package.keywords
gnome-base/gnome (oder) =gnome-base/gnome-2.18.0
```

autounmask

An dieser Stelle befänden wir uns in dem gleichen Dilemma wie bei dem vorangegangenen Beispiel zur Installation einer neuen Version der Desktop-Umgebung
KDE – es müsste für jede Abhängigkeit ein Eintrag in den beiden Dateien
package.unmask und package.keywords angelegt werden.

Auch hier hilft wieder das Skript autounmask, das von sich aus prüft, ob zusätzlich
zur Datei package.keywords auch ein Eintrag in der Datei package.unmask vonnöten ist.

Zunächst muss autounmask installiert werden.

```
# emerge autounmask
# autounmask gnome-base/gnome-2.18.0


 * Using package.keywords file: /etc/portage/package.keywords
 * Using package.unmask file: /etc/portage/package.unmask


 * Unmasking gnome-base/gnome-2.18.0 and its dependencies.. this might
take a while..


 * Added '=gnome-base/gnome-2.18.0 ~x86' to /etc/portage/package.keywords
 * Added '=gnome-base/gnome-2.18.0' to /etc/portage/package.unmask
```

Wichtig

Achten Sie bei der Installation maskierter Pakete immer auf den Grund, weshalb
diese Pakete maskiert sind. Nicht selten enthalten diese Pakete oder Paketversionen nicht geschlossene Sicherheitslücken oder sind in der Vergangenheit durch
eine nicht unerhebliche Menge an Sicherheitslücken negativ aufgefallen. Eine
Vielzahl der maskierten Pakete steht weiterhin für eine Entfernung aus dem Portage Tree an.

7.6.3 Maskierung von Paketen

Neben der Installation neuerer, aktueller Programmversionen kann bei verschiedenen Paketen auch der Bedarf entstehen, ältere Programmversionen beizubehalten.
Nutzen Sie beispielsweise einen Datenbankserver mit MySQL in Version 4 oder
PostgreSQL in Version 7.4, kann eine Umstellung des Servers auf eine neue Version 5 von MySQL oder 8.1 von PostgreSQL mit einem zusätzlichen Aufwand und
Ausfallzeiten verbunden sein, weshalb die weitere Nutzung einer älteren Version
mit weniger Problemen und Aufwand verbunden ist.

Um nun nicht bei der Aktualisierung aller installierten Pakete diese neuen Versionen stets händisch aus der Aktualisierung heraushalten zu müssen, können Sie diese maskieren.

Analog zur Maskierung von Paketen durch Gentoo-Entwickler über die Konfigurationsdatei `/usr/portage/profiles/package.mask` können Sie die Datei `/etc/portage/package.mask` zur Maskierung von Paketen verwenden. Benutzen Sie hier ebenfalls die Zeichen <, > und = zur Eingrenzung von Paketversionen.

Im folgenden Beispiel wird verhindert, dass eine Installation von MySQL 4.1 auf MySQL 5 aktualisiert wird. Ohne die Maskierung würde bei einer Aktualisierung aller installierten Pakete die Aktualisierung auf MySQL 5 vorgenommen werden.

```
# emerge mysql --pretend


These are the packages that would be merged, in order:


Calculating dependencies... done!
[ebuild     U ] dev-db/mysql-5.0.38 [4.1.22-r1] USE="-max-idx-128%"
```

Durch Maskierung aller Versionen größer oder gleich MySQL 5 in der Datei `/etc/portage/package.mask` wird die Aktualisierung aufgehalten.

```
# nano -w /etc/portage/package.mask
>=dev-db/mysql-5
```

Wichtig

Sollten Sie Pakete auf diese Weise maskieren, beachten Sie jedoch, dass Aktualisierungen bei Sicherheitslücken zumeist nur für die aktuellsten im stabilen Zweig verfügbaren Paket-Versionen bereitgestellt werden. Bei Maskierung von Paketen sollten Sie daher bei der Veröffentlichung von Gentoo Linux Security Announcements (GLSA) stets überprüfen, ob die von Ihnen eingesetzte Version eines Pakets möglicherweise ebenfalls für die im GLSA beschriebenen Sicherheitslücken anfällig ist.

7.7 Auswahl und Funktionalität erweitern durch Overlays

Neben dem von Gentoo-Entwicklern gepflegten Portage Tree kann die Funktionalität der Distribution durch zusätzliche Ebuilds nahezu beliebig erweitert werden – ohne Unterstützung durch die Gentoo-Entwicklergemeinde versteht sich ;)

Zusammengefasst zu Overlays stehen diese in breiter Vielfalt zur Verfügung. Ob durch Benutzer, Entwickler oder ganze Benutzergruppen gepflegt – ob zur Entwicklung und Bereitstellung experimenteller Funktionen, zur Anpassung an andere Sprachen oder Vorschau auf neue Technologien, die Fülle an Overlays zu Gentoos Portage Tree ist beachtlich.

Erste Overlays, frei übersetzt »Überlagerungen«, des Portage Tree waren das Overlay der deutschsprachigen Community-Webseite gentoo.de oder »Break My Gentoo«. Während sich bei gentoo.de anfänglich Korrekturen zu Paketen, beziehungsweise genauer Ebuilds und Sprachanpassungen, wie ein Paket zur Installation eines eingedeutschten OpenOffice.org-Binärpakets fanden, konzentrierte sich Break My Gentoo auf die Bereitstellung aktueller Ebuilds zu experimentellen Versionen (Beta-Versionen, Release-Candidates) des GNOME-Desktops. Nicht unbedingt zur vollsten Zufriedenheit der Paketbetreuer des GNOME-Desktops innerhalb der Gentoo-Distribution. Die Ebuilds aus Overlays folgen zum Beispiel nicht immer den Standards der Gentoo-Distribution oder bringen zusätzliche Fehler und Probleme in die Distribution.

Auch heute sind noch einige Overlays dafür bekannt, zusätzliche Probleme zu verursachen. Bei der Nutzung von Overlays sollten Sie also stets im Hinterkopf behalten, dass diese nicht immer den gleichen Standards wie die Gentoo-Distribution folgen. Probleme und Fehler mit Paketen aus Overlays sollten Sie immer bei den Betreibern und Entwicklern des jeweiligen Overlays melden, Fehlerberichte zu Paketen aus Community-Overlays, die Sie in Gentoos Bugtracker einstellen, werden bestenfalls kommentarlos geschlossen.

Overlays werden über die Variable PORTDIR_OVERLAY in der Konfigurationsdatei /etc/make.conf eingebunden.

7.7.1 overlays.gentoo.org

Ein Ansatz, der zur Verbreitung von Overlays erheblich beigetragen hat, ist der Dienst overlays.gentoo.org, der von Gentoos Infrastrukturprojekt technisch und durch Gentoo-Entwickler gemeinsam mit der Community inhaltlich gepflegt wird.

overlays.gentoo.org verfolgt dabei drei Standbeine:

- Overlays von Gentoo-Entwicklern, die in Entwicklung befindliche Ebuilds zuvor entweder nur selbst genutzt oder auf eigenen Webseiten zum händischen Download bereitgestellt haben.

- Overlays von Projekten und Herden[1] innerhalb der Gentoo-Distribution. Zum Beispiel die Java-, PHP- oder GNOME-Herden pflegen eigene Overlays, in de-

---

[1] Als Herden werden Gruppen zueinander gehörender Pakete bezeichnet, die gemeinsam von einer Gruppe Entwickler betreut werden – wie eben die Java-, PHP- oder GNOME-Herden.

nen experimentelle Ebuilds gepflegt oder größere Änderungen an einer Vielzahl von Paketen vorbereitet werden.

■ Das Overlay von Gentoos Sunrise-Projekt, das ein Versuch ist, einerseits die Community stärker einzubeziehen und andererseits Ebuilds, für die sich bisher keine Paketbetreuer fanden, zentral bereitzustellen.

Durch die technische Infrastruktur haben zahlreiche Entwickler Sammlungen von Ebuilds, die sie bisher experimentell entweder im Privaten oder auf eigenen Webseiten hinterlegt hatten, an einer zentralen Stelle zusammengefasst. Auch Herden und Projekten der Distribution steht mit overlays.gentoo.org eine zentrale Stelle zur Verfügung, an der sie gemeinsam an experimentellen Funktionen arbeiten können. Mit dem weiteren Vorteil, dass diese Entwicklung öffentlich stattfindet – mehr Benutzer testen diese Pakete bereits in einem frühen Stadium, finden Fehler und berichten diese oder schreiben direkt Patchs. overlays.gentoo.org trägt somit indirekt auch zur Qualitätssteigerung des Portage Tree bei.

7.7.2 Overlays pflegen mit Layman

Mit der zunehmenden Anzahl von Overlays stieg auch die Unübersichtlichkeit – das beste Overlay hilft wenig, wenn niemand es findet und benutzt.

Abhilfe schafft das Tool layman, in einer zentralen Datei sind Overlays gelistet, die mit layman lokal installiert und zukünftig einzeln oder vollständig auch aktualisiert werden können.

Installation von layman

Um Overlays mit layman zu verwalten, müssen Sie layman zunächst installieren und die Liste verfügbarer Overlays synchronisieren.

Im Gegensatz zum Portage Tree wird die Vielzahl der verfügbaren Overlays nicht über das rsync-Protokoll, sondern über einen anonymen Zugriff auf die Versionsverwaltungstools Subversion und vereinzelt auch GIT bereitgestellt. Wenn Sie diese Overlays ebenfalls nutzen möchten, müssen die Client-Programme mitinstalliert werden.

```
# emerge layman dev-util/git subversion
# layman -f
```

Um die durch layman installierten Overlays in das Paketmanagement zu integrieren, müssen Sie entweder jedes Overlay in die Variable PORTDIR_OVERLAY in der Konfigurationsdatei /etc/make.conf aufnehmen oder Sie nutzen einen in layman integrierten Mechanismus. Dieser pflegt unter /usr/portage/local/layman eine weitere make.conf, innerhalb derer die Variable PORTDIR_OVERLAY mit den Pfaden zu installierten Overlays gepflegt ist. Fügen Sie den source-Befehl Ihrer

/etc/make.conf hinzu, dadurch wird die layman-eigene Konfiguration durch das Paketmanagement eingelesen.

```
# nano -w /etc/make.conf
source /usr/portage/local/layman/make.conf
```

Nach der Installation von layman können Sie die verfügbaren Overlays nun auflisten. Ist ein notwendiges Client-Programm zur Synchronisierung eines Overlays auf Ihrem PC nicht verfügbar, ist das entsprechende Overlay mit einem roten Sternchen gekennzeichnet.

```
# sudo layman -L
* bangert         [Subversion] (source: http://overlays.gentoo.org...)
* cell            [Subversion] (source: http://overlays.gentoo.org...)
* chtekk-apps     [Subversion] (source: http://overlays.gentoo.org...)
[...]
* vmware          [Subversion] (source: http://overlays.gentoo.org...)
* voip            [Subversion] (source: http://overlays.gentoo.org...)
* vps             [Subversion] (source: http://overlays.gentoo.org...)
* wschlich        [Subversion] (source: http://overlays.gentoo.org...)
* wschlich-testing [Subversion] (source: http://overlays.gentoo.org...)
* x11             [Git        ] (source: http://overlays.gentoo.org...)
```

Hinweis

Beachten Sie, dass layman nur als offiziell markierte Overlays anzeigt. Die notwendigen Informationen, um weitere Overlays einzubinden, sind in der Konfiguration jedoch vorhanden, so dass Sie unter *http://www.gentoo.org/proj/en/overlays/layman-global.txt* alle mit layman verwaltbaren Overlays einsehen können.

Installieren und Entfernen eines Overlays

Die Installation von Overlays erfolgt über den Schalter –a. Je nach Overlay wird das rsync-Protokoll oder ein Revisionskontrollsystem wie Subversion oder GIT zur Distribution des Overlays genutzt.

Die lokale Kopie der Overlays wird in einem nach dem Overlay benannten Verzeichnis unter /usr/portage/local/layman angelegt.

```
# layman -a gentoo-de
* Running command "/usr/bin/rsync -rlptDvz --progress --delete --delete-
after --timeout=180 --exclude="distfiles/*" --exclude="local/*" --
```

```
exclude="packages/*" "rsync://rsync.gentoo.de/gentoo-de-ebuilds/*" "/usr/
portage/local/layman/gentoo-de""...
receiving file list ...
1421 files to consider
header.txt
         196 100%  191.41kB/s     0:00:00 (xfer#1, to-check=1420/1421)
[...]
x11-themes/softcrystal/files/
x11-themes/softcrystal/files/digest-softcrystal-1.0
          74 100%    0.07kB/s     0:00:01 (xfer#994, to-check=0/1421)

sent 24586 bytes  received 616261 bytes  427231.33 bytes/sec
total size is 1475699  speedup is 2.30
* Successfully added overlay "gentoo-de".
```

Um ein installiertes Overlay wieder zu deinstallieren, nutzen Sie den Befehl `lay-
man -d <overlay>`.

```
# layman -d gentoo-de
* Successfully deleted overlay "gentoo-de".
```

Aktualisieren von Overlays

Bei der Aktualisierung von Overlays können Sie zwischen der Aktualisierung eines
einzelnen Overlays und der Aktualisierung aller installierter Overlays unterscheiden.

```
# layman -S
[...]
*
* Success:
* ------
* Successfully synchronized overlay "gentoo-de".
* Successfully synchronized overlay "gnome-experimental".
```

Sofern Sie nur einige wenige Overlays installiert haben, werden Sie es vermutlich
vorziehen, alle Overlays mit einem Kommando zu aktualisieren. Jedoch kann es
auch notwendig sein, ein einzelnes Overlay häufiger zu aktualisieren – etwa das
GNOME-Experimental-Overlay kurz nach Veröffentlichung einer neuen Version
des GNOME-Desktops.

```
# layman -s gnome-experimental
[...]
*
* Success:
* ------
* Successfully synchronized overlay "gnome-experimental".
```

7.7.3 Gebräuchliche Overlays

Einige Projekte innerhalb der Gentoo-Distribution sind dazu übergegangen, experimentelle Pakete wie Beta-Versionen oder Release-Candidates nicht im Portage Tree, sondern in Overlays zu pflegen. Ein Großteil dieser Overlays kann mit layman installiert und aktualisiert werden.

Eine vollständige Übersicht über mit layman nutzbare Profile erhalten Sie mit dem Kommando layman -L.

Die hier aufgelisteten Overlays sind die derzeit gebräuchlichsten. Die Auflistung soll einen Eindruck über verfügbare Overlays vermitteln.

Overlay-Name	Beschreibung
cell	Das cell-Overlay beinhaltet Unterstützung für die unter anderem in der Playstation 3 und IBM Blades genutzte Cell-Architektur.
gentopia	Das gentopia-Overlay von Gentoos Gentopia-Projekt verfolgt das Ziel eines »einfach funktionierenden« Desktop-Erlebnisses für die Gentoo-Distribution.
gnome-experimental	Das gnome-experimental-Overlay beinhaltet Beta-Versionen und Release-Candidates des GNOME-Desktops.
java-overlay	Das java-overlay wurde hauptsächlich zur Umstellung der Generation-2 der Java-Ebuilds genutzt.
kde / kde-experimental	Analog zu dem experimentellen GNOME-Overlay finden sich hier experimentelle KDE-Pakete sowie Ebuilds, aus denen heraus ein KDE basierend auf den aktuellen Quellen aus dem SVN des KDE-Projekts erstellt werden kann.
php-testing	Im php-testing-Overlay finden sich aktuelle und teils auch experimentelle Pakete der Programmiersprache PHP.
voip	Im voip-Overlay finden sich aktuelle und experimentelle Pakete für die freie Telefonanlage Asterisk und Erweiterungen.
webapps-experimental	Das webapps-experimental-Overlay beinhaltet Pakete zu Webapplikationen.

7.8 Fazit

In diesem Kapitel haben Sie die verschiedenen Zweige der Gentoo-Distribution kennen gelernt und erfahren, wie Sie trotz Nutzung des stabilen Zweigs auch Versionen von Paketen aus dem Test-Zweig installieren können – und wie Ihnen das Skript autounmask hierbei viel Handarbeit abnehmen kann.

Durch das Projekt overlays.gentoo.org hat sich die Anzahl von Overlays zur Erweiterung des Funktionsumfangs der Gentoo-Distribution enorm vergrößert. Sie haben die Ziele hinter overlays.gentoo.org kennen gelernt und können mit layman Overlays bequem und effizient verwalten.

## Kapitel 8

Arbeiten mit Portage

Über die bisher vorgestellten Funktionen wie USE-Flags, den Schutz von Konfigurationsdateien, die verschiedenen Zweige der Gentoo-Distribution und Overlays, der Installation von Anwendungen und der Aktualisierung des Systems hinaus verfügt Gentoos Paketmanagementsystem Portage zum einen über eine Vielzahl weiterer Möglichkeiten zur Konfiguration als auch zum anderen über weitere zahlreiche Funktionen.

Die Funktionalität wird durch eine Vielzahl weiterer Programme stark erweitert, die dort ansetzen, wo die in das Paketmanagement integrierten Funktionen aufhören.

Dieses Kapitel gibt zunächst einen Überblick über die zentralen Konfigurationsdateien wie /etc/make.conf und das Verzeichnis /etc/portage, Anpassungen und Optimierungen, die in diesen Konfigurationsdateien konfiguriert werden können, und stellt anschließend eine Vielzahl von Programmen vor, die die Funktionalität des Paketmanagements erweitern.

8.1   Konfigurationsdateien

Portage unterscheidet zwischen einer globalen Konfiguration, die für alle zu installierenden Pakete gültig ist, und einer lokalen Konfiguration, die nur auf einzelne Pakete zutrifft.

Die globale Konfiguration erfolgt über die Dateien /etc/make.conf und /etc/make.globals. In der Datei /etc/make.globals werden durch Gentoo-Entwickler Standardwerte gesetzt, die über die Datei /etc/make.conf durch den Anwender überschrieben und angepasst werden können. Änderungen und Anpassungen sollten daher ausschließlich in der Datei /etc/make.conf stattfinden.

Die lokale Konfiguration erfolgt über verschiedene Dateien im Verzeichnis /etc/portage/, beispielsweise das Aktivieren von USE-Flags pro Paket oder die Installation einzelner Pakete aus dem Test-Zweig. Darüber hinaus können im /etc/portage/ zusätzliche Anpassungen an dem Verhalten des Paketmanagementsystems vorgenommen werden.

8.1.1 /etc/make.conf

Die Konfigurationsdatei /etc/make.conf wird von Portage als Bash-Skript einge-lesen, das Setzen von Konfigurationsparametern erfolgt über Bash-Variablen.

Nach der Installation des Gentoo-Systems ist die Konfigurationsdatei /etc/make.conf noch relativ leer und beinhaltet nur eine minimale Konfiguration. Diese zwingend notwendigen Konfigurationen wurden bereits beim Erstellen des durch Sie während der Installation benutzten Stage-Archivs gesetzt.

```
# These settings were set by the catalyst build script
# that automatically built this stage
# Please consult /etc/make.conf.example for a more detailed example
CFLAGS="-O2 -march=i686 -pipe"
CHOST="i686-pc-linux-gnu"
CXXFLAGS="${CFLAGS}"
```

Listing 8.1: /etc/make.conf nach der Installation

Während der Installation haben Sie möglicherweise einige wenige weitere Variab-len gesetzt, wie SYNC zur Auswahl eines rsync-Mirrors zur Aktualisierung des Por-tage Tree, GENTOO_MIRRORS zum Festlegen bevorzugter Mirrorserver für Source-Archive und MAKEOPTS für die Parallelisierung von Kompilierungsvorgängen.

Zusätzlich zur /etc/make.conf, in der die Benutzerkonfiguration erfolgt, gibt es die Konfigurationsdatei /etc/make.globals. In dieser Konfigurationsdatei sind Standardwerte für essenzielle Konfigurationsparameter gesetzt, die jedoch durch die Benutzerkonfiguration überschrieben werden.

Wichtig

Nehmen Sie keine Änderungen an der Konfigurationsdatei /etc/make.globals vor!

Eine Übersicht über einen Großteil der möglichen Konfigurationsparameter mit Beispielen finden Sie in der Datei /etc/make.conf.example oder in der Man Page make.conf(5). Die wichtigsten Konfigurationsparameter sind mit prakti-schen Beispielen zusätzlich folgend beschrieben.

Konfiguration von Datenverzeichnissen

Der Portage Tree wird in der Standardkonfiguration im Verzeichnis /usr/portage abgelegt, die heruntergeladenen Quell-Archive im Verzeichnis /usr/portage/distfiles. Speziell bei Serversystemen mag der Wunsch bestehen, die /usr-Partition nur lesbar zu mounten oder den Portage Tree auf einer anderen Partition zu speichern, die aber gleichzeitig auch an anderer Stelle im Dateisystem eingehangen werden soll. Ein weiterer Benutzer möchte gerne die heruntergeladenen Quell-Archive auf einer per NFS gesharten Partition ablegen, die unter /export eingehangen ist.

Diese Pfade können deshalb durch das Setzen von Variablen angepasst werden – ganz nach Belieben.

PORTDIR Die Variable PORTDIR beinhaltet den Pfad, an dem der Portage Tree abgelegt ist, standardmäßig PORTDIR="/usr/portage". Wenn Sie den Pfad zur Ablage des Portage Tree ändern, sollten Sie die bisher unter /usr/portage abgelegte Kopie des Portage Tree an den neuen Speicherort verschieben, da ansonsten bei Durchführung der nächsten Aktualisierung des Portage Tree sämtliche Daten erneut heruntergeladen werden müssten.

DISTDIR Die Variable DISTDIR beinhaltet den Pfad, an dem heruntergeladene Source-Archive gespeichert werden, standardmäßig DISTDIR="$PORTDIR/distfiles". Wenn Sie den Pfad zur Ablage von Source-Archiven ändern, sollten Sie die bisher unter /usr/portage/distfiles gespeicherte Datei an den neuen Speicherort verschieben, da ansonsten erneut benötigte Source-Archive unnötigerweise wiederholt heruntergeladen werden müssten.

PKGDIR Die Variable PKGDIR setzt ein Verzeichnis, in dem Binär-Pakete der installierten Programme gespeichert werden können, standardmäßig PKGDIR="$PORTDIR/packages".

PORT_LOGDIR Die Variable PORT_LOGDIR setzt ein Verzeichnis, in dem Log-Dateien aller Installationsvorgänge gespeichert werden. Standardmäßig ist diese Variable nicht gesetzt, beim Erstellen von Fehlerberichten kann es jedoch hilfreich sein, eine vollständige Log-Datei anhängen zu können.

Die Log-Dateien werden angelegt, sobald die Variable PORT_LOGDIR gesetzt ist.

```
# nano -w /etc/make.conf
PORT_LOGDIR="/var/log/portage"
```

PORTAGE_TMPDIR Innerhalb des hinter der Variablen PORTAGE_TMPDIR hinterlegten Verzeichnisses werden die eigentlichen Kompilierungsvorgänge durchgeführt, standardmäßig in dem Verzeichnis /var/tmp/portage. Sofern Sie über genügend Arbeitsspeicher verfügen, können Sie das Verzeichnis /var/tmp/portage auch als tmpfs anlegen – sämtliche Kompilierungsvorgänge erfolgen dann direkt im Arbeitsspeicher.

Sie können das `tmpfs` entweder für einzelne Installationsvorgänge per Hand oder automatisch direkt beim Systemstart über einen Eintrag in der `/etc/fstab` anlegen. Der Parameter `size=2000M` gibt die Größe des anzulegenden `tmpfs` an.

```
# mount -t tmpfs tmpfs -o size=2000M /var/tmp/portage
# nano -w /etc/fstab
tmpfs    /var/tmp/portage    tmpfs    size=1500M    0 0
```

ACCEPT_KEYWORDS

Die Variable ACCEPT_KEYWORDS dient zur Auswahl des zu nutzenden Zweiges der Gentoo-Distribution. So sind dies beispielsweise für die x86-Architektur x86 für den stabilen Zweig und ~x86 für den Test-Zweig. Die Standardvorgaben des Paketmanagements sehen die Nutzung des stabilen Zweigs vor, so dass diese Variable nur für den Test-Zweig gesetzt werden muss.

```
# nano -w /etc/make.conf
ACCEPT_KEYWORDS="~x86"
```

Die Variable kann ebenfalls vor einem `emerge`-Aufruf gesetzt werden, wodurch bei Nutzung des stabilen Zweigs eine oder mehrere Anwendungen mitsamt ihrer Abhängigkeiten aus dem Test-Zweig installiert werden können. Von dieser Verwendung wird jedoch strikt abgeraten, da dies bei späteren Aktualisierungen zu Downgrades von Paketen führen wird. Als Workaround gab es in älteren Portage-Versionen die Funktion `--upgradeonly`, die Downgrades verhindert hat. Diese Funktion ist aus aktuellen Portage-Versionen jedoch entfernt worden.

Darüber hinaus ist dieses Verhalten seit Veröffentlichung der Portage-Version 2.0.50 nicht mehr notwendig, da aus dem Test-Zweig zu installierende Paketen ab dieser Portage-Version persistent über die Datei `/etc/portage/package.keywords` konfiguriert werden können.

CLEAN_DELAY

CLEAN_DELAY setzt die Länge der Pause nach dem Aufruf von `emerge clean`. Diese Pause kommt nach Aktualisierungen von Paketen vor der Deinstallation von Dateien der alten Version zum Tragen.

Standardmäßig beträgt der Wert fünf Sekunden, die Pause kann jedoch mit einem Wert von 0 Sekunden auch deaktiviert werden.

```
homer ~ # nano -w /etc/make.conf
CLEAN_DELAY="0"
```

EMERGE_WARNING_DELAY

Analog zu CLEAN_DELAY kommt diese Variable bei möglicherweise kritischen Aktionen des Paketmanagements zum Tragen – so zum Beispiel, wenn Sie über emerge --depclean nicht weiter benötigte Abhängigkeiten entfernen oder aber Pakete deinstallieren möchten, die zum Kern des Gentoo-Systems gehören.

Standardmäßig wird diese Pause auf zehn Sekunden gesetzt, Sie sollten diese Verzögerung nicht verkürzen.

CONFIG_PROTECT und CONFIG_PROTECT_MASK

Über die Variable CONFIG_PROTECT wird der in Kapitel 6 beschriebene Schutz von Konfigurationsdateien konfiguriert. Die Variable CONFIG_PROTECT beinhaltet sämtliche Verzeichnisse, für die der Schutz von Konfigurationsdateien greifen soll.

Standardmäßig greift dieser Schutz auf das Verzeichnis /etc zu, über die Variable CONFIG_PROTECT_MASK werden Ausnahmen definiert – im Allgemeinen das Verzeichnis /etc/env.d/.

EBEEP_IGNORE und EPAUSE_IGNORE

Über die Variablen EBEEP_IGNORE und EPAUSE_IGNORE können die in zahlreichen Ebuilds genutzten Funktionen ebeep und epause deaktiviert werden.

Diese Funktionen werden unter anderem genutzt, um Anwender auf wichtige Informationen zu Änderungen in Paketen aufmerksam zu machen – die Funktion ebeep verfehlt beispielsweise bei Servern, die in einem Rechenzentrum untergebracht sind, völlig ihren eigentlichen Sinn, die Funktion epause führt auch nur dann zum gewünschten Ergebnis, wenn Sie die Kompilierungsvorgänge detailliert vor dem Monitor beobachten – auch dieser Fall ist vermutlich eher unwahrscheinlich ;)

Stattdessen sollten Sie die Funktionalität des ELOG-Frameworks nutzen, nach Belieben können Sie die beiden Variablen zur Deaktivierung dieser Funktionen nutzen.

```
# nano -w /etc/make.conf
EBEEP_IGNORE
EPAUSE_IGNORE
```

EMERGE_DEFAULT_OPTS

Über die Variable EMERGE_DEFAULT_OPTS können Sie dem Standard-Aufruf von emerge weitere feste Parameter hinzufügen.

Unsinnige Optionen wie beispielsweise der Aufruf der Hilfefunktion über den Parameter `--help` werden nicht gefiltert, sinnvoll können beispielsweise die Optionen `--verbose` oder `--ask` sein.

```
# nano -w /etc/make.conf
EMERGE_DEFAULT_OPTS="--ask"
```

FETCHCOMMAND und RESUMECOMMAND

Die Variablen FETCHCOMMAND und RESUMECOMMAND erlauben das Festlegen von alternativen Kommandos zum Herunterladen der Quell-Archive, beispielsweise wenn `ftp` anstelle von `wget` benutzt werden soll.

GENTOO_MIRRORS

Über diese Variable können zu nutzende Mirror der Gentoo-Distribution zum Herunterladen von Quell-Archiven festgelegt werden. Es können sowohl HTTP- als auch FTP-Mirror gemischt angegeben werden.

Eine Übersicht über aktuell verfügbare Mirror befindet sich unter *http://www.gentoo.org/main/en/mirrors.xml*.

Zur Auswahl nahe gelegener und schnell erreichbarer Mirror kann die zusätzliche Anwendung `mirrorselect` genutzt werden.

```
# emerge mirrorselect
# mirrorselect -i -o >> /etc/make.conf
```

INSTALL_MASK

Die Variable INSTALL_MASK kann Dateinamen beinhalten, die Sie von einer Installation in das Gentoo-System ausschließen möchten, beispielsweise `ChangeLog.gz`-Dateien.

```
# nano -w /etc/make.conf
INSTALL_MASK="ChangeLog.gz"
```

Wenn Sie generell Info-Dateien, Man-Pages oder Dokumentationen zu einem Paket von der Installation ausschließen möchten, kann dies auch durch Setzen entsprechender FEATURES, wie in Abschnitt 8.1.3 beschrieben, erreicht werden.

PORTAGE_COMPRESS und PORTAGE_COMPRESS_FLAGS

Die Variablen PORTAGE_COMPRESS und PORTAGE_COMPRESS_FLAGS erlauben die Festlegung des Programms, mit dem Dokumentationsdateien komprimiert werden. Zusätzlich können weitere Optionen des Programms gesetzt werden. Standardmäßig wird `bzip2` zur Komprimierung mit der Option −9 genutzt.

Auf leistungsschwächeren Plattformen oder Embedded-Systemen kann die Verwendung von `gzip` auf Grund der niedrigeren CPU-Belastung von Vorteil sein.

8.1.2 CFLAGS und CXXFLAGS

In Foren oder Mailinglisten, zuweilen auch in Presseveröffentlichungen, wird immer wieder gerne betont, dass Gentoo so anders (oder gar besser) sei, weil man alles an seine eigene Hardware angepasst kompilieren könne.

Die Aussage ist so zwar nicht völlig falsch, der Vorteil, der sich allein durch die angepasste und optimierte Kompilierung für ein fixes Zielsystem erreichen lässt, liegt jedoch im unteren Promillebereich und ist somit bestenfalls messbar – jedoch nicht spürbar. Bei der Auswahl der einzusetzenden Compiler-Flags (CFLAGS für den C-Compiler und CXXFLAGS für den C++-Compiler) sollte daher nicht nur einzig die möglich erreichbare Optimierung ausschlaggebend sein, sondern vor allem eine Auswahl von Compiler-Flags, die auch zu einem stabilen System führen. Zusätzlich können Überlegungen wie ein zukünftig möglicher Austausch der CPU und ein Wechsel von einem AMD- auf ein INTEL-basiertes System sein – hier würden sich generischere Compiler-Flags anbieten, mit denen man zukünftigen Problemen bereits im Vorfeld aus dem Weg gehen kann.

Der wichtigste Aspekt bei der Auswahl von Compiler-Flags bleibt jedoch die Stabilität des erstellen Linux-Systems. Bei der Abwägung zwischen einer möglichen Leistungssteigerung von 0,5% und mit großer Wahrscheinlichkeit einhergehenden Instabilitäten sollten Sie immer auf der sicheren Seite bleiben und stabile Compiler-Flags nutzen. Ein Beispiel stellt das Compiler-Flag −ffast-math dar, das zwar zu Leistungssteigerungen führen kann, jedoch – sozusagen als Nebenwirkung – zur Folge hat, dass mathematische Berechnungen von mit diesem Compiler-Flag kompilierten Programmen durchaus zu falschen Ergebnissen führen können.

Neben dem eigentlichen Problem (hier potenziell fehlerhafte mathematische Berechnungen) sollten Sie davon ausgehen, dass Fehlerberichte unter `bugs.gentoo.org`, die Sie bei der Nutzung solcher als problematisch bekannter Compiler-Flags erstellen, von Gentoo-Entwicklern in der Regel kommentarlos geschlossen werden.

Die Variable CXXFLAGS verweist auf die Variable CFLAGS, so dass Sie die zu nutzenden Anpassungen und Optimierungen für den C-Compiler und C++-Compiler nur einmal setzen müssen – so lange Sie für den C++-Compiler keine anderen Optimierungen nutzen wollen als für den C-Compiler.

Die Dokumentation von Compiler-Flags an dieser Stelle beschränkt sich daher auf die grundlegende Konfiguration einer Optimierung auf den genutzten Prozessor und die Auswahl einer Optimierungsstufe.

Auswahl einer Prozessoroptimierung

Bei der Auswahl der Prozessoroptimierung wird im Wesentlichen zwischen den Compiler-Flags –mtune und –march unterschieden. Diesen werden jeweils als Argument festgelegte CPU-Typen übergeben, für die wiederum festgelegt ist, welche Optimierungen für den angegebenen CPU-Typ zutreffend sind.

Die Unterscheidung zwischen –mtune und –march ist eine gewisse Abwärtskompatibilität. Diese wird bei Nutzung des –mtune-Compiler-Flags durch Auslassung von ABI-Optimierungen und CPU-Instruktionen erreicht. So werden zum Beispiel Stage-Archive zur Installation von Gentoo auf x86-basierten Systemen – speziell VIA-C3- oder Pentium-I-Prozessoren – mit dem Compiler-Flag – mtune=i686 kompiliert. Trotz Optimierung auf i686-basierte Prozessoren sind diese Stage-Archive auch auf Prozessoren nutzbar, die nicht alle i686-Erweiterungen (hier im besonderen MMX) unterstützen.

Ob Sie auf die Nutzung von ABI-Optimierungen und CPU-Instruktionen zu Gunsten einer höheren Kompatibilität verzichten möchten, bleibt Ihnen überlassen. Anstelle von –march setzen Sie die Optimierung in diesem Fall über das Compiler-Flag –mtune.

Beachten Sie, dass das Setzen des –march-Flags das –mtune-Flag impliziert.

Im Folgenden finden Sie eine Auflistung der in Version 4 der GNU Compiler Collection definierten und unterstützten CPU-Typen für die x86- und AMD64-Architekturen.

CPU-Typ	Beschreibung
i386	Intels 386-CPU
i486	Intels 486-CPU
i586, pentium	Intels Pentium-CPU ohne MMX- Unterstützung
pentium-mmx	Intels Pentium MMX mit MMX-Unterstützung
i686, pentiumpro	Intels Pentium-Pro-CPU
pentium2	Intels Pentium-2-CPU basierend auf Pentium Pro mit MMX-Unterstützung
pentium3, pentium3m	Intels Pentium-3-CPU basierend auf Pentium Pro mit MMX- und SSE-Unterstützung sowie die mobile Variante Pentium 3 M

Tabelle 8.1: CPU-Typen

CPU-Typ	Beschreibung
pentium-m	Niedrigenergie-Version des Pentium 3 mit MMX- und SSE/SSE2-Unterstützung, in ersten Centrino-Notebooks eingesetzt.
pentium4, pentium4m	Intel-Pentium-4-CPU mit MMX- und SSE/SSE2-Unterstützung sowie die mobile Variante Pentium 4 M
prescott	Verbesserte Intel-Pentium-4-CPU mit MMX- und SSE/SSE2/SSE3-Unterstützung, wie Intel-Pentium-D- oder Intel-Core-Prozessoren
nocona	Verbesserte Intel-Pentium-4-CPU mit x86_64-Erweiterungen und Unterstützung von MMX und SSE/SSE2/SSE3, wie Intel-Pentium-D- oder Intel-Core-Prozessoren
k6	AMD-K6-CPU mit MMX-Unterstützung
k6-2, k6-3	Verbesserte Versionen der AMD-K6-CPU mit MMX- und 3dNOW!-Unterstützung
athlon, athlon-tbird	AMD-Athlon-CPU mit MMX-, 3dNOW!-, enhanced 3dNOW!- und Prefetch-SSE-Unterstützung
athlon-4, athlon-xp, athlon-mp	Verbesserte Versionen der AMD-Athlon-CPU mit MMX-, 3dNOW!-, enhanced 3dNOW!- und vollständiger SSE-Unterstützung
k8, opteron, athlon64, athlon-fx	Auf dem AMD-K8-Kern basierte CPU. Diese beinhaltet das x86_64-Instruktionsset, dieses ersetzt MMX, SSE, SSE2, 3dNOW!, enhanced 3dNOW!.
winchip-c6	IDT-Winchip-C6-CPU, ähnlich zu Intel 486 mit MMX-Unterstützung
winchip2	IDT-Winchip2-CPU, ähnlich zu Intel 486 mit MMX- und 3dNOW!-Unterstützung
c3	Via-C3-CPU mit MMX- und 3dNOW!-Unterstützung
c3-2	Via-C3-2-CPU mit MMX- und SSE-Unterstützung

Tabelle 8.1: CPU-Typen (Forts.)

Die Auswahl der Compiler-Optimierung bei Nutzung einer aktuellen Intel-Core2-Duo- oder AMD-Athlon64-X2-CPU mag am meisten unklar sein. Die wichtigste Unterscheidung hierbei ist, ob Sie ein x86-, also 32-Bit-System installieren oder ein AMD64-System (x86_64, 64 Bit).

Die Auswahl des CPU-Typs hängt allein davon ab, ob Sie ein 32-Bit-Gentoo-System (x86) oder ein 64-Bit-Gentoo-System (AMD64, x86_64) nutzen. Für eine aktuelle Intel-CPU setzen Sie bei Nutzung eines 32-Bit-Gentoo-Systems den CPU-Typ prescott, für ein Gentoo-System mit der AMD64-64-Bit-Architektur setzen Sie den CPU-Typ nocona.

Für eine aktuelle Intel-Pentium-D-CPU, die in einem 32-Bit-Gentoo-System genutzt wird, könnte die Konfiguration wie folgt aussehen:

```
# nano -w /etc/make.conf
CFLAGS="-march=prescott"
```

Hinweis

Der korrekte Name des Gentoo-Ports für 64-Bit-Intel-/AMD-Systeme wäre x86_64, wie die Architektur auch innerhalb des Linux-Kernels bezeichnet ist. Jedoch unterstützte der Port zu Beginn nur AMD-basierte 64-Bit-Systeme, so dass der Port von Beginn an als Gentoo/AMD64 bezeichnet wurde. In einer Diskussion über eine Umbenennung des Gentoo-Ports von AMD64 zu x86_64 fiel die Entscheidung, die Benennung des Ports beizubehalten.

Auswahl einer Optimierungsstufe

Neben der Optimierung der kompilierten Binärprogramme auf eine Prozessorarchitektur können weitere stabile Compiler-Flags über Optimierungsstufen aktiviert werden.

Ohne Angabe einer Optimierungsstufe findet über eine eventuell gesetzte Auswahl einer CPU-Optimierung keine Aktivierung von weiteren Compiler-Flags statt.

Die Optimierungsstufen werden über das Compiler-Flag -O gesetzt.

Es wird zwischen vier Optimierungsstufen unterschieden:

- -O oder -O1: Es werden Optimierungen vorgenommen, die eine Verbesserung der Ausführungsgeschwindigkeit der erzeugten Binärdateien zur Folge haben, die sich jedoch nicht negativ auf die Dauer der Kompilierung auswirken. Es werden die folgenden Compiler-Flags gesetzt: `-fdefer-pop -fdelayed-branch -fguess-branch-probability -fcprop-registers -floop-optimize -fif-conversion -fif-conversion2 -ftree-ccp -ftree-dce -ftree-dominator-opts -ftree-dse -ftree-ter -ftree-lrs -ftree-sra -ftree-copyrename -ftree-fre -ftree-ch -funit-at-a-time -fmerge-constants`

- -O2: Es werden zum einen die Optimierungen der Optimierungsstufe -O übernommen, darüber hinaus werden zusätzliche Optimierungen vorgenommen, die sowohl die Geschwindigkeit der erzeugten Binärdateien verbessern – aber auch eine längere Kompilierung bedeuten. Es werden zusätzlich die folgenden Compiler-Flags gesetzt: `-fthread-jumps -fcrossjumping -foptimize-sibling-calls -fcse-follow-jumps -fcse-skip-blocks -fgcse -fgcse-lm -fexpensive-optimizations -fstrength-reduce -frerun-cse-after-loop -frerun-loop-opt -fcaller-saves -fpeephole2 -fschedule-insns`

```
-fschedule-insns2  -fsched-interblock  -fsched-spec  -fregmove
-fstrict-aliasing -fdelete-null-pointer-checks -freorder-blocks
-freorder-functions  -falign-functions  -falign-jumps  -falign-
loops -falign-labels -ftree-vrp -ftree-pre
```

- -O3: Es werden zum einen die Optimierungen der Stufe –O2 übernommen, zusätzlich werden die folgenden Compiler-Flags gesetzt: `-finline-functions -funswitch-loops -fgcse-after-reload`

- -Os: Es werden zum einen die Optimierungen der Stufe –O2 übernommen, von diesen werden jedoch Compiler-Flags ausgelassen, die die Größe der erzeugten Binärdatei erhöhen. Diese Optimierungsstufe bietet sich bei der Erzeugung von Systemen für Embedded-Systeme an, bei denen die Größe der Programme entscheidend ist. Im Gegensatz zur Optimierungsstufe –O2 werden die folgenden Compiler-Flags nicht angewandt: `falign-functions -falign-jumps -falign-loops -falign-labels -freorder-blocks -freorder-blocks-and-partition -fprefetch-loop-arrays -ftree-vect-loop-version`

Wenn mehrere Optimierungsstufen angegeben werden, so wird die jeweils zuletzt gesetzte Optimierungsstufe durch den Compiler angewandt. Das heißt, bei Nutzung von CFLAGS="-Os –O3" würden die Optimierungen der Stufe 3 genutzt.

Zumeist empfiehlt sich die Nutzung der Optimierungsstufe –O2, die einen guten Kompromiss aus erreichbarer Performance, Stabilität und zusätzlichem Aufwand durch erhöhte Kompilierungszeiten bedeutet. Die Optimierungsstufe –Os bietet sich bei der Erzeugung von Binärdateien für Embedded-Systeme an, da hier möglichst kleine Programmdateien erzeugt werden.

```
# nano -w /etc/make.conf
CFLAGS="-O2 -march=prescott"
```

Wichtig

Die Optimierungsstufen werden über den großen Buchstaben O, nicht die Ziffer 0 angegeben!

8.1.3 FEATURES

Eines der mächtigsten Werkzeuge, um zusätzliche Funktionen und Programme in das Paketmanagementsystem Portage zu integrieren oder das Verhalten von Portage anzupassen, ist die Variable FEATURES in der Konfigurationsdatei /etc/make.conf.

Alle aktivierten Features werden durch ein Leerzeichen getrennt in der Variablen FEATURES geführt, durch Voranstellen eines Minus-Zeichens können vorgegebene Features jedoch auch deaktiviert werden, wie die Anpassung des Features metadata-transfer zeigen wird. Ähnlich wie bei USE-Flags werden auch einige FEA-TURES von den Gentoo-Entwicklern standardmäßig über das ausgewählte Profil aktiviert.

Die aktuell aktivierten Features können Sie sich wie folgt anzeigen lassen.

```
# emerge --info | grep FEATURES
FEATURES="distlocks metadata-transfer sandbox sfperms strict"
```

Im Folgenden ist eine Vielzahl wichtiger und häufig genutzter Features beschrieben, eine Auflistung sämtlicher in der aktuell von Ihnen genutzten Portage-Version vorhandenen Features können Sie der Man-Page make.conf(5) entnehmen.

```
# man make.conf
```

Sandbox

Die Sandbox ist eines der ältesten über die FEATURES-Variable aktivierbaren Features. Die Nutzung der Sandbox ermöglicht, die Kompilierung und Installation eines Pakets in einem abgeschotteten Bereich des Systems, der Sandbox, vorzunehmen. Aus der Sandbox heraus sind keine Schreibzugriffe auf das installierte Gentoo-System heraus möglich. So wird verhindert, dass Programme bei der Kompilierung oder Installation Dateien innerhalb des installierten Gentoo-Systems löschen oder editieren können.

```
make[2]: Nothing to be done for `all-am'.
make[2]: Leaving directory `/var/tmp/portage/net-analyzer/nagios-plugins-
1.4.8-r1/work/nagios-plugins-1.4.8'
make[1]: Leaving directory `/var/tmp/portage/net-analyzer/nagios-plugins-
1.4.8-r1/work/nagios-plugins-1.4.8'
>>> Source compiled.
---------------------- ACCESS VIOLATION SUMMARY ----------------------
LOG FILE = "/var/log/sandbox/sandbox-net-analyzer_-_nagios-plugins-1.4.8-
r1-17075.log"

open_wr:   /var/run/utmp
----------------------------------------------------------------------
```

In diesem Beispiel wurde versucht, während der Installation auf die Datei /var/run/utmp außerhalb der Sandbox zuzugreifen, was durch die Sandbox verhindert wurde. Zugriffe bei der Kompilierung oder Installation von Programmen sind in jedem Fall Fehler in den Paketen und sollten von Ihnen unter *http://bugs.gentoo.org* als Fehler berichtet werden.

Im Normalfall sollten Sie dieses Feature nicht deaktivieren, da es zum Schutz Ihrer Gentoo-Installation aktiv beiträgt.

Collision-Protection

Das Feature collision-protect verhindert das Überschreiben einer im Gentoo-System bereits installierten Datei durch eine Datei aus einem neu zu installieren-den Paket. Sollten zwei Pakete innerhalb des Portage Tree eine Datei /usr/bin/meine-datei installieren wollen, sollte eine parallele Installation der beiden Pakete in der Regel nicht möglich sein. Solche Kollisionen sind in jedem Fall Fehler in den Paketen und sollten von Ihnen unter *http://bugs.gentoo.org* als Fehler berich-tet werden.

Aktivieren Sie das Feature in der FEATURES-Variablen der Konfigurationsdatei /etc/make.conf:

```
# nano -w /etc/make.conf
FEATURES="collision-protect"
```

Über die Variable COLLISION_IGNORE in der Datei /etc/make.conf können Sie Pfade oder einzelne Dateien definieren, die Sie von diesem Schutz vor Kollisionen ausnehmen wollen.

ccache

Das Feature ccache bindet, wie der Name schon verrät, einen Compiler-Cache in das Paketmanagement ein. Bereits kompilierte Object-Files eines Kompiliervor-gangs werden in diesem abgelegt, um bei späteren Kompilierungen der gleichen Quell-Dateien wieder benutzt werden zu können. Dies funktioniert natürlich nur, wenn eine Quell-Datei erneut mit den gleichen Optionen und Compiler-Flags kom-piliert werden soll.

In der Gentoo-Distribution kann der Compiler-Cache wiederholte Installationen eines Pakets beschleunigen, beispielsweise wenn Sie USE-Flags geändert haben und ein Paket erneut installieren wollen. Aber auch die Installation neuerer Revisi-onen eines Pakets, in denen lediglich ein zusätzlicher Patch hinzugefügt wurde, können von der Nutzung des Compiler-Cache profitieren.

Vor der Nutzung muss das Programm über das Paketmanagement mittels emerge installiert werden, folgend kann das Feature in der Konfigurationsdatei /etc/make.conf aktiviert werden.

```
# emerge ccache
[...]
 * To use ccache with **non-Portage** C compiling, add
```

```
* /usr/lib/ccache/bin to the beginning of your path, before /usr/bin.
* Portage 2.0.46-r11+ will automatically take advantage of ccache with
* no additional steps.  If this is your first install of ccache, type
* something like this to set a maximum cache size of 2GB:
* # ccache -M 2G
>>> dev-util/ccache-2.4-r7 merged.
# nano -w /etc/make.conf
FEATURES="ccache"
```

Listing 8.2:   Installation und Aktivierung des Features Compiler-Cache

Über die Variable CCACHE_DIR können Sie den Speicherplatz des Compiler-Cache anpassen, ohne Konfiguration der Variablen wird Portage den Compiler-Cache unter /var/tmp/ccache anlegen und nutzen.

Zusätzlich können Sie die Größe des Compiler-Cache sowohl im Hinblick auf die maximale Anzahl an Dateien als auch auf die absolute Größe beschränken. Wenn Sie das ccache-Programm zur Administration und Konfiguration des Compiler-Cache ausführen, müssen Sie den Pfad zu dem unter /var/tmp/ccache angelegten Cache jeweils mitangeben.

```
# CCACHE_DIR=/var/tmp/ccache ccache -h
ccache, a compiler cache. Version 2.4
Copyright Andrew Tridgell, 2002


Usage:
        ccache [options]
        ccache compiler [compile options]
        compiler [compile options]    (via symbolic link)


Options:
    -s                      show statistics summary
    -z                      zero statistics
    -c                      run a cache cleanup
    -C                      clear the cache completely
    -F <maxfiles>           set maximum files in cache
    -M <maxsize>            set maximum size of cache (use G, M or K)
    -h                      this help page
    -V                      print version number
```

Eine Beschränkung der maximalen Anzahl von Dateien innerhalb des Cache oder der maximalen Größe können Sie über die Optionen –F und –M vornehmen. Über die Option –s können Sie Statistiken über den Cache anzeigen, direkt nach der Installation von ccache ist dieser noch leer.

```
# CCACHE_DIR=/var/tmp/ccache ccache -s
cache directory                    /var/tmp/ccache
cache hit                    0
cache miss                   0
files in cache               0
cache size                   0 Kbytes
max cache size               976.6 Mbytes
```

Wenn Sie jetzt beispielsweise das Programm ccache zweimal erneut installieren, wird beim ersten Installationsvorgang der Compiler-Cache gefüllt und beim zweiten Installationsvorgang von dem Compiler-Cache profitiert.

```
# emerge ccache
# CCACHE_DIR=/var/tmp/ccache ccache -s
cache directory                 /var/tmp/ccache
cache hit                    0
cache miss                   31
called for link              1
autoconf compile/link        14
no input file                3
files in cache               62
cache size                   156 Kbytes
max cache size               976.6 Mbytes
```

Der Cache beinhaltet nun 62 Dateien, bei 31 Anfragen an den Cache konnte der Compiler-Cache keine passenden Object-Files bereitstellen. Wenn Sie ccache nun erneut installieren, kommt der Compiler-Cache zum Tragen.

```
# emerge ccache
# CCACHE_DIR=/var/tmp/ccache ccache -s
cache directory                    /var/tmp/ccache
cache hit                    31
cache miss                   31
called for link              2
```

autoconf compile/link	28
no input file	6
files in cache	62
cache size	156 Kbytes
max cache size	976.6 Mbytes

Nach wie vor beinhaltet der Cache 62 Dateien, zusätzlich zu den 31 fehlgeschlagenen Anfragen an den Compiler-Cache vom vorangegangenen Installationsvorgang werden nun auch 31 erfolgreiche Anfragen an den Compiler-Cache von der letzten Installation des Programms ccache aufgelistet.

Bei solch kleinen Anwendungen wie ccache ist das Potenzial, Zeit durch den Installationsvorgang zu gewinnen, relativ gering, bei größeren Paketen wie Teilen des Desktops KDE ist das Potenzial entsprechend höher.

DistCC

Im Gegensatz zu ccache, das sich auf die wiederholte Installation von nahezu unveränderten Paketen konzentriert, bietet DistCC einen anderen Ansatz zur Beschleunigung der Kompilierung und damit von Installationsvorgängen.

DistCC macht sich das Vorhandensein mindestens eines weiteren PCs und die Parallelisierung von Kompilierungsvorgängen zunutze. Anstatt ein Paket nur auf einem PC zu kompilieren, werden Teile der Kompilierung auf einem anderen PC vorgenommen und die kompilierten Object-Files wieder an den ursprünglichen PC zurückgegeben. Diese werden dann erst dort mit Bibliotheken gelinkt.

Voraussetzung zur Nutzung von DistCC ist daher mindestens ein weiterer PC, auf dem ein Linux-System der gleichen Prozessorarchitektur installiert ist. Die aus binutils, glibc und dem Compiler GCC bestehende Toolchain muss auf beiden Installationen möglichst identisch sein. Eine Nutzung von DistCC ist nicht möglich, wenn auf einem PC die GNU Compiler Collection (GCC) in Version 3.4, auf dem anderen PC in Version 4.1 installiert ist. Zusätzlich muss die zu installierende Anwendung die Parallelisierung des Installationsvorgang unterstützen – dies ist jedoch bei den allermeisten Paketen der Fall, da diese Parallelisierung neben der Nutzung bei DistCC auch bei Mehrprozessor- und Mehrkern-Systemen wie aktuellen Core Duo genutzt werden kann und deren zunehmende Verbreitung dazu beigetragen hat, Fehler in der Parallelisierung in Anwendungen zu finden und zu beheben.

Im folgenden Beispiel wird auf einem PC A mit der IP-Adresse 192.168.0.1 der DistCC-Dienst installiert und gestartet. Auf einem PC B wird das Paketmanagement so konfiguriert, dass die Installationsvorgänge zum einen parallelisiert werden und zum anderen DistCC zur Verteilung von Kompilierungsvorgängen genutzt wird.

```
A # emerge distcc
A # nano -w /etc/conf.d/distccd
DISTCCD_OPTS="${DISTCCD_OPTS} --allow 192.168.0.0/24"
A # /etc/init.d/distccd start
```

Nach der Installation des DistCC-Dienstes auf PC A kann nun die Installation und Konfiguration des DistCC-Clients auf PC B erfolgen. Zur Festlegung der zu benutzenden weiteren DistCC-Dienste beinhaltet das DistCC-Paket das Hilfsprogramm distcc-config.

```
B # emerge distcc
B # distcc-config --set-hosts "localhost/2 192.168.0.1/1"
```

Über das Hilfsprogramm distcc-config werden die zu benutzenden DistCC-PCs und die Anzahl der gleichzeitig durch diese durchführbaren Kompilierungsvorgänge festgelegt. In diesem Beispiel werden gleichzeitig auf PC B zwei Kompilierungsvorgänge und auf PC A ein Kompilierungsvorgang durchgeführt.

Die letzendliche Einbindung von DistCC in das Paketmanagement erfolgt durch Aktivierung der Funktion in der Konfigurationsdatei /etc/make.conf. Zusätzlich wird über die Variable MAKEOPTS die Anzahl gleichzeitiger Kompilierungsvorgänge festgelegt.

```
B # nano -w /etc/make.conf
MAKEOPTS="-j3"
FEATURES="distcc"
```

buildpkg / buildsyspkg

Das Aktivieren der Features buildpkg und buildsyspkg führt dazu, dass vor Installation eines Pakets in das Gentoo-System hinein ein Binärpaket des Pakets erstellt wird, das Sie zusätzlich auf anderen Systemen installieren können oder bei einer erneuten Installation der gleichen Version der Anwendung nutzen können.

Das Paketmanagement erstellt hierbei ein mit bzip2 komprimiertes Tar-Archiv.

Die Features buildpkg und buildsyspkg unterscheiden sich in ihrem Geltungsbereich. Während das Feature buildpkg die Erstellung von Binärpaketen aller installierten Anwendungen veranlasst, werden über das Feature buildsyspkg nur Binärpakete von Paketen aus dem Basissystem erstellt. Mit denen Sie beispielsweise bei zukünftigen Problemen mit der Toolchain schnell das Basissystem wieder herstellen könnnen.

```
# nano -w /etc/make.conf
FEATURES="buildpkg"
```

Die so erstellten Binärpakete werden im Verzeichnis /usr/portage/packages abgelegt. Den Speicherpfad können Sie über die Variable PKGDIR anpassen.

nodoc, noman, noinfo

Über die Features nodoc, noman und noinfo kann die Installation von Dokumentationen zu Paketen nach /usr/share/doc, Man-Pages nach /usr/share/man und Info-Dateien nach /usr/share/info kontrolliert und gesteuert werden.

Sind die Features gesetzt, findet keine Installation von Dokumentationen, Man-Pages und Info-Dateien statt. Dies ist beispielsweise besonders bei der Entwicklung für Embedded-Systeme oder Systeme mit geringem Festplattenspeicher interessant.

```
# nano -w /etc/make.conf
FEATURES="noman noinfo nodoc"
```

Die Features nodoc, noman und noinfo können unabhängig voneinander gesetzt werden, so dass auch nur die Installation von Info-Dateien verhindert werden kann.

```
# nano -w /etc/make.conf
FEATURES="noinfo"
```

Der erreichbare Gewinn an Festplattenspeicherplatz ist abhängig von der Gesamtanzahl installierter Pakete, beträgt aber zumeist weniger als 100 MB. Sie sollten daher abwägen, ob der minimale Gewinn an Speicherplatz den Verlust des schnellen Zugriffs auf Paketdokumentationen und Man-Pages aufwiegt.

```
# du -sh /usr/share/{doc,info,man}
35M    /usr/share/doc
2M     /usr/share/info
52M    /usr/share/man
```

Die Variablen PORTAGE_COMPRESS und PORTAGE_COMPRESS_FLAGS erlauben die Festlegung des Programms, mit dem Dokumentationsdateien komprimiert werden. Zusätzlich können weitere Optionen des Programms gesetzt werden. Standardmäßig wird bzip2 zur Komprimierung mit der Option -9 genutzt.

Auf leistungsschwächeren Plattformen oder Embedded-Systemen kann die Verwendung von gzip auf Grund der niedrigeren CPU-Belastung von Vorteil sein.

parallel-fetch

Die Verwendung von parallel-fetch beschleunigt Installationsvorgänge und Aktualisierungen von mehreren Programmen durch das Herunterladen der benötigten Quell-Archive im Hintergrund.

```
# emerge --update world --pretend -verbose


These are the packages that would be merged, in order:


Calculating dependencies... done!
[ebuild     U ] app-portage/eix-0.9.6 [0.9.5] USE="-sqlite" 362 kB
[ebuild     U ] dev-perl/IO-Socket-SSL-1.06 [1.05] 46 kB
Total: 2 packages (2 upgrades), Size of downloads: 407 kB
```

Bei der Aktualisierung des System in diesem Beispiel müssen Quell-Archive zu beiden Paketen heruntergeladen werden, der Download des Archivs zu IO-Socket-SSL wird bei Aktivierung des Features parallel-fetch schon während der Aktualisierung von eix vorgenommen.

```
# nano -w /etc/make.conf
FEATURES="parallel-fetch"
```

Durch Verwendung dieses Features kann bei zeitgebundenen Internetzugängen auch kostbare Onlinezeit eingespart werden.

sfperms und suitctl

sfperms steht für Smart Filesystem Permissions. Das zumeist schon aus dem genutzten Profil heraus aktivierte Feature sfperms kontrolliert die Installation von Binärdateien in das installierte Gentoo-System. Vor der Installation in das Gentoo-System sorgt dieses Feature dafür, dass alle zu installierenden Dateien überprüft werden, ob setuid- oder setgid-Berechtigungen gesetzt werden.

Sind diese Berechtigungsbits gesetzt, werden bei setuid-Dateien die Lese-Berechtigungen der Gruppe und aller Systembenutzer und bei setgid die Lese-Berechtigungen für alle Systembenutzer entfernt.

Um darüber hinaus zu steuern, ob und welche Dateien mit gesetzten setuid- oder setgid-Bits installiert werden dürfen, erlaubt das zusätzliche Feature suitctl das

Führen einer Whitelist zur Installation von Programmen mit gesetzten Bits unter
/etc/portage/suidctl.conf.

Nach Aktivierung des Features in der Konfigurationsdatei /etc/make.conf können in der Datei /etc/portage/suidctl.conf alle Programme gelistet werden,
die mit dem setuid-Bit installiert werden sollen – in diesem Beispiel /bin/
passwd.

```
# nano -w /etc/make.conf
FEATURES="sfperms suidctl"


# nano -w /etc/portage/suidctl.conf
/bin/passwd
```

strict

Das Feature strict ist ebenfalls in den meisten Standardprofilen aktiviert und veranlasst das Paketmanagement zur strikten Verifizierung aller zu einem Ebuild,
Patchs und Quell-Archiven vorliegenden Prüfsummen. Schlägt die Verifizierung
einer Prüfsumme fehl, bricht das Paketmanagement die Installation des Pakets ab.

Die Prüfsummen werden in einer Manifest genannten Datei innerhalb des Paket-
verzeichnisses abgelegt. Um bei Kompromittierung eines Verfahrens, wie mit MD5
geschehen, weiterhin verlässliche Prüfsummen nutzen zu können, werden mehrere Verfahren, derzeit unter anderem SHA1, RMD160 und MD5, genutzt.

```
# less /usr/portage/net-www/apache/Manifest
[...]
EBUILD apache-2.2.4.ebuild 14160 RMD160
755d19fc194366cc311f3f1abd19c93aa69876d8 SHA1
5a933d0a23aca56e52cd9288ed40801d489f3015 SHA256 6716dc7

0779dd7b44a3f9618c7903c7185d9f1d8cff576b1fcec28b5c5c50d75

MD5 d4a6f219c512b7d2a7a2cad683d24d94 apache-2.2.4.ebuild 14160

RMD160 755d19fc194366cc311f3f1abd19c93aa69876d8 apache-2.2.4.ebuild 14160

SHA256 6716dc70779dd7b44a3f9618c7903c7185d9f1d8cff576b1fcec28b5c5c50d75
apache-2.2.4.ebuild 14160
[...]
```

distlocks

Das ebenfalls in den meisten Profilen konfigurierte Feature distlocks verhindert,
dass mehrere gleichzeitig laufende Instanzen des Paketmanagements gleichzeitig
auf Dateien zugreifen – angefangen beim Herunterladen von Quell-Archiven bis
hin zum Zugriff auf den internen Cache des Paketmanagements.

test

Über die Aktivierung des Features `test` können vor der Installation eines Pakets in das Gentoo-System automatisierte Tests dieses Pakets durchgeführt und seine volle und korrekte Funktionalität verifiziert werden.

Das Paketmanagement führt hierbei entweder durch die Paketbetreuer festgelegte Tests durch oder `test`-Targets, die bereits in die zu installierende Anwendung integriert sind.

Wenn Sie zur Qualitätssteigerung der Gentoo-Distribution beitragen wollen, aktivieren Sie das Feature und berichten fehlerhafte Tests in Paketen unter *http://bugs.gentoo.org* als Fehler. Neben dem Feature `test` sollten Sie auch das USE-Flag `test` aktivieren, da einige Programme zusätzliche Dateien oder Funktionalitäten zur Durchführung der Tests benötigen. Aktuelle Portage-Versionen aktiveren das USE-Flag automatisch.

```
# nano -w /etc/make.conf
FEATURES="test"
USE="test"
```

metadata-transfer

Das Feature `metadata-transfer` steuert die Generierung eines Metadaten-Cache nach jeder Aktualisierung des Portage Tree – der Name des Features mag jedoch ein wenig irreführend sein. Ein Metadaten-Cache wird während der Aktualisierung des Portage Tree mitübertragen, jedoch bei aktivertem Feature `metadata-transfer` darüber hinaus ein lokaler Metadaten-Cache im Anschluss an die Aktualisierung des Portage Tree generiert.

Um den übertragenen Metadaten-Cache zu nutzen und die zeit- und rechenintensive lokale Generierung des Metadaten-Cache zu umgehen, sind mehrere Schritte notwendig.

Zunächst muss das Feature `metadata-transfer` deaktiviert werden, beachten Sie zu seiner Deaktivierung das vorangestellte »-«-Zeichen.

```
# nano -w /etc/make.conf
FEATURES="-metadata-transfer"
```

Folgend muss das Paketmanagement angewiesen werden, ein anderes Cache-Framework zu nutzen. Dies geschieht in der Konfigurationsdatei `/etc/portage/modules`.

```
# nano -w /etc/portage/modules
portdbapi.auxdbmodule = cache.metadata_overlay.database
```

Abschließend muss der vorhandene lokale Cache entfernt werden.

```
# rm -r /var/cache/edb/dep/${PORTDIR}
```

8.2 Portage Tools

Neben der Integration zusätzlicher Funktionen und Anwendungen über die FEA-TURES-Variable in der zentralen Konfigurationsdatei /etc/make.conf gibt es eine Vielzahl weiterer Programme, die die Funktionalität des Paketmanagementsystems Portage erweitern und für Sie als Benutzer meist Lösung eines konkreten Problems sind.

In diesem Abschnitt werden zahlreiche Programme und Skripte vorgestellt, die sich meist zur Lösung eines konkreten Problems oder einer Aufgabe einsetzen lassen.

8.2.1 quickpkg

Das Skript quickpkg ist Bestandteil des Paketmanagementsystems Portage und ermöglicht das Erstellen von Binärpaketen aus installierten Paketen heraus. Im Gegensatz zu den als FEATURES verfügbaren Funktionen buildpkg und build-syspkg erstellt quickpkg die Binärpakete zu einem beliebigen Zeitpunkt nach der Installation in das Gentoo-System.

Anhand der Paketdatenbank unter /var/db/pkg werden alle zu einem einzelnen Paket gehörenden Dateien in einem Tar-Archiv zusammengefasst.

Hinweis

Beachten Sie, dass quickpkg alle Dateien in dem augenblicklichen Zustand in das Archiv aufnimmt. Veränderte oder angepasste Konfigurationsdateien werden nicht in ihrem ursprünglichen Installationszustand dem Archiv hinzugefügt.

```
# quickpkg
QUICKPKG ver 1.2
USAGE: quickpkg <list of pkgs>
   a pkg can be of the form:
      - /var/db/pkg/<CATEGORY>/<PKG-VERSION>/
      - single depend-type atom ...
          if portage can emerge it, quickpkg can make a package
          for exact definitions of depend atoms, see ebuild(5)
```

```
EXAMPLE:

   quickpkg /var/db/pkg/net-www/apache-1.3.27-r1
      package up apache, just version 1.3.27-r1
   quickpkg apache
      package up apache, all versions of apache installed
   quickpkg =apache-1.3.27-r1
      package up apache, just version 1.3.27-r1
```

Zur Erstellung des Binärpakets können Sie entweder einen Paketnamen oder eine feste Version eines Pakets angeben.

```
# quickpkg apache
 * Building package for apache-2.2.4-r1 ...          [ ok ]


 * Packages now in /usr/portage/packages:
 * apache-2.2.4-r1: 728K
```

8.2.2 equery

Das Python-Skript equery aus dem Paket gentoolkit hat gleich mehrere Funktionen, die vor, aber auch nach der Installation von Paketen hilfreich sein können. Zunächst muss das Paket gentoolkit installiert werden, sofern noch nicht geschehen:

```
# emerge gentoolkit
```

Die Funktion equery uses <paketname> bietet gegenüber dem pretend-Modus von emerge die zusätzliche Anzeige der Beschreibung der Funktion einzelner USE-Flags. Bei Paketen mit bislang für Sie unbekannten USE-Flags ersparen Sie sich die manuelle Suche in den Beschreibungsdateien zu USE-Flags.

```
# equery uses apache
[ Searching for packages matching apache... ]
[ Colour Code : set unset ]
[ Legend : Left column  (U) - USE flags from make.conf          ]
[        : Right column (I) - USE flags packages was installed with ]
[ Found these USE variables for net-www/apache-2.2.4-r1 ]
 U I
 - - doc          : Adds extra documentation (API, Javadoc, etc)
```

```
- - ldap           : Adds LDAP support (Lightweight Directory Access
                     Protocol)
- - mpm-event      : (experimental) Event MPM - a varient of the worker
                     MPM that tries to solve the keep alive problem -
                     requires epoll support and kernel 2.6
- - mpm-peruser    : (experimental) Peruser MPM - child processes have
                     seperate user/group ids
- - mpm-prefork    : Prefork MPM - non-threaded, forking MPM - similiar
                     manner to Apache 1.3
- - mpm-worker     : Worker MPM - hybrid multi-process multi-thread MPM
- - no-suexec      : Don't install suexec with apache
+ + ssl            : Adds support for Secure Socket Layer connections
- - static-modules : Build modules into apache instead of having them
                     load at run time
- - threads        : Adds threads support for various packages. Usually
                     pthreads
```

Eine weitere interessante Funktion, die beim Aufräumen vermeintlich unbenutzter globaler USE-Flags helfen kann, ist equery hasuse <USE-Flag>. Diese Funktion zeigt alle installierten Pakete im System an, die dieses USE-Flag unterstützen.

```
# equery hasuse qt3
[ Searching for USE flag qt3 in all categories among: ]
* installed packages
[I--] [ ] app-text/poppler-bindings-0.5.4 (0)
[I--] [ ] app-crypt/pinentry-0.7.2-r3 (0)
[I--] [ ~] net-dns/avahi-0.6.17 (0)
[I--] [ ~] net-print/hplip-1.7.3 (0)
```

Die Anzeige der Anzahl der zu einem Paket gehörenden Dateien und deren Größe kann über die Funktion size erfolgen.

```
# equery size apache
[ Searching for packages matching apache... ]
* size of app-admin/apache-tools-2.2.4-r1
        Total files : 17
        Total size  : 188.88 KiB
* size of net-www/apache-2.2.4-r1
        Total files : 203
        Total size  : 2459.53 KiB
```

8.2.3 epm

epm ist ein Perl-Skript, das versucht, das Verhalten des RPM-Paketmanagers so weit möglich auf die Gentoo-Distribution zu übertragen – mit Ausnahme der Installations- und Aktualisierungsfunktionen.

Das Skript epm muss zunächst installiert werden.

```
# emerge epm
```

Um zum Beispiel mit epm Informationen zum Apache-Paket anzuzeigen, nutzen Sie die Schalter -q für den Query-Modus und -i, um Informationen anzuzeigen.

```
# epm -q -i apache
Name         : apache
Version      : 2.2.4
Release      : 1                              Slot: 2
Install date: Wed May  9 18:26:02 2007    Build Host: homer
Group        : net-www                     License: Apache-2.0 Apache-1.1
Size         : 2130325
Packager     : kloeri
URL          : http://httpd.apache.org/
Summary      : The Apache Web Server.)
```

8.2.4 esearch und eix

Die Tools esearch und eix werden im Abschnitt 3.7.2 vorgestellt.

8.2.5 q* und die portage-utils

Die portage-utils sind eine Ansammlung weiterer Werkzeuge rund ums Paketmanagement. Sie unterscheiden sich von anderen in Perl oder Python realisierten Werkzeugen vor allem in der Geschwindigkeit – in C programmiert sind die portage-utils bei gleichen Funktionen teilweise erheblich schneller.

Zunächst müssen die portage-utils installiert werden.

```
# emerge portage-utils
```

quse

quse stellt innerhalb der portage-utils Funktionen rund um USE-Flags zur Verfügung. Zur Anzeige der Beschreibung von USE-Flags dient der Schalter -D, zu beachten ist die Unterscheidung zwischen lokalen und globalen USE-Flags in der Ausgabe.

```
# quse gtk -D
 global:gtk: Adds support for x11-libs/gtk+ (The GIMP Toolkit)
# quse classic -D
 local:classic:app-dicts/aspell-be: Support classic spelling by default
```

Wird quse ohne Angabe eines Schalters aufgerufen, sucht es nach allen verfügbaren Ebuilds, die ein USE-Flags unterstützen.

```
# quse qt4
app-text/poppler-bindings/poppler-bindings-0.5.3.ebuild gtk qt3 cairo qt4
app-text/poppler-bindings/poppler-bindings-0.5.4.ebuild gtk qt3 cairo qt4
dev-lang/qu-prolog/qu-prolog-7.4-r1.ebuild debug doc examples qt3 qt4
threads
dev-lang/qu-prolog/qu-prolog-7.4.ebuild debug doc qt3 qt4 threads
media-gfx/openmesh/openmesh-1.0.0.ebuild qt4 debug
media-gfx/openmesh/openmesh-1.9.4-r1.ebuild qt4 debug
```

qsize

Das Programm qsize gibt Informationen über die Anzahl an Dateien innerhalb von Paketen und deren Größe aus.

```
# qsize
Usage: qsize <pkgname> : calculate size usage

Options: -[fasSmkbvqChV]
  -f, --filesystem    * Show size used on disk
  -a, --all           * Size all installed packages
  -s, --sum           * Include a summary
  -S, --sum-only      * Show just the summary
  -m, --megabytes     * Display size in megabytes
  -k, --kilobytes     * Display size in kilobytes
  -b, --bytes         * Display size in bytes
  -v, --verbose       * Make a lot of noise

# qsize -f ^apache
net-www/apache-2.2.4-r1: 173 files, 30 non-files, 2395.0 KB
app-admin/apache-tools-2.2.4-r1: 11 files, 6 non-files, 88.0 KB
```

qsearch

qsearch erlaubt ähnlich wie eix oder esearch das Durchsuchen der Paketdatenbank – nicht nur nach installierten, sondern auch nach verfügbaren Paketen innerhalb des Portage Tree.

```
# qsearch

Usage: qsearch <regex> : search pkgname/desc


Options: -[acsSNHvqChV]
  -a, --all          * List the descriptions of every package in the cache
  -c, --cache        * Use the portage cache
  -s, --search       * Regex search package basenames
  -S, --desc    <arg> * Regex search package descriptions
  -N, --name-only    * Only show package name
  -H, --homepage     * Show homepage info
```

```
# qsearch apache

app-admin/apache-tools Useful Apache tools - htdigest, htpasswd, ab, htdbm

app-admin/apachetop A realtime Apache log analyzer

app-emacs/apache-mode Major mode for editing Apache configuration files

dev-perl/Apache-AuthCookie Perl Authentication and Authorization via
cookies

dev-perl/Apache-AuthTicket Cookie based access module.

qpkg
```

qlop

Mit qlop können Sie Statistiken über die Dauer von Installationsvorgängen einzelner Pakete auswerten. Die Informationen liest qlop standardmäßig aus der Log-
Datei /var/log/emerge.log aus.

```
# qlop -H apache
Usage: qlop <pkgname> : emerge log analyzer


Options: -[gtluscf:F:HvqChV]
  -g, --gauge        * Gauge number of times a package has been merged
  -t, --time         * Calculate merge time for a specific package
  -H, --human        * Print seconds in human readable format (needs -t)
  -l, --list         * Show merge history
```

```
 -u, --unlist          * Show unmerge history

 -s, --sync            * Show sync history

 -c, --current         * Show current emerging packages

 -f, --logfile  <arg> * Read emerge logfile instead of /var/log/emerge.log


# qlop -H -t apache

apache: 2 minutes, 48 seconds for 4 merges
```

qlist

qlist bietet vielfältige Anzeigemodi zu installierten Paketen und deren Slots,
Dateien, die zu Paketen gehören, und vieles mehr.

```
# qlist

Usage: qlist <pkgname> : list files owned by pkgname


Options: -[ISUDeadosvqChV]
 -I, --installed       * Just show installed packages

 -S, --slots           * Display installed packages with slots

 -U, --umap            * Display installed packages with flags used

 -D, --dups            * Only show package dups

 -e, --exact           * Exact match (only CAT/PN or PN without PV)

 -a, --all             * Show every installed package

 -d, --dir             * Only show directories

 -o, --obj             * Only show objects

 -s, --sym             * Only show symlinks
```

Eine Möglichkeit ist die Anzeige aller installierter Pakete, die den Suchstring ssl
im Namen tragen. Zusätzlich sollen unterstützte USE-Flags angezeigt werden.

```
# qlist -U ssl

app-text/docbook-dsssl-stylesheets

dev-libs/openssl (sse2 test zlib)

dev-python/pyopenssl
```

qfile

Mit qfile können Sie die Zugehörigkeit von Dateien zu Paketen rückwärts auflösen, die Shell bash wäre in diesem Beispiel Teil des gleichnamingen Pakets bash.

```
# qfile
Usage: qfile <filename> : list all pkgs owning files


Options: -[ef:m:oRx:vqChV]
  -e, --exact          * Exact match
  -f, --from     <arg> * Read arguments from file <arg> ("-" for stdin)
  -m, --max-args <arg> * Treat from file arguments by groups of <arg>
                         (defaults to 5000)
  -o, --orphans        * List orphan files
  -R, --root-prefix    * Assume arguments are already prefixed by $ROOT
  -x, --exclude  <arg> * Don't look in package <arg>


# qfile `which bash`
app-shells/bash (/bin/bash)
```

qcheck

Das Programm qcheck kann zur Verifikation der Integrität von Paketinstallationen
dienen. Die in der Paketdatenbank gespeicherten Prüfsummen werden mit denen
der aktuell im System vorhandenen Dateien verglichen.

```
# qcheck
Usage: qcheck <pkgname> : verify integrity of installed packages


Options: -[eauAHTvqChV]
  -e, --exact     * Exact match (only CAT/PN or PN without PV)
  -a, --all       * List all packages
  -u, --update    * Update missing files, chksum and mtimes for packages
  -A, --noafk     * Ignore missing files
  -H, --nohash    * Ignore differing/unknown file chksums
  -T, --nomtime   * Ignore differing file mtimes


# qcheck apache
Checking net-www/apache-2.2.4-r1 ...
 MD5-DIGEST: /etc/conf.d/apache2
  * 202 out of 203 files are good
Checking www-apache/mod_fcgid-2.1 ...
```

```
 * 9 out of 9 files are good
Checking app-admin/apache-tools-2.2.4-r1 ...
 * 17 out of 17 files are good
```

In diesem Beispiel stimmt die Prüfsumme der Datei /etc/conf.d/apache2 nicht mit der hinterlegten Prüfsumme überein – diese Konfigurationsdatei wurde editiert.

8.2.6 demerge

demerge zeichnet Systemzustände, das heißt installierte Anwendungen mitsamt der verwendeten USE-Flags, auf und das in einer beliebigen Anzahl von Versionen. So können Sie relativ gefahrlos neuere, experimentelle Versionen von Anwendungen oder ein neues USE-Flag ausprobieren und mit einem einzigen Kommando bei Nichtgefallen oder auftretenden Problemen auf den vorherigen Zustand zurückwechseln.

demerge muss zunächst installiert werden, anschließend kann der Systemstatus aufgenommen werden.

```
# emerge demerge

# demerge --record

demerge version 0.043 (using PortageXS-0.02.06)

Use this program carefully - otherwise you might run into problems.
You are root. You are responsible for your actions.
Bugs and requests go to ian <ian@gentoo.org>.

 * Using datadir: /root/.demerge

 * Recording current system state...... done
 * To restore the system-state run 'demerge --restore 1179080297'.
```

Wenn Sie nun fast nach Belieben Anwendungen installieren oder aktualisieren, können Sie diese mit demerge wieder zurücksetzen. Beachten Sie, dass Sie keine Anwendungen aus dem Basissystem der Gentoo-Distribution deinstallieren, da diese für das Funktionieren des Systems unabdingbar sind und auch mit demerge zumeist nicht wieder ohne Weiteres installiert werden können.

```
# demerge

demerge version 0.043 (using PortageXS-0.02.06)

* Using datadir: /root/.demerge

* Analyzing current state.. done

* Found previous states:

1179080297 (2007-05-13 20:18:17)
    -dev-perl/IO-Socket-SSL-1.06 USE=""
    +dev-perl/IO-Socket-SSL-1.05 USE=""

* To revert to one of the previous system-states run 'demerge --restore timestamp'.
```

In diesem Beispiel wurde eine neue Version des Perl-Moduls IO-Socket-SSL installiert. Um diese Aktualisierung rückgängig zu machen, können Sie den restore-Modus von demerge nutzen.

```
# demerge --restore 1179080297

demerge version 0.043 (using PortageXS-0.02.06)

* Using datadir: /root/.demerge

* Analyzing current state.. done

* Packages that will be uninstalled:
  dev-perl/IO-Socket-SSL-1.06 USE=""

* Packages that will be installed:
  dev-perl/IO-Socket-SSL-1.05 USE=""

Proceed? (y/n): y
```

8.2.7 autounmask

Wenn Sie neuere Versionen einzelner Programme in einem stabilen Gentoo-System installieren möchten, können Sie diese Programme über die Konfigurationdatei /etc/portage/package.keywords zur Installation freigeben. Bei einzelnen Anwendungen mag das noch per Hand machbar sein, um dies jedoch für eine ganze Desktop-Umgebung wie KDE oder GNOME durchzuführen, ist bei händischer Abarbeitung ein bisschen Zeit nötig. Abhilfe schafft das Perl-Skript autounmask.

```
# emerge autounmask
```

Um nun anstelle der Version 3.5.5 die neuere Version 3.5.6 von KDE zu installieren, müssen sämtliche Abhängigkeiten der /etc/portage/package.keywords-Datei hinzugefügt werden. autounmask übernimmt dies, wie der Name bereits verrät, automatisch.

```
# autounmask kde-base/kde-3.5.6

autounmask version 0.15 (using PortageXS-0.02.06)
Bugs and requests go to ian <ian@gentoo.org>.


* Using repository: /usr/portage


* Using package.keywords file: /etc/portage/package.keywords
* Using package.unmask file: /etc/portage/package.unmask


* Unmasking kde-base/kde-3.5.6 and its dependencies.. this might take a while..


* Added '=kde-base/kde-3.5.6 ~x86' to /etc/portage/package.keywords
* Added '=kde-base/kdeartwork-3.5.6 ~x86' to /etc/portage/package.keywords
* Added '=kde-base/kdebase-3.5.6-r3 ~x86' to /etc/portage/package.keywords
[...]
* Added '=kde-base/kdeutils-3.5.6 ~x86' to /etc/portage/package.keywords
* Added '=kde-base/kdeedu-3.5.6 ~x86' to /etc/portage/package.keywords
* done!
```

Nun ist die Version 3.5.6 der Desktop-Umgebung KDE zur Installation aus dem Test-Zweig freigegeben.

```
# emerge kde --pretend


These are the packages that would be merged, in order:
[...]
[ebuild  N   ] kde-base/kdeaddons-3.5.6  USE="arts berkdb sdl -debug -
kdeenablefinal -xinerama"
[ebuild  N   ] kde-base/kde-3.5.6  USE="-accessibility"
```

autounmask kann auch mit hart maskierten Anwendungen umgehen, die über die
Konfigurationsdatei /usr/portage/profiles/package.mask maskiert sind.

8.2.8 webapp-config

Zur Installation von Webapplikationen oder kurz Webapps wie beispielsweise der
Blogsoftware Wordpress, der Fotogalerie gallery oder dem Webmailer SquirrelMail
nutzt Gentoo das Tool webapp-config.

Im einfachsten Modus geschieht die Nutzung von webapp-config für Sie völlig
transparent, dies geschieht dann, wenn Sie bei Webapps das USE-Flag vhosts
nicht aktiviert haben. Die Installation und Aktualisierung von Webapplikationen
verläuft dann nicht anders als bei anderen Paketen auch.

Wenn Sie jedoch eine Webapplikation in einen anderen virtuellen Host des Webservers installieren wollen oder eine Webapplikation gleich in mehrere virtuelle Hosts,
hilft Ihnen webapp-config.

Setzen Sie zunächst global das USE-Flag vhosts.

```
# nano -w /etc/make.conf
USE="vhosts"
```

Im folgenden Beispiel werden wir die Webapplikation SquirrelMail in einen virtuellen Host mail.unseredomain.de installieren und später eine Aktualisierung der
Software vornehmen.

```
# emerge squirrelmail --pretend


These are the packages that would be merged, in order:


Calculating dependencies... done!
[ebuild  N   ] mail-client/squirrelmail-1.4.9a-r1  USE="crypt nls spell ssl
vhosts -filter -ldap -mysql -postgres"
```

```
# emerge squirrelmail

Calculating dependencies... done!

>>> Verifying ebuild Manifests...


>>> Emerging (1 of 1) mail-client/squirrelmail-1.4.9a-r1 to /
[...]
>>> Install squirrelmail-1.4.9a-r1 into /var/tmp/portage/mail-client/squirrel-
mail-1.4.9a-r1/image/ category mail-client
 * Installing squirrelmail files.
 * (config) htdocs/config/config.php
 * (config) htdocs/config/config_local.php
 * (config) htdocs/plugins/retrieveuserdata/config.php
 * (config) htdocs/plugins/gpg/gpg_local_prefs.txt
 * (config) htdocs/plugins/show_ssl_link/config.php
 * (config) htdocs/plugins/secure_login/config.php
 * (server owned) htdocs/data
 * (server owned) htdocs/index.php
 * (info) /usr/portage/mail-client/squirrelmail/files/postinstall-en.txt (lang: en)
>>> Completed installing squirrelmail-1.4.9a-r1 into /var/tmp/portage/mail-cli-
ent/squirrelmail-1.4.9a-r1/image/
[...]
 * The 'vhosts' USE flag is switched ON
 * This means that Portage will not automatically run webapp-config to
 * complete the installation.
 *
 * To install squirrelmail-1.4.9a-r1 into a virtual host, run the following command:
 *
 *    webapp-config -I -h <host> -d squirrelmail squirrelmail 1.4.9a-r1
 *
 * For more details, see the webapp-config(8) man page
>>> mail-client/squirrelmail-1.4.9a-r1 merged.
>>> Recording mail-client/squirrelmail in "world" favorites file...
```

Bei der Installation von SquirrelMail fällt direkt eine erste Besonderheit auf, die als
(config) gekennzeichneten Dateien sind Konfigurationsdateien. Bei diesen greift
dank webapp-config bei späteren Aktualisierungen auch der Schutz von Konfigurationsdateien, wie in Kapitel 6 beschrieben. Der Unterschied ist lediglich, dass dieser Schutz bei Webapplikationen nur bei in den Paketen als Konfigurationsdatei
festgelegten Dateien greift.

SquirrelMail kann nun in den virtuellen Host `mail.unseredomain.de` installiert werden. Über den Parameter –d wird das Verzeichnis innerhalb des virtuellen Hosts angegeben.

```
# webapp-config -I -h mail.unseredomain.de -d / squirrelmail 1.4.9a-r1
```

Um SquirrelMail später zu aktualisieren, installieren Sie wie gewohnt die neue Version des `squirrelmail`-Pakets. Die Aktualisierung der Installation in einem oder mehreren virtuellen Hosts müssen Sie mit `webapp-config` selbst vornehmen – so können Sie bei Bedarf unterschiedliche Versionen einer Webapplikation in verschiedenen virtuellen Hosts installieren und trotzdem mit dem Paketmanagement und `webapp-config` Kontrolle darüber behalten.

8.2.9 http-replicator

Wenn sich in Ihrem lokalen Netzwerk mehrere Computer mit Gentoo-Installationen befinden, werden Sie über kurz oder lang darüber nachdenken, einen lokalen Mirror für die Quell-Archive anzulegen. Ob Sie nun regelmäßig von Clients die verwendeten Quell-Archive an eine zentrale Stelle kopieren oder direkt ca. 40 GB Speicherplatz für einen regelmäßig aktualisierten Mirror opfern – optimal sind beide Lösungen nicht.

Eine Lösung des Problems kann der Einsatz eines Proxy-Servers sein, der von einem Client benötigte Quell-Archive auch für weitere Clients vorhält. Neben dem Squid Proxy, der hierfür in Frage käme, kann auch das Programm `http-replicator`[1] auf einem zentralen Server installiert werden. Dies wurde genau für diesen Zweck entwickelt und bringt nötige Werkzeuge zur Erstellung und Verwaltung des Proxy-Servers direkt mit.

Zunächst muss der `http-replicator` installiert werden.

```
# emerge http-replicator
```

Nach der Installation müssen Sie den Pfad angeben, in dem der Cache angelegt werden soll. Auf dieser Partition sollten nach Möglichkeit fünf GB Speicherplatz allein für `http-replicator` bereitstehen. Ebenfalls sollten Sie die Netzwerkadressen überprüfen, aus denen heraus Zugriff auf den Proxy-Server erlaubt wird. Standardmäßig sind die privaten Adress-Bereiche 10.0.0.0/8 und 192.168.0.0/16 freigegeben.

---

[1] Weitere Informationen und Diskussionen rund um `http-replicator` finden Sie in den Gentoo-Foren unter *http://forums.gentoo.org/viewtopic-t-173226.html.*

```
# nano -w /etc/conf.d/http-replicator
## Set the cache dir
GENERAL_OPTS="--dir /var/cache/http-replicator"

## The ip addresses from which access is allowed. Can be used as many times
## as necessary. Access from localhost is allowed by default.
DAEMON_OPTS="$DAEMON_OPTS --ip 192.168.*.*"
DAEMON_OPTS="$DAEMON_OPTS --ip 10.*.*.*"
```

Mit dem Kommando repcacheman können Sie nun bereits mit unter /usr/por-
tage/distfiles verfügbaren Quell-Archiven den Cache initial befüllen.

```
# /usr/bin/repcacheman
Begin Http-Replicator Setup....
      created /var/cache/http-replicator/
      changed owner of /var/cache/http-replicator/ to portage

Replicator's cache directory: /var/cache/http-replicator/
Portage's DISTDIR: /usr/portage/distfiles/

Comparing directories....
Done!
```

Nach dem Initialisieren des Cache können Sie den http-replicator starten und
dem default-Runlevel hinzufügen.

```
# /etc/init.d/http-replicator start
* Starting Http-Replicator ...                    [ ok ]
# rc-update add http-replicator default
 * http-replicator added to runlevel default
```

Setzen Sie nun noch die Variable http_proxy in der Konfigurationsdatei /etc/
make.conf auf allen Gentoo-Systemen, damit der Proxy-Server von allen Gentoo-
Systemen genutzt wird.

```
# nano -w /etc/make.conf
http_proxy="http://<ip-adresse-des-servers>:8080"
```

Um nicht länger benötigte Quell-Archive zu löschen, können Sie von Zeit zu Zeit das Programm `repcacheman` ausführen. Dieses prüft, ob noch Quell-Archive von Paketen vorhanden sind, die bereits in neueren Versionen vorliegen.

8.3 ELOG

Einer der ältesten mit Veröffentlichung der Portage-Version 2.1 geschlossenen Bugs hatte fast vier Jahre auf dem Buckel. Man könnte also fast sagen: »Was lange währt, wird endlich gut.« In Gentoo-Bug #11359 stellte der damalige Gentoo-Entwickler Tilman Klar erste Patchs für eine Funktionalität zum Mitloggen der `einfo`- und `ewarn`-Meldungen vor.

Die ELOG-Implementierung

Die heutige Implementierung in Portage 2.1 und neuer geht über das bloße Loggen hinaus, sie ist modular aufgebaut und erlaubt es fein granuliert festzulegen, welche Ausgaben wie verarbeitet werden sollen. Hierzu gibt es verschiedene Module, aber es ist auch möglich, eigene Verarbeitungskommandos zu definieren.

Die Konfiguration des ELOG-Frameworks erfolgt über Umgebungsvariablen in der Konfigurationsdatei `/etc/make.conf`. Zur Aktivierung müssen Sie die Variable `PORTAGE_ELOG_CLASSES` zur Auswahl der zu loggenden Elemente setzen. Es stehen folgende Logstufen zur Verfügung:

- info: Informative Meldungen
- warn: Warnungen
- error: Fehlermeldungen
- log
- qa

Aktivieren des ELOG-Frameworks

Zur Nutzung des ELOG-Frameworks kann darüber hinaus die Variable `PORT_LOGDIR` in der Konfigurationsdatei `/etc/make.conf` gesetzt werden.

```
# nano -w /etc/make.conf
PORT_LOGDIR="/var/log/portage"
PORTAGE_ELOG_CLASSES="warn error info log"
```

Um nun einerseits die Nachrichten unter `PORT_LOGDIR/elog` zu speichern und andererseits als E-Mail zu versenden, werden das `save`- und das `mail`-Modul aktiviert.

```
# nano -w /etc/make.conf
PORTAGE_ELOG_SYSTEM="mail save"
```

Wenn Sie das mail-Modul nutzen, müssen Sie über Variablen mindestens festlegen, wer die E-Mails empfangen soll. Darüber hinaus können Sie einen Absender festlegen und den Betreff der E-Mail anpassen. Hier können Sie über Variablen den Hostnamen und das betreffende Paket angeben und so die Nachrichten bei mehreren verwalteten Gentoo-Systemen direkt in das richtige Postfach übersichtlich einordnen.

```
# nano -w /etc/make.conf
PORTAGE_ELOG_MAILURI="tobias@localhost localhost"
PORTAGE_ELOG_MAILFROM="portage@localhost"
PORTAGE_ELOG_MAILSUBJECT="Paket \${PACKAGE} auf Host \${HOST} installiert"
```

Wenn auf Ihrem System kein vollwertiger Mailserver installiert ist, können Sie auch den Mailserver des Providers nutzen – mit SMTP-Authentifizierung versteht sich.

```
# nano -w /etc/make.conf
PORTAGE_ELOG_MAILURI="tobias@scherbaum.info benutzer:passwort@server"
```

ELOG-Viewer

Die unter /var/log/portage/elog gespeicherten Log-Dateien des ELOG-Frameworks können Sie sich entweder mit einem Text-Editor ansehen – oder Sie benutzen eines der Programme elogv, elogviewer oder kelogviewer. Während elogviewer auf GTK+ und kelogviewer auf Qt basiert, kann elogv auch auf der Konsole genutzt werden.

```
dev-python/sip-4.6 - 20070513
dev-perl/IO-Socket-SSL-1.06 - 20070513
dev-perl/IO-Socket-SSL-1.06 - 20070513
dev-python/PyQt-3.17.2 - 20070513
app-portage/elogviewer-0.5.1 - 20070513
app-portage/elogv-0.5.1 - 20070513
dev-perl/IO-Socket-SSL-1.06 - 20070513



In order to use this software, you need to activate
Portage's elog features.         Required is
                PORTAGE_ELOG_SYSTEM="save"
and at least one out of
                PORTAGE_ELOG_CLASSES="warn error info log qa"
More information on the elog system can be found
in /etc/make.conf.example

To operate properly this software needs the directory
/var/log/portage/elog created, belonging to group portage.
To start the software as a user, add yourself to the portage
group.

INFO: other
Removing /usr/share/info
Removing /usr/share/doc
                                                Continue...
                        Press F1 to show the help screen
```

Abb. 8.1:   Anzeige von Informationen aus dem ELOG-Framework mit elogv

8.4   Fazit

Dieses Kapitel hat die weitere Anpassung und Konfiguration des Paketmanagements beschrieben. Angefangen bei der Konfigurationsdatei /etc/make.conf, Compiler-Flags und FEATURES – bis hin zu zahlreichen weiteren Programmen, die das Leben und vor allem Arbeiten mit Gentoos Paketmanager einfacher und bequemer machen können.

Der abschließende Blick auf das ELOG-Framework zeigte, wie Sie auch bei mehreren Gentoo-Installationen immer bestens informiert bleiben.

## Kapitel 9

Systemadministration

Dieses Kapitel beschreibt nahezu alltägliche Administrationsaufgaben. Neben dem Anlegen von Benutzern und Gruppen und der Zuweisung von Berechtigungen über Gruppenzugehörigkeiten zeigt Ihnen dieses Kapitel die Funktionalität von Gentoos Runlevel-System und die Nutzung von Gentoos Baselayout.

Dies erlaubt, einfach statische und dynamische IP-Konfigurationen, egal ob drahtgebunden oder kabellos, durchzuführen. Die Beispiele eines DSL-Routers und einer Bridge zeigen Ihnen weitere Möglichkeiten, mit Gentoos Baselayout Netzwerkkonfigurationen umzusetzen.

9.1 Benutzer und Gruppen

Die Gentoo-Distribution selbst beinhaltet neben den Kommandos `useradd` und `groupadd` standardmäßig keine weiteren Programme zum Verwalten von Benutzeraccounts. Für die Desktop-Umgebungen KDE und GNOME gibt es Tools, die diese Aufgabe übernehmen, jedoch ist es auch mit `useradd` und `groupadd` ein Leichtes, neue Benutzer anzulegen.

9.1.1 Anlegen von Benutzern und Gruppen

In diesem Beispiel legen wir den Benutzer `tobias` mit einer eigenen Gruppe `tobias` an, der weiterhin Mitglied in den Gruppen `audio`, `video`, `cron`, `wheel` und `plugdev` ist. Das Home-Verzeichnis des Benutzers soll als `/home/tobias` erstellt werden, also der Standardvorgabe entsprechen.

Zunächst legen Sie die Gruppe für den Benutzer an. Geben Sie keine feste Gruppen-ID an, so wird die nächste freie verwendet.

```
# groupadd tobias
```

Rufen Sie `useradd` nun zunächst ohne weitere Parameter auf und sehen Sie sich die vorhandenen Optionen an. Welche davon werden beim Anlegen des Benutzers `tobias` nach den obigen Vorgaben benötigt?

```
# useradd
Usage: useradd [options] LOGIN

Options:
  -b, --base-dir BASE_DIR      base directory for the new user account
                               home directory
  -c, --comment COMMENT        set the GECOS field for the new user account
  -d, --home-dir HOME_DIR      home directory for the new user account
  -D, --defaults               print or save modified default useradd
                               configuration
  -e, --expiredate EXPIRE_DATE set account expiration date to EXPIRE_DATE
  -f, --inactive INACTIVE      set password inactive after expiration
                               to INACTIVE
  -g, --gid GROUP              force use GROUP for the new user account
  -G, --groups GROUPS          list of supplementary groups for the new
                               user account
  -h, --help                   display this help message and exit
  -k, --skel SKEL_DIR          specify an alternative skel directory
  -K, --key KEY=VALUE          overrides /etc/login.defs defaults
  -m, --create-home            create home directory for the new user
                               account
  -n, --user-group             create a new group with the same name as the
                               new user
  -o, --non-unique             allow create user with duplicate
                               (non-unique) UID
  -p, --password PASSWORD      use encrypted password for the new user
                               account
  -s, --shell SHELL            the login shell for the new user account
  -u, --uid UID                force use the UID for the new user account
```

Benötigt werden die Parameter –g für die primäre Gruppe des Benutzers, -G für weitere Gruppenmitgliedschaften sowie –m für das Erstellen des Home-Verzeichnisses des Benutzers.

```
# useradd -g tobias -G audio,video,cron,wheel,plugdev -m tobias
```

Nach dem Anlegen können Sie den Benutzeraccount nun anzeigen.

```
# id tobias
uid=1003(tobias) gid=1009(tobias)
Gruppen=1009(tobias),10(wheel),18(audio),27(video),442(plugdev),16(cron)
```

Die Angabe des Parameters –u war nicht erforderlich, da keine User-ID vorgegeben war und somit die nächste freie verwendet werden konnte, hier die User-ID 1003.

superadduser

Wem der Weg über die Konsole zu aufwändig ist, der kann das Skript superadduser benutzen. Dieses fragt die gewünschte User-ID, Login-Namen, Gruppenzugehörigkeiten, Shell und Verzeichnis des anzulegenden Benutzers bequem ab.

```
# superadduser
Login name for new user []: tobias


User ID ('UID') [ defaults to next available ]:


Initial group [ users ]:


Additional groups (comma separated) []: wheel,cron,audio,video,games


Home directory [ /home/tobias ]


Shell [ /bin/bash ]


Expiry date (YYYY-MM-DD) []:


New account will be created as follows:


----------------------------------------
Login name.......: tobias
UID..............: [ Next available ]
Initial group....: users
Additional groups: wheel,cron,audio,video,games
Home directory...: /home/tobias
Shell............: /bin/bash
```

```
Expiry date......:  [ Never ]
This is it... if you want to bail out, hit Control-C.  Otherwise, press
ENTER to go ahead and make the account.
```

Listing 9.1: Anlegen von Benutzern mit superadduser

9.1.2 Zuweisung von Berechtigungen durch Gruppenmitgliedschaften

Über die Zugehörigkeit zu Gruppen werden weitere Privilegien für Benutzer vergeben. Über das Kommando gpasswd -a <username> <gruppe> können Sie Benutzer einer Gruppe hinzufügen oder über gpasswd -d <username> <gruppe> wieder entfernen.

Gruppe	Beschreibung
audio	Der Benutzer darf auf Audio-Geräte zugreifen.
cdrom	Der Benutzer darf auf CD- und DVD-ROM-Laufwerke zugreifen.
cron	Der Benutzer darf eigene Cron-Jobs anlegen.
floppy	Der Benutzer darf auf Diskettenlaufwerke zugreifen.
games	Der Benutzer darf Spiele ausführen.
portage	Der Benutzer bekommt innerhalb des Paketmanagements zusätzliche Rechte eingeräumt.
usb	Der Benutzer darf USB-Geräte benutzen.
plugdev	Der Benutzer kann Wechseldatenträger wie USB-Sticks mounten.
video	Der Benutzer darf auf Video-Geräte zugreifen und Hardware-Beschleunigung benutzen.
wheel	Der Benutzer darf das Kommando su benutzen.

Tabelle 9.1: Vordefinierte Gruppen und deren Berechtigungen

9.2 Runlevel

Über Runlevel steuern Sie, welche Dienste zu welchem Zeitpunkt und in welchem Runlevel gestartet werden. Die Runlevel 0 (shutdown) und 6 (Reboot) funktionieren bei allen Distributionen gleich, auch der Single-User Mode wird bei allen Distributionen als Runlevel 1 geführt.

Bei anderen Runleveln geht Gentoo jedoch einen anderen Weg. Während andere Distributionen beispielsweise ein Runlevel 3 für ein System ohne grafische Benutzeroberfläche und Runlevel 5 für ein System mit ebensolcher benutzen, kennt Gentoo standardmäßig nur die Runlevel boot und default.

Die Reihenfolge, in der die Init-Skripte innerhalb eines Runlevels ausgeführt werden, ergibt sich aus den Init-Skripten – diese beinhalten Informationen, welche

Init-Skripte zuvor gestartet werden müssen. Beispielsweise das Netzwerk, bevor der Apache Webserver gestartet werden kann.

9.2.1 Das boot- und default-Runlevel

Während boot als ein virtuelles Runlevel von init direkt gestartet wird, starten Sie über das default-Runlevel weitere, für den eigentlichen Systemstart jedoch unkritische Dienste.

Das boot-Runlevel

Innerhalb des boot-Runlevels werden sämtliche unabdingbaren Init-Skripte ausgeführt, wie das Mounten von Partitionen, Aktivieren der Loopback-Schnittstelle oder Konfigurieren des Hostnamens.

Die im boot-Runlevel installierten Init-Skripte können Sie über das rc-update-Kommando anzeigen.

```
# rc-update show boot
        bootmisc | boot
         checkfs | boot
       checkroot | boot
           clock | boot
      consolefont | boot
        hostname | boot
         keymaps | boot
      localmount | boot
         modules | boot
          net.lo | boot
       rmnologin | boot
         urandom | boot
         volumes | boot
```

Wichtig

Sie sollten keine Init-Skripte aus dem boot-Runlevel entfernen, dies kann Ihr System in einen Zustand versetzen, aus dem heraus es nicht weiter gebootet werden kann.

Das default-Runlevel

Über das default-Runlevel konfigurieren Sie den Start von Systemdiensten wie NFS, Apache oder einer MySQL-Datenbank während des Systemstarts.

In einer Standardinstallation von Gentoo sind nur die Init-Skripte netmount und local im default-Runlevel installiert. Auf einem fertig installierten Desktopsystem sind dann Dienste wie xdm, syslog-ng oder die Netzwerkschnittstelle net.eth0 zusätzlich im default-Runlevel zu finden.

```
# rc-update show default
             acpid | default
             cupsd | default
              dbus | default
              hald | default
  http-replicator | default
          net.eth0 | default
        ntp-client | default
           portmap | default
              sshd | default
         syslog-ng | default
            vmware | default
               xdm | default
```

9.2.2 Runlevel bearbeiten

Das Hinzufügen und Entfernen von Init-Skripten nehmen Sie über das Tool rc-update vor. Dieses kennt die Optionen add, del und show. Als Parameter müssen Sie bei Nutzung der add-Option in jedem Fall, bei den del- und show-Optionen optional das zu bearbeitende Runlevel angeben.

Runlevel bearbeiten

Im folgenden Beispiel wird zunächst der Systemlogger syslog-ng dem Runlevel default hinzugefügt und anschließend entfernt.

```
# rc-update add syslog-ng default
 * syslog-ng added to runlevel default
# rc-update del syslog-ng
 * 'syslog-ng' removed from the following runlevels: default
```

Wäre syslog-ng aber noch in einem weiteren Runlevel installiert, wäre er auch aus diesem entfernt worden. Daher können Sie bei der del-Option zusätzlich das Runlevel angeben, aus dem ein Dienst entfernt werden soll – die Ausgabe unterscheidet sich in diesem Fall nicht.

```
# rc-update del syslog-ng default
 * 'syslog-ng' removed from the following runlevels: default
```

Runlevel anzeigen

Die Anzeige der aktuell in Runlevel installierten Init-Skripte erfolgt über die Option show. Hier haben Sie die Auswahl, die Anzeige für alle Runlevel oder ein spezielles Runlevel vorzunehmen

```
# rc-update show
            acpid |      default
        alsasound | boot
         bootmisc | boot
          checkfs | boot
        checkroot | boot
            clock | boot
       consolefont | boot
            cupsd |      default
             dbus |      default
             hald |      default
[...]
```

Um nur die in einem speziellen Runlevel installierten Init-Skripte anzuzeigen, geben Sie diese mit an, beispielsweise rc-update show default.

9.3 Netzwerkkonfiguration

Ob Sie eine statische IP-Konfiguration vornehmen wollen oder in Ihrem LAN eine IP-Konfiguration dynamisch über das DHCP-Protokoll vorgenommen wird, ob Sie eine drahtgebundene Ethernet- oder Token-Ring-Verbindung herstellen oder 802.11a/b/g Wireless Ethernet nutzen – in allen Fällen wird Gentoos Baselayout für die Konfiguration der Netzwerkverbindung genutzt.

Über die »gewöhnliche« Konfiguration eines Clients hinaus können Sie mit Gentoos Baselayout aber auch einfach einen DSL-Router oder eine Bridge zwischen zwei Ethernet-Segmenten realisieren.

9.3.1 Die Konfigurationsdatei

Die Konfiguration nehmen Sie über die Datei /etc/conf.d/net vor, für die Konfiguration des drahtlosen Netzwerkzugangs wurde in älteren Versionen noch zusätzlich die Konfigurationsdatei /etc/conf.d/wireless genutzt. Diese wurde in aktuellen Baselayout-Versionen mit der Konfigurationsdatei /etc/conf.d/net zusammengelegt.

> **Hinweis**
>
> Als /etc/conf.d/net.example wird eine Beispieldatei installiert, die nahezu alle möglichen mit Gentoos Baselayout realisierbaren Szenarien beschreibt.

9.3.2 Init-Skripte zum Start von Netzwerkschnittstellen

Jedes Netzwerkinterface wird über ein eigenes Init-Skript in der Form /etc/ init.d/net.$interface_name gestartet. Dies ermöglicht ein selektives Starten und Stoppen verschiedener Netzwerkschnittstellen an einem PC oder bei Paketfiltern, die über eine Vielzahl an Schnittstellen verfügen, ohne dass das jeweilige Interface in der Konfiguration deaktiviert oder auskommentiert werden müsste.

Nun wäre es ein zusätzlicher Aufwand, für jede Netzwerkschnittstelle ein eigenes Init-Skript zu erstellen, zu pflegen und zu warten. Daher nutzt Gentoo ein generisches Init-Skript /etc/init.d/net.lo für alle Netzwerkschnittstellen. Für die Schnittstelle eth0 und deren Init-Skript /etc/init.d/net.eth0 wird während der Installation bereits ein Symlink angelegt, der auf das net.lo-Init-Skript verweist.

```
# ls -l /etc/init.d/net.lo
-rwxr-xr-x 1 root root 30522 14. Apr 17:57 /etc/init.d/net.lo
# ls -l /etc/init.d/net.eth0
lrwxrwxrwx 1 root root 6 14. Apr 17:57 /etc/init.d/net.eth0 -> net.lo
```

Wenn Sie neben der Loopback-Schnittstelle lo und dem ersten Ethernet-Interface eth0 über weitere Netzwerkschnittstellen verfügen, müssen Sie für diese den Link ebenfalls anlegen, bevor Sie die Schnittstellen starten können.

```
# cd /etc/init.d
# ln -s net.lo net.eth1
```

9.3.3 IP-Konfiguration

Bei Netzwerkschnittstellen unterscheidet sich die Konfiguration für statisch mit einer festen IP-Adresse und dynamisch per DHCP konfigurierten Schnittstellen.

Statische Konfiguration

Bei der Konfiguration eines Netzwerkinterface mit einer festen IP-Adresse können Sie zwischen zwei Notationsformen wählen. Nach klassischer Form ist die Angabe von Netzwerkmaske und Broadcastadresse erforderlich, bei Notation nach CIDR (Classless Inter Domain Routing) ergeben sich diese Angaben aus dem Präfix.

In diesem Beispiel wird die Schnittstelle in beiden Fällen mit der IP-Adresse 192.168.0.2 aus einem Class-C-Netzwerk konfiguriert. Die Netzwerkadresse ist somit 192.168.0.0, die Netzmaske 255.255.255.0 und die Broadcastadresse 192.168.0.255. Als Gateway wird die Adresse 192.168.0.1 konfiguriert.

Nach CIDR-Notation wird die 32 Bit große IP-Adresse in einen Netzwerk- und einen Hostteil aufgeteilt. Über ein Präfix wird die Größe des Netzwerkteils in Bit angegeben. Bei einem Class-C-Netzwerk ergibt sich so das Präfix /24, da die Netzmaske ausschließlich in den ersten drei Bytes, also insgesamt 24 Bits, Angaben zum Netzwerk enthält.

Zunächst das Beispiel nach klassischer Notation:

```
# nano -w /etc/conf./net
config_eth0=( "192.168.0.2 netmask 255.255.255.0 broadcast 192.168.0.255" )
routes_eth0=( "default via 192.168.0.1" )
```

Und nach CIDR-Notation:

```
# nano -w /etc/conf.d/net
config_eth0=( "192.168.0.2/24" )
routes_eth0=( "default via 192.168.0.1" )
```

Wie Sie sehen, ergibt die CIDR-Notation eine kürzere und übersichtlichere Konfiguration, erfordert jedoch von Ihnen, dass Sie sich zumindest mit ein bisschen Rechenarbeit auseinandersetzen – so Sie denn eine andere Netzwerkmaske als /24 nutzen wollen.

Sofern die Verbindung kabelgebunden hergestellt wird, können Sie das Interface nun bereits starten.

```
# /etc/init.d/net.eth0 start
```

Dynamische Konfiguration mit DHCP

Zur Nutzung des Dynamic Host Configuration Protocol, DHCP, muss ein entsprechender DHCP-Client installiert sein. Mögliche Kandidaten sind pump oder dhcpcd. Einen hiervon müssen Sie zunächst installieren.

In diesem Beispiel fällt die Wahl auf den dhcpcd.

```
# emerge dhcpcd
```

Die Konfiguration des Interface gestaltet sich dem Protokoll entsprechend einfach.

```
# nano -w /etc/conf.d/net
config_eth0=( "dhcp" )
```

Sofern Sie mehrere DHCP-Clients auf Ihrem System parallel installiert haben, aber einen speziellen Nutzen möchten und die Auswahl nicht Gentoos Baselayout überlassen mögen, können Sie die Auswahl ebenfalls vorgeben.

```
# nano -w /etc/conf.d/net
modules=( "dhcpcd" )
```

Bei Nutzung von DHCP können Sie noch einen Timeout für die IP-Zuweisung angeben und festlegen, ob Sie einen Hostnamen behalten oder per DHCP zugewiesen bekommen möchten. Hier wird zwischen generischen DHCP-Flags und einer Konfiguration je nach genutztem Client unterschieden.

In diesem Beispiel wird dem dhcpcd-Client ein Timeout von zehn Sekunden mitgegeben sowie generisch konfiguriert, dass per DHCP keine DNS-Server-Konfiguration vorgenommen werden soll.

```
# nano -w /etc/conf.d/net
dhcpcd_eth0="-t 10"
dhcp_eth0="nodns"
```

Sofern Sie eine drahtgebundene Netzwerkverbindung nutzen und keine zusätzliche WLAN-Verbindung konfigurieren müssen, können Sie das Interface nun starten.

```
# /etc/init.d/net.eth0 start
```

9.3.4 Einbindung drahtloser Netzwerkkarten

Die Konfiguration zur Einbindung drahtloser Netzwerkkarten gestaltet sich entsprechend der bisher vorgenommenen Konfiguration relativ einfach, schwieriger ist meist die Installation der Treiber der drahtlosen Netzwerkkarten.

Installation der Treiber

In diesem Beispiel wird die Konfiguration der Treiber für eine WLAN-Schnittstelle mit Broadcom-4306-Chipsatz vorgenommen. Die Treiber für diese Netzwerkschnittstelle sind bereits im Kernel enthalten.

```
# cd /usr/src/linux

# make menuconfig


[*] Networking support

    <*>  Generic IEEE 802.11 Networking Stack


Device Drivers  --->

   Network device support  --->

       Wireless LAN (non-hamradio)  --->

       <*>  Broadcom BCM43xx wireless support
```

Nach Konfiguration des Kernels muss dieser neu kompiliert und gestartet werden. Informationen hierzu finden Sie im Installationskapitel.

Nach dem Starten des neuen Kernels können Sie über die Ausgabe der Kernel-Meldungen überprüfen, ob der entsprechende Treiber korrekt geladen und aktiviert wurde.

```
# dmesg |grep bcm

bcm43xx driver

bcm43xx: Chip ID 0x4306, rev 0x3

bcm43xx: Number of cores: 5

[...]

bcm43xx: Microcode rev 0xf5, pl 0x1e (2003-10-10  18:14:18)

bcm43xx: Radio turned on

bcm43xx: Radio enabled by hardware

bcm43xx: Chip initialized

bcm43xx: 30-bit DMA initialized

bcm43xx: Keys cleared

bcm43xx: Selected 802.11 core (phytype 2)

[...]
```

Wichtig

Neben der Installation des entsprechenden Kernel-Treibers ist in vielen Fällen noch eine Installation zusätzlicher Firmware-Dateien notwendig, die durch den Treiber geladen werden.

Konfiguration der drahtlosen Verbindung

Um nun über die drahtlose Netzwerkschnittstelle eth0 eine Verbindung herstellen zu können, muss eine zu nutzende ESSID konfiguriert werden.

```
# nano -w /etc/conf/net
essid_eth0="meinnetz"
```

Sofern das drahtlose Netz nicht über Verschlüsselungsverfahren wie WEP oder WPA gesichert ist, können Sie das Interface nun starten.

```
# /etc/init.net.eth0 start
```

Ist das drahtlose Netz zusätzlich über einen WEP-Schlüssel abgesichert, muss dieser über eine zusätzliche Variable ebenfalls mit angegeben werden.

```
# nano -w /etc/conf.d/net
essid_eth0="meinnetz"
key_LOCALNET="1234-5678-ABCD-EF12-3456-78AB-CD"
```

Alternativ zum Hex-Schlüssel können Sie die Passphrase auch als Text angeben.

```
# nano -w /etc/conf.d/net
essid_eth0="meinnetz"
key_LOCALNET="s:meinepassphrase"
```

Nun können Sie das Netzwerkinterface starten und die Verbindung zu dem drahtlosen Netzwerk wird aufgebaut.

```
# /etc/init.d/net.eth0 start
```

9.3.5 Gentoo als ...

Neben der »gewöhnlichen« Konfiguration, also statischer oder dynamischer IP-Adresszuweisung, lassen sich mit Gentoos Baselayout auch komplexere Szenarien abbilden und realisieren.

DSL-Router

Während in älteren Versionen von Gentoos Baselayout die Konfiguration einer PPPoE-Verbindung zur DSL-Einwahl noch zu einem Teil über das Paket rp-pppoe und zu einem anderen Teil über das Baselayout erfolgte, kann mit aktuellen Baselayout-Versionen die DSL-Einwahl vollständig über die Konfigurationsdatei /etc/

`conf.d/net` erfolgen. Als zusätzliches Paket ist zunächst `ppp` erforderlich, weiterhin muss der Kernel PPPoE-Verbindungen unterstützen.

```
# emerge ppp


# cd /usr/src/linux
# make menuconfig
Device Drivers --->
Network device support --->
        <M> PPP (point-to-point protocol) support
              [ ]     PPP multilink support (EXPERIMENTAL) (NEW)
              [*]     PPP filtering
              <M>     PPP support for async serial ports
              <M>     PPP support for sync tty ports
              <M>     PPP Deflate compression
              <M>     PPP BSD-Compress compression
              < >     PPP MPPE compression (encryption) (EXPERIMENTAL) (NEW)
              <M>     PPP over Ethernet (EXPERIMENTAL)
```

Nach Konfiguration des Kernels muss dieser neu kompiliert und gestartet werden. Informationen hierzu finden Sie im Installationskapitel.

In dieser Konfiguration wird die DSL-Einwahl über die virtuelle Schnittstelle `ppp0` vorgenommen, die physische Verbindung besteht über die Schnittstelle `eth0`.

```
# nano -w /etc/conf.d/net
config_ppp0=( "ppp" )

link_ppp0=( "eth0" )
plugins_ppp0=( "pppoe" )
username_ppp0=( "username" )
password_ppp0=( "password" )
pppd_ppp0=(
        "updetach"
        "defaultroute"
        "usepeerdns"
        )
```

Listing 9.2: DSL-Einwahl mit Gentoos Baselayout

In diesem Beispiel müssen Sie den Benutzernamen und das Passwort ändern, zusätzlich können Sie die pppd_ppp0-Optionen den eigenen Vorstellungen nach anpassen.

Nun können Sie die DSL-Verbindung starten und testen.

```
# cd /etc/init.d
# ln -s net.lo net.ppp0
# /etc/init.d/net.ppp0 start
```

Sofern die DSL-Internet-Verbindung nicht nur an einem, sondern an mehreren PCs im lokalen Netzwerk verfügbar sein soll, müssen Sie auf dem Router, der die DSL-Einwahl herstellt, noch das IP-Forwarding aktivieren.

Diesen Kernelparameter können Sie entweder im laufenden Betrieb

```
# echo 1 > /proc/sys/net/ipv4/ip_forward
```

oder direkt beim Start des Systems durch die Konfigurationsdatei /etc/sysctl.conf konfigurieren.

```
# nano -w /etc/sysctl.conf
net.ipv4.ip_forward = 1
```

Darüber hinaus ist ein Masquerading via Netfilter/Iptables notwendig, das Masquerading – oder auch NAT, Network Adress Translation – aktivieren Sie über das Iptables-Kommando – für das Masquerading benötigen Sie sowohl Netfilter/Iptables-Unterstützung im Kernel als auch das Userland-Konfigurationstool iptables.

```
# iptables -t nat -A POSTROUTING -o ppp0 -j MASQUERADE
```

Wichtig

Dies aktiviert lediglich das Masquerading, weitere Filterregeln zur Absicherung des Routers und darauf laufender Dienste sowie Zugriffkontrollen für Systeme aus dem internen LAN müssen zusätzlich angewandt werden.

Bridge

Der Einsatz von Gentoo als Bridge beispielsweise zwischen zwei Ethernet-Segmenten oder einem Ethernet- und einem Token-Ring-Netzwerk oder einem Ethernet- und einem WLAN-Netzwerk ist dank Gentoos Baselayout einfach zu realisieren.

Zunächst müssen Sie die `bridge-utils`-Werkzeuge installieren:

```
# emerge bridge-utils
```

In folgendem Beispiel werden zwei Ethernet-Segmente über die Schnittstellen `eth0` und `eth1` gebridged.

```
# nano -w /etc/conf.d/net
bridge_br0="eth0 eth1"
```

Um zu verhindern, dass auf den Schnittstellen `eth0` und `eth1` eine DHCP-Konfiguration versucht wird, müssen diese für Gentoos Baselayout mit einer `"null"`-Konfiguration versehen werden.

```
# nano -w /etc/conf.d/net
config_eth0=( "null" )
config_eth1=( "null" )
```

Nun können Sie die Bridge-Schnittstelle `br0` wie gewohnt konfigurieren.

```
# nano -w /etc/conf.d/net
config_br0=( "192.168.0.1/24" )
```

Vor dem Start des Interface ist es noch erforderlich, das Init-Skript wie vorangehend erläutert entsprechend zu verlinken.

```
# cd /etc/init.d
# ln -s net.lo net.br0
# /etc/init.d/br0 start
```

9.4 Fazit

Dieses Kapitel hat das Anlegen von Benutzern und die Zuweisung von Privilegien über Gruppenmitgliedschaften und Runlevel, das Starten von Diensten beim Systemstart und die Anzeige der aktuellen Runlevel-Konfiguration beschrieben.

In einem zweiten Abschnitt wurden verschiedene Möglichkeiten der Netzwerkkonfiguration dargestellt und gezeigt, dass Gentoos Baselayout über weitere Möglichkeiten als das bloße Konfigurieren einer festen IP-Adresse, wie etwa das Einrichten einer Bridge oder einer DSL-Verbindung, verfügt.

## Kapitel 10

Sicherheit

Sicherheit ist in einer Zeit der schnellen Verbreitung von Viren, Trojanern und Würmern, einer nicht präzise definierbaren Bedrohungslage und ständig neu bekannt werdender Fehler in Programmen ein wichtiges Thema.

Open-Source-Software hilft durch eine transparente und nachvollziehbare Politik bei der Veröffentlichung von Sicherheitslücken in Programmen und der Quelloffenheit an sich, ein Mehr an Sicherheit zu erreichen – neben öffentlicher Dokumentation der Fehler erfolgt zumeist auch eine rasche Korrektur durch Patchs oder neue, korrigierte Programmversionen. Zur Implementierung von Sicherheit reicht ein rein reaktives Konzept heutzutage aber nicht mehr aus, Möglichkeiten zur proaktiven Verbesserung der Systemsicherheit sind unverzichtbar.

Dieses Kapitel konzentriert sich auf Gentoo Linux Security Announcements, Richtlinien zu deren Erstellung und der letztendlichen Installation aktualisierter Pakete. Anschließend werden Maßnahmen zur allgemeinen Verbesserung der Systemsicherheit dargestellt, mit der eine sicherere Grundkonfiguration des Gentoo-Systems und grundlegender Systemdienste erreicht wird. Zur Überwachung und Auswertung von Systemaktivitäten und eventuell notwendiger Benachrichtigung von Administratoren kann Tenshi verwendet werden.

Vergessen Sie bitte nie, dass Sicherheit kein statischer Zustand, sondern ein dynamischer immer fortwährender Prozess ist – nur gut gewartete und konfigurierte Systeme können auch sichere Systeme sein.

10.1 GLSA

Die Verfügbarkeit von Sicherheitsaktualisierungen wird von Gentoo, wie von anderen Distributoren auch, über Sicherheitsankündigungen – hier Gentoo Linux Security Announcements – angekündigt.

Die Koordination der Handhabung von Sicherheitslücken übernimmt Gentoos Sicherheitsprojekt in enger Zusammenarbeit mit den jeweiligen Paketbetreuern und Architekturteams. Bei der Abarbeitung sicherheitsrelevanter Fehler handelt Gentoos Sicherheitsprojekt nach klaren Vorgaben und Regelungen, die einen möglichst schnellen und effizienten Prozess hin zur Veröffentlichung eines Security Announcements gewährleisten sollen, aber auch Qualitätsvorgaben, die über die bloße Schließung der Sicherheitslücke hinausgehen.

10.1.1 Unterstützte Architekturen

Gentoo unterscheidet zwischen unterstützten und nicht unterstützten Architekturen. Dies bedingt allein durch die Tatsache, dass nicht alle Architekturteams in der Gentoo-Distribution personell so gut ausgestattet sind wie die der x86- oder AMD64-Architekturen, und der von vornherein unterschiedlichen Relevanz von Architekturen. Architekturen wie x86 und AMD64 werden von deutlich mehr Anwendern benutzt als beispielsweise SuperH und arm.

Vor Veröffentlichung eines Security Announcements müssen Pakete mit den Korrekturen der im GLSA beschriebenen Fehler in den stabilen Zweig der unterstützten Architekturen aufgenommen werden. Dies ist Aufgabe fester Kontaktpersonen in den Architekturteams, die in den Prozess zur Korrektur des Fehlers eingebunden werden und die Funktionalität und Korrektheit des korrigierten Pakets auf ihrer Architektur verifizieren. Durch feste Kontaktpersonen und Vertretungsregelungen soll eine zügige Abarbeitung sicherheitsrelevanter Fehlerreports gewährleistet werden.

Derzeit sind folgende Architekturen von Gentoo im Bezug auf Security Announcements unterstützt:

- x86
- PPC
- SPARC
- AMD64
- Alpha
- PPC64
- HPPA

Die Aufnahme weiterer Architekturen ist derzeit nicht absehbar.

Auch für nicht sicherheitsunterstützte Architekturen werden die korrigierten Pakete bereitgestellt, diese müssen das korrigierte Paket jedoch nicht zwingend vor Veröffentlichung des Security Announcements in den stabilen Zweig aufgenommen haben.

10.1.2 Die Klassifizierung

Gentoos Sicherheitsteam folgt bei der Klassifizierung von sicherheitsrelevanten Fehlern fixen Kriterien. Anhand dieser Kriterien ist unter anderem festgelegt, ob und wenn ja, innerhalb welchen Zeitrahmens ein Security Announcement zu veröffentlichen ist.

Nicht für alle sicherheitsrelevanten Korrekturen werden Security Announcements veröffentlicht, bei minder schweren Fehler wie lokalen Denial-of-Service-Attacken oder Lücken, die nur bei explizit zu setzenden Konfigurationsparametern zum Tragen kommen, kann, und wird in der Praxis auch, auf die Veröffentlichung eines Security Announcements verzichtet.

In die Klassifizierung wird sowohl die Schwere der Sicherheitslücke als auch die vermutete Verbreitung der Anwendung miteinbezogen – hierbei wird weiter zwischen einer Lücke in der Standardkonfiguration oder spezifischer Konfiguration unterschieden.

Für die Gewichtung der Schwere werden folgende Kriterien der Verbreitung genutzt.

Verbreitung	Betroffene Konfiguration	
Systempaket	Standard oder spezifisch	A
Verbreitetes Paket, vermutlich auf mehr als einer von 20 Gentoo-Installationen	Standard	A
	Spezifisch	B
Wenig verbreitetes Paket, vermutlich auf weniger als einer von 20 Gentoo-Installationen	Standard	B
	Spezifisch	C
Paket außerhalb des stabilen Zweigs	Standard oder spezifisch	~

Tabelle 10.1: Kriterien zur Gewichtung der Verbreitung

Für die Gewichtung der Sicherheitslücke werden folgende Kriterien genutzt.

Typ der Sicherheitslücke		GLSA-Gewichtung
Vollständige Kompromittierung: Remote Code Execution mit Root-Privilegien	0	Hoch
Aktive Remote-Kompromittierung: Remote Code Execution mit eingeschränkten Benutzerprivilegien	1	Hoch
Local Privilege Escalation: Ausnutzen lokaler Benutzerrechte, um Root-Privilegien zu erlangen	1	Hoch
Passive Remote-Kompromittierung: Benutzer müssen einen bösartigen Server kontaktieren oder bösartige Daten verarbeiten.	2	Normal
Global-Service-Kompromittierung: Denial of Service, Passwörter oder vollständige Datenbanklöcher	3	Normal

Tabelle 10.2: Kriterien zur Gewichtung der Sicherheitslücke

Typ der Sicherheitslücke		GLSA-Gewichtung
Andere: Cross-Site Scripting (XSS), Informationspreisgabe, ...	4	Niedrig

Tabelle 10.2: Kriterien zur Gewichtung der Sicherheitslücke (Forts.)

Aus der Verbreitung der betroffenen Applikation und der Gewichtung wird der Schweregrad der Sicherheitslücke ermittelt. Je nach Schweregrad ist eine Veröffentlichung eines Security Announcements innerhalb eines vorgegebenen Zeitrahmens vorgesehen oder liegt im Entscheidungsspielraum von Gentoos Sicherheitsprojekt.

Schweregrad	Korrespondierende Level	GLSA-Veröffentlichung	GLSA
Blocker	A0, B0	1 Tag	Ja
Kritisch	A1, C0	3 Tage	Ja
Bedeutend	A2, C1, B1	5 Tage	Ja
Normal	A3, B2, C2	10 Tage	Ja
Geringfügig	A4, B3, B4, C3	20 Tage	?
Trivial	C4, ~0, ~1, ~2, ~3, ~4	40 Tage	Nein

Tabelle 10.3: Klassifizierung des Schweregrads

Bei als geringfügig klassifizierten Fehlern liegt die Entscheidung, ein Security Announcement zu veröffentlichen, bei Gentoos Sicherheitsprojekt, für als trivial klassifizierte Sicherheitslücken werden keine Security Announcements erstellt.

10.1.3 Abonnieren von GLSA

Gentoo Linux Security Announcements werden sowohl auf der Webseite *www.gentoo.org* veröffentlicht als auch über die Mailingliste *gentoo-announce@gentoo.org*.

Um die Mailingliste *gentoo-announce@gentoo.org* zu abonnieren, senden Sie eine leere E-Mail an die Adresse *gentoo-announce+subscribe@gentoo.org*. Zur Verifizierung Ihrer E-Mail-Adresse erhalten Sie nach kurzer Zeit eine E-Mail, mit der Sie das Abonnement bestätigen.

Bei Veröffentlichung zukünftiger Gentoo Linux Security Announcements werden Ihnen diese dann unverzüglich per E-Mail zugesandt.

10.1.4 Installation aktualisierter Pakete

Die Installation auf Grund von Sicherheitslücken aktualisierter Pakete können Sie genau wie eine Aktualisierung des Gesamtsystems durchführen. Zur Prüfung eines Systems, ob von einem GLSA betroffene Pakete installiert sind, steht das Tool glsa-check aus dem gentoolkit zur Verfügung.

Ob Aktualisierung des Systems oder Installation einzelner Paketaktualisierungen – zunächst müssen Sie die lokale Kopie des Portage Tree aktualisieren.

```
# emerge --sync
```

glsa-check

Das Werkzeug glsa-check ist Teil des gentoolkit-Pakets, dieses müssen Sie zunächst installieren.

```
# emerge gentoolkit
```

Mit glsa-check können Sie nun für sämtliche veröffentlichten Security Announcements prüfen, ob Ihre Gentoo-Installation betroffen ist.

```
# glsa-check -l
[...]
200703-19 [U] LTSP: Authentication bypass in included LibVNCServer code (
net-misc/ltsp )
200703-20 [U] LSAT: Insecure temporary file creation ( app-admin/lsat )
200703-21 [N] PHP: Multiple vulnerabilities ( dev-lang/php )
200703-22 [U] Mozilla Network Security Service: Remote execution of arbi-
trary code ( dev-libs/nss )
200703-23 [U] WordPress: Multiple vulnerabilities ( www-apps/wordpress )
200703-24 [U] mgv: Stack overflow in included gv code ( app-text/mgv )
[...]
```

Listing 10.1: Prüfung auf von sicherheitsrelevanten Fehlern betroffene Pakete mit glsa-check

In diesem Beispiel betrifft das GLSA 200703-21, das PHP-Paket betreffend, die Gentoo-Installation.

Haben Sie ein GLSA über die Gentoo-Announce-Mailingliste empfangen, können Sie prüfen, ob die Installation von diesem spezifischen GLSA betroffen ist. Sie können auch mehrere GLSA angeben, auf die geprüft werden soll.

```
# glsa-check -t 200703-21
This system is affected by the following GLSAs:
200703-21
```

Mit dem Parametern –p können Sie sowohl die Paketversionen anzeigen, die von der Sicherheitslücke betroffen sind, als auch die nicht betroffenen, da korrigierten, Versionen.

```
# glsa-check -p 200703-21
# glsa-check -f 200703-21
```

Mit dem Parameter –f können Sie die notwendigen Schritte zur Aktualisierung des Pakets einleiten.

Manuelles Update

Neben einer Beschreibung der Sicherheitslücke und der Relevanz können Sie dem Gentoo Linux Security Announcement die genauen Versionsnummer entnehmen, in denen die beschriebene Sicherheitslücke korrigiert ist.

```
Synopsis
========


PHP contains several vulnerabilities including a heap buffer overflow,
potentially leading to the remote execution of arbitrary code under
certain conditions.


Background
==========


PHP is a widely-used general-purpose scripting language that is
especially suited for Web development and can be embedded into HTML.


Affected packages
=================


    ------------------------------------------------------------------
    Package          / Vulnerable  /                      Unaffected
    ------------------------------------------------------------------
  1 dev-lang/php       < 5.2.1-r3                        >= 5.2.1-r3
                                                        *>= 5.1.6-r11
                                                         *>= 4.4.6
```

Listing 10.2: Auszug aus dem GLSA 200703-21

In diesem Beispiel ist die Sicherheitslücke gleich in mehreren Versionen der Programmiersprache PHP behoben, bei der Aktualisierung des Systems sollten Sie in diesem Beispiel darauf achten, auf eine PHP-Version `>= 4.4.6`, `>= 5.1.6-r11` oder `>= 5.2.1-r3` zu aktualisieren.

Beachten Sie, dass bei einem `emerge --update world` nur diejenigen Pakete aktualisiert werden, die explizit installiert wurden. Pakete, die als Abhängigkeit mitinstalliert wurden, werden nur dann aktualisiert, wenn eine neue Version des Pakets zwingend benötigt wird. Sofern Sie die in diesem Beispiel betroffenen PHP-Pakete als Abhängigkeit mitinstalliert haben, würden diese nicht zwangsläufig auch aktualisiert.

Sie können die Aktualisierung dieser Pakete entweder über das Kommando `emerge --update php` oder `emerge --update --deep world` durchführen. Das erste Kommando aktualisiert explizit die PHP-Pakete, das zweite Kommando aktualisiert alle auf Ihrem System installierten Pakete.

10.2 Sicherheitskonfiguration für das Basissystem

Neben der regelmäßigen Aktualisierung von durch Sicherheitslücken betroffenen Paketen ist die sichere Konfiguration, angefangen beim Basissystem (Stage 3) bis hin zu Diensten wie dem Secure Shell Server (SSH), Pflicht.

Durch die Einschränkung von Gruppenzugehörigkeiten werden Privilegien für normale Systembenutzer mit Augenmaß zugeteilt. Müssen normale Systembenutzer teilweise Arbeiten der Systemverwaltung übernehmen, lassen sich diese Berechtigungen auf ein Programm bezogen mit sudo realisieren.

Das Programm Tenshi gewährleistet ein fortwährendes Überwachen der Log-Dateien und erlaubt es bei zuvor definierten Fehlermeldungen, wie etwa SSH-Login-Versuchen, den Systemverwalter per E-Mail zu benachrichtigen.

Wichtig

Die hier beschriebenen Maßnahmen sind ein erster rudimentärer Ansatz zur Implementierung von Sicherheit in Paketen, die in Gentoos Basissystem enthalten sind, und können (und wollen) entsprechende Fachliteratur keinesfalls ersetzen. Einen tieferen Einstieg in die Thematik liefert Gentoos Sicherheitshandbuch[1], das auch auf die Konfiguration verbreiteter Systemdienste eingeht. Einen breiteren Einstieg in das Thema Sicherheit behandelt beispielsweise »Der IT-Sicherheitsleitfaden«[2], ein Pflichtenheft zur Implementierung von IT-Sicherheitsstandards im Unternehmen aus dem mitp-Verlag.

---

1   http://www.gentoo.de/doc/de/security/security-handbook.xml
2   Der IT-Sicherheitsleitfaden, Norbert Pohlmann, Hartmut Blumberg, ISBN 978-3-8266-1635-8

10.2.1 Bootloader

Der erste Schritt zur Absicherung des Basissystems steht eine Stufe über der Erzielung physikalischer Sicherheit.

Durch das Setzen eines Zugriffskennworts auf den Bootloader soll verhindert werden, dass Unbefugte nach Erlangung von physischem Zugriff auf das System Bootparameter der Konfiguration ändern und schlimmstenfalls durch Anhängen eines init=/bin/sh Zugriff auf das System mit Privilegien des Systemverwalters erlangen können.

GRUB

Der Bootloader GRUB erlaubt sowohl das Setzen von Klartext- als auch von MD5-verschlüsselten Passwörtern.

Im einfachsten Fall können Sie das Klartext-Kennwort über den Parameter password in der GRUB-Konfigurationsdatei /boot/grub/grub.conf festlegen.

```
# nano -w /boot/grub/grub.conf
timeout 10
default 0
password aendermich


splashimage=(hd0,1)/boot/grub/splash.xpm.gz


title Gentoo (2.6.20-gentoo-r5)
root (hd0,1)
kernel /vmlinuz-2.6.20-gentoo-r5 root=/dev/sda3 ro
```

Listing 10.3: Festlegen eines Klartext-Kennworts für den Bootloader GRUB

Zur Erstellung eines MD5-verschlüsselten Kennworts beinhaltet die GRUB-Shell das Kommando md5crypt, das ein Kennwort einliest und MD5-verschlüsselt zur Integration in die Konfigurationsdatei ausgibt.

```
# /sbin/grub


   GNU GRUB  version 0.97  (640K lower / 3072K upper memory)


 [ Minimal BASH-like line editing is supported.  For the first word, TAB
   lists possible command completions.  Anywhere else TAB lists the possible
   completions of a device/filename. ]
```

```
grub> md5crypt


Password: ***********
Encrypted: $1$qaPOz1$h3DtefAmtySFG8OIHXd47/


grub>
```

Listing 10.4: Erstellen eines MD5-verschlüsselten Kennworts

Das soeben erstellte Kennwort kann nun ebenfalls über den Parameter `password` in die GRUB-Konfiguration integriert werden.

```
# nano -w /boot/grub/grub.conf
timeout 10
default 0
password --md5 $1$qaPOz1$h3DtefAmtySFG8OIHXd47/


splashimage=(hd0,1)/boot/grub/splash.xpm.gz


title Gentoo (2.6.20-gentoo-r5)
root (hd0,1)
kernel /vmlinuz-2.6.20-gentoo-r5 root=/dev/sda3 ro
```

Listing 10.5: Festlegen eines MD5-verschlüsselten Kennworts für den Bootloader GRUB

LILO

Der Bootloader LILO erlaubt das Setzen sowohl eines globalen Kennworts als auch eines Kennworts pro per `image=` festgelegter Boot-Konfiguration.

Ist ein Kennwort konfiguriert, wird dieses bei jedem Bootvorgang abgefragt. Um das Booten unveränderter Bootkonfigurationen zu ermöglichen, kann über den Parameter `restricted` festgelegt werden, dass eine Kennwortabfrage nur bei geänderten Boot-Parametern erfolgen soll.

```
# nano -w /etc/lilo.conf
[...]
menu-scheme=Wb
prompt
# If you always want to see the prompt with a 15 second timeout:
#timeout=150
```

```
delay = 50
password=aenderemich
restricted


image=/boot/vmlinuz-2.6.20-gentoo-r5
    read-only
    password=einandereskennwort
    mandatory
    label=2.6.20-gentoo-r5
    root=/dev/sda3


image=/boot/vmlinuz-2.6.19-gentoo-r5
    read-only
    label=2.6.19-gentoo-r5
    root=/dev/sda3
```

Listing 10.6: Festlegen von Kennwörtern für den Bootloader LILO

In diesem Beispiel kann die als 2.6.19-gentoo-r5 gelabelte Konfiguration unverändert ohne Eingabe eines Kennworts gebootet werden, bei Veränderung der Konfiguration wird die Eingabe des Kennworts aenderemich notwendig.

Um die als 2.6.20-gentoo-r5 gelabelte Konfiguration zu booten, ist in jedem Fall die Eingabe des Kennworts einandereskennwort notwendig.

Um zu vermeiden, dass die Kennwörter im Klartext in der Konfigurationsdatei hinterlegt sind, können die password-Parameter auch als password= "" konfiguriert werden. Beim Aufruf von lilo mit dem Switch -P werden diese dann abgefragt.

10.2.2 Mounten von Partitionen

Zum Mounten von Partitionen beeinflussen verschiedene Parameter, wie und mit welchen Rechten eine Partition gemountet wird.

Die Optionen nodev, noexec, nosuid und ro können dazu beitragen, sich gegen gängige Exploits zu schützen.

- **nodev:** Ignoriert Gerätedateien, Device-Nodes auf dieser Partition

- **noexec:** Programme und Skripte auf dieser Partition können nicht ausgeführt werden.

- **nosuid:** Das gesetzte Set-UID-Bit bei auf dieser Partition installierten Programmen wird nicht ausgewertet.

- **ro** Die Partition wird nur lesbar gemountet.

Hinweis

Die Nutzung des hier dargestellten Beispiels setzt voraus, dass Sie ein ähnliches Partitionsschema erstellt haben.

```
# nano -w /etc/fstab
/dev/hda1...        .../boot   ext2   noauto,noatime                 0 2
/dev/hda2           none       swap   sw                             0 0
/dev/hda3           /          ext3   atime                          0 1
/dev/hda5           /usr       ext3   noatime,nodev,ro               0 2
/dev/hda6           /var       ext3   noatime,nodev,nosuid           0 2
/dev/hda7           /tmp       ext2   noatime,nodev,nosuid,noexec    0 2
/dev/data/home      /home      ext3   noatime,nodev,nosuid,noexec    0 2
/dev/data/www       /var/www ext3    noatime,nodev,nosuid           0 2
```

Listing 10.7: Festlegen von Mount-Optionen

Bei Nutzung dieses Schemas beachten Sie, dass die unter /var gemountete Partition nicht mit der noexec-Option gemountet werden kann, da Gentoos Paketmanager Portage unter /var/tmp/portage Programme während der Kompilierung und Installation ausführen können muss.

■ Die unter /usr gemountete Partition wird im Nur-lesen-Modus eingehangen, Device-Nodes finden keine Beachtung. Bei der Installation von aktualisierten Paketen muss die Partition kurzzeitig beschreibbar gemountet werden. Probleme können bei Nutzung des Mailinglisten-Managers Mailman auftreten, der auch interne Datenbanken unter /usr/local/mailman installiert und somit Schreibzugriff benötigt.

■ Die unter /var gemountete Partition wird mit den Optionen nodev und nosuid gemountet. Device-Nodes werden auf dieser Partition für gewöhnlich nicht benötigt. Sofern als Mailserver nicht qmail genutzt wird, kann die Option nosuid gesetzt werden.

■ Die unter /tmp und /home gemounteten Partitionen werden mit den Optionen nodev, nosuid und noexec gemountet. Speziell die Option noexec kann bei einigen Skripten Fehler verursachen, so diese versuchen, Skripte oder Programme in /tmp auszuführen.

■ Die Datenpartition des Webservers /var/www wird mit den Optionen nodev und nosuid gemountet. Sofern auf der Partition liegende CGI-Skripte ausgeführt werden müssen, kann die Option noexec nicht genutzt werden.

10.2.3 OpenSSH, der Secure Shell Server

Insbesondere wenn Ihr System außerhalb eines LANs betrieben wird, ist eine Absicherung des SSH-Servers unverzichtbar – und auch innerhalb des LANs kann es, je nach Größe und Anzahl der Nutzer, Anwender geben, die unerlaubterweise versuchen, Zugriff zu erlangen.

Wenn Sie bereits einen öffentlich erreichbaren SSH-Server betrieben haben, werden Ihnen Brute-Force-Attacken, bei denen versucht wird, mit Standard- oder Kennwörtern aus Passwortdatenbanken Zugriff auf Ihr System zu erlangen, mehr als bekannt vorkommen.

Neben »Security by Obscurity«, also dem Betrieb des SSH-Servers auf einem anderen als dem Standardport 22 (TCP), hilft nur eine möglichst sichere Konfiguration und wann immer möglich der Verzicht auf Passwortauthentifizierung.

```
# nano -w /etc/ssh/sshd_config

ListenAddress 192.168.0.1

Protocol 2

SyslogFacility AUTH

LogLevel INFO

PermitRootLogin no

PubkeyAuthentication yes

AuthorizedKeysFile       .ssh/authorized_keys

PasswordAuthentication no

PermitEmptyPasswords no

AllowGroups ssh-login
```

Listing 10.8: Konfiguration des SSH-Servers

Bei der Konfiguration in diesem Beispiel wird der SSH-Daemon an die IP-Adresse 192.168.1.0 gebunden und nur das SSH-Protokoll in Version 2 unterstützt. Neben dem Verzicht auf Passwortauthentifizierung sind SSH-Logins des Systemverwalters Root nicht gestattet. Darüber hinaus dürfen sich nur Mitglieder der Benutzergruppe `ssh-login` an dem System per SSH anmelden.

Sofern auf Ihrem System eine Paketfilterung per Netfilter/iptables vorgesehen ist, können Sie mit dem Skript `fail2ban` Pakete von IP-Adressen, von denen aus mehrfach fehlgeschlagene Login-Versuche unternommen wurden, wegwerfen.

10.2.4 Sudo

`sudo` ermöglicht es Ihnen, einzelne Aufgaben, die normalerweise die Rechte des Systemverwalters `root` benötigen, an normale, unprivilegierte Benutzer zu übertragen.

Von der Berechtigung für einen Benutzer oder eine Gruppe, alle Programme mit Rechten des Systemverwalters auszuführen, bis hin zur Einschränkung, einem Benutzer die Nutzung des shutdown-Kommandos zu ermöglichen, können mit sudo fein granuliert normalen Benutzern zusätzliche Rechte eingeräumt werden – ohne dass diese zugleich auch das Kennwort des root-Benutzers kennen.

Zunächst muss sudo installiert werden.

```
# emerge sudo
```

Im Gegensatz zu den meisten anderen Programmen muss das Erstellen und Anpassen der Konfigurationsdatei /etc/sudoers zwingend immer über den integrierten Editor visudo erfolgen.

```
# /usr/sbin/visudo
[...]
# User privilege specification
root    ALL=(ALL) ALL

# Uncomment to allow people in group wheel to run all commands
%wheel ALL=(ALL)        ALL

# Same thing without a password
# %wheel        ALL=(ALL)       NOPASSWD: ALL

# Users in group www are allowed to  edit httpd.conf and ftpd.conf
# using sudoedit, or sudo -e, without a password.
%www        ALL=(ALL)       NOPASSWD: sudoedit /etc/apache2/httpd.conf

# Samples
# %users  ALL=/sbin/mount /cdrom,/sbin/umount /cdrom
%users  localhost=/sbin/shutdown -h now
```

Listing 10.9: Erstellen der sudo-Konfiguration

Hier dürfen Benutzer der Gruppe wheel sämtliche verfügbaren Kommandos mit Rechten des Systemverwalters ausführen und alle Benutzer das System über das Kommando /sbin/shutdown -h now herunterfahren.

Um Benutzern zum Editieren von einzelnen Konfigurationsdateien nicht Berechtigungen geben zu müssen, mit denen sie einen Texteditor mit Root-Rechten ausführen können, beschränkt sudoedit Benutzerzugriffe auf Konfigurationsdateien. In diesem Beispiel dürften Mitglieder der Gruppe www die zentrale Konfigurationsdatei des Apache Webservers editieren.

Um von den zusätzlichen Berechtigungen Gebrauch zu machen, muss der Benutzer dem Kommando, für das Sie ihn berechtigt haben, ein sudo-Kommando voranstellen.

```
$ sudo shutdown -h now
```

10.3 Tenshi

Im Gegensatz zu anderen Programmen zur Auswertung von Log-Dateien übernimmt Tenshi eine fortwährende Überwachung der Log-Dateien und nicht nur eine periodische Auswertung. Dadurch können Benachrichtigungen beim Eintreffen vorgegebener Zustände bzw. Meldungen unverzüglich versandt und somit auf mögliche Probleme schneller reagiert werden.

Tenshi startet dazu einen Prozess, der eine oder mehrere Log-Dateien an Hand zuvor definierter regulärer Ausdrücke fortlaufend überwachen kann. Reguläre Ausdrücke werden Queues zugeordnet, aus denen wiederum entweder ein regelmäßiger Report erstellt und per Mail versandt oder aber sofort ein Systemverwalter per Mail benachrichtigt wird.

Zunächst müssen Sie Tenshi installieren.

```
# emerge tenshi
```

Die Konfiguration von Tenshi geschieht über die Konfigurationsdatei /etc/tenshi/tenshi.conf.

```
# nano -w /etc/tenshi/tenshi.conf
[...]
# general settings

set uid tenshi
set gid tenshi

set pidfile /var/run/tenshi.pid
set logfile /var/log/messages
set logfile /var/log/mail.log
# set tail   /usr/bin/tail
# set fifo   /var/log/tenshi.fifo
```

Zunächst wird festgelegt, mit welchen Benutzerrechten Tenshi ausgeführt werden und welche Log-Dateien beobachtet werden sollen. Beachten Sie, dass die Log-Dateien für den Benutzer bzw. die Gruppe tenshi lesbar sein müssen.

Im nächsten Schritt legen Sie die Queues an.

```
# nano -w /etc/tenshi/tenshi.conf
set queue report    tenshi@localhost sysadmin@localhost [0 9-17/2 * * *]
set queue critical tenshi@localhost sysadmin@localhost,noc@localhost
[now] \ tenshi CRITICAL report
set queue root      tenshi@localhost sysadmin@localhost [now]
```

Hier wird zwischen Queues unterschieden, deren Auswertung periodisch erfolgt, und Queues, bei denen eine sofortige Benachrichtigung bei Eintreffen einer entsprechenden Log-Meldung erfolgen soll.

Die Konfiguration entsprechender periodisch auszuwertender Queues orientiert sich an der Cron-Syntax, zur sofortigen Auswertung einer Queue wird das Tag [now] verwendet.

Im letzten Schritt werden Log-Meldungen den zuvor angelegten Queues zugeordnet. Die Meldungen lassen sich in Gruppen zusammenfassen, hier die Gruppe sshd.

```
group ^sshd(?:\(pam_unix\))?:
report ^sshd: fatal: Timeout before authentication for (.+)
critical ^sshd: Illegal user
report ^sshd: Connection from (.+)
report ^sshd: Connection closed (.+)
report ^sshd: Closing connection (.+)
report ^sshd: Found matching (.+) key: (.+)
report ^sshd: Accepted publickey (.+)
report ^sshd: Accepted rsa for (.+) from (.+) port (.+)
report ^sshd: Accepted keyboard-interactive/pam for (.+) from (.+) port
(.+)
root   ^sshd\(pam_unix\): session opened for user root by root\(uid=0\)
root   ^sshd\(pam_unix\): session opened for user root by \(uid=0\)
report ^sshd\(pam_unix\): session closed for user (.+)
report ^sshd\(pam_unix\): session opened for user (.+)
report ^sshd\(pam_unix\): authentication failure; logname=
group_end
```

Anmeldeversuche illegaler, da nicht vorhandener, Benutzer (`sshd: Illegal user`) und Anmeldungen des Benutzers `root` an das System würden hier sofort berichtet werden. Anmeldungen unprivilegierter Benutzer oder sonstige Fehlermeldungen würden in den Queues bis zur nächsten Auswertung gesammelt.

Neben der Konfigurationsdatei `/etc/tenshi/tenshi.conf`, die bereits zahlreiche Konfigurationsbeispiele enthält, pflegt Gentoo-Entwickler Wolfram Schlich eine `tenshi.conf`, die eine Konfiguration für zahlreiche Dienste beinhaltet und sich als Ausgangsbasis für eine eigene Konfiguration anbietet. Die Datei finden Sie unter *http://dev.gentoo.org/~wschlich/misc/tenshi/tenshi.conf.*

10.4 Fazit

Dieses Kapitel hat Gentoo Linux Security Announcements und Richtlinien zu deren Erstellung vorgestellt. Folgend wurde die Installation aktualisierter Pakete mit dem Tool `glsa-check` oder alternativ im Rahmen einer normalen Systemaktualisierung beschrieben.

Im zweiten Abschnitt wurden einige rudimentäre Möglichkeiten zur Absicherung des Basissystems dargestellt und mit Tenshi ein Tool zum Überwachen und Auswerten der Systemaktivität vorgestellt.

## Kapitel 11

Die eigene LiveCD

Mit den Tools `catalyst` und `genkernel` bietet die Gentoo-Distribution eine einfache und durchweg automatisierte Möglichkeit, ein bootbares CD- oder DVD-Medium für nahezu alle von Gentoo unterstützten Architekturen zu erstellen. Ob nun ein Installationsmedium mit aktualisiertem Kernel und damit verbesserter Hardwareunterstützung oder eine von der CD startbare Appliance erzeugt werden soll – eine Basis hierfür können die Gentoo-Tools sein.

Dieses Kapitel führt in die Nutzung von `catalyst` und `genkernel` ein und beschreibt die grundlegenden Schritte zur Erstellung einer individuellen LiveCD. Darüber hinaus werden Möglichkeiten vorgestellt, die LiveCD zu erweitern und weiter anzupassen.

11.1 Ausgangspunkt

Zur Erstellung einer bootbaren, Gentoo-basierten LiveCD benötigen Sie ein Stage3-Archiv, einen Snapshot des Portage-Trees – und natürlich die beiden Tools `catalyst` und `genkernel`. Was sich zunächst ein wenig wie ein Kochrezept liest, ließe sich sogar damit vergleichen. Durch das Hinzufügen neuer Zutaten (wie einzelner Programme und Funktionen) können Sie das fertige Gericht (die LiveCD) erheblich beeinflussen und individuell, sozusagen nach Ihrem eigenen Geschmack, anpassen.

Die hier beschriebenen Funktionalitäten decken die Grundlagen ab, die einzelnen zwingend notwendigen Schritte zur eigenen LiveCD. Um wirklich effektiv mit den hier vorgestellten Tools arbeiten zu können, ist es unabdingbar, sich mit ihnen auseinander zu setzen und durch das simple Ausprobieren von Ideen die Möglichkeiten der Tools auszuloten.

11.1.1 Catalyst

Ende 2003 begann die Entwicklung von Catalyst. Gentoo änderte damals das Release-Modell von einer klassischen Versionierung hin zu einem Release-Modell, das den Snapshot-Charakter der Distribution wiederspiegeln sollte.

Zuvor waren bereits die Versionen 1.0, 1.1a, 1.2 und 1.4 nach stark unterschiedlich langen Entwicklungszyklen erschienen, ab dem Jahr 2004 sollte nun auf eine vierteljährliche Veröffentlichung aktueller Installationsmedien gewechselt werden.

Nachdem die Erstellung der Installationsmedien bereits mit Tools wie stager zum Erstellen der Stage-Archive und livecd sowie livecd-ng zum Erstellen der LiveCDs zu großen Teilen automatisiert war, sollte nun eine Anwendung entstehen, die sowohl das Erstellen von Stages wie auch LiveCDs in sich vereint, aber auch flexibel für weitere von Gentoo unterstützte Architekturen erweiterbar ist.

Nicht nur die Flexibilität hinsichtlich der Unterstützung weiterer Architekturen ist ein großes Plus für catalyst, die Programmierung in Python sowie Bash erlaubt einen schnellen Einblick und Verständnis in den Code und somit ein relativ einfaches Hinzufügen neuer Funktionalität. Nichtsdestotrotz sollte man nicht aus dem Auge verlieren, dass das Hauptaugenmerk des Tools auf dem Erstellen eines Gentoo-Releases liegt und daher nicht jede für den Anwender sinnvoll klingende Funktionalität integriert werden kann und nicht jeder Feature-Request direkt umgesetzt wird.

11.1.2 Genkernel

Auch wenn catalyst die vollständige Funktionalität der vorherigen Tools vereinen sollte, wurde ein kleiner Teil der Funktionalität in einer eigenständigen Anwendung realisiert. genkernel erzeugt die zum Booten der LiveCD notwendigen Kernel-Images und eine Init-Ramdisk, die ein Booten von CD erst ermöglicht. Gleichzeitig lassen sich mit genkernel aber ebenso Kernel-Images und Init-Ramdisks für den normalen Einsatz in Computern erzeugen.

Die gleichzeitige Nutzung des Programms zur einfachen Erzeugung eines Kernel-Images im Laufe der Installation eines Gentoo-Systems hat dazu beigetragen, dass genkernel innerhalb der Gentoo-Community mit einem zweifelhaften Ruf belegt ist. Dies jedoch vorwiegend bei Anwendern, die genkernel bisher nicht als Baustein einer eigenen LiveCD genutzt haben ;-)

11.2 Installation

Die Installation der Anwendungen über Gentoos Paketmanager Portage geschieht wie gewohnt simpel. Weitere durch catalyst genutzte Anwendungen wie beispielsweise mkisofs zum Erzeugen des finalen ISO-Images oder shash zum Erstellen von Prüfsummen zur Verifizierung der erzeugten Installationsmedien werden als Abhängigkeiten automatisch mitinstalliert.

```
# emerge catalyst genkernel --pretend


These are the packages that would be merged, in order:


Calculating dependencies... done!
```

```
[ebuild  N   ] sys-fs/squashfs-tools-3.1_p2
[ebuild  N   ] app-crypt/mhash-0.9.9-r1
[ebuild  N   ] app-misc/zisofs-tools-1.0.6  USE="-static"
[ebuild  N   ] dev-util/cmake-2.4.6-r1  USE="vim-syntax -emacs"
[ebuild  N   ] sys-libs/libcap-1.10-r11  USE="python"
[ebuild  N   ] sys-kernel/genkernel-3.4.9  USE="-bash-completion"
[ebuild  N   ] app-crypt/shash-0.2.6-r1  USE="-bash-completion -static"
[ebuild  N   ] app-cdr/cdrkit-1.1.6  USE="-hfs -unicode"
[ebuild  N   ] dev-util/catalyst-2.0.5  USE="-ccache"
```

Listing 11.1: Anzeige der Abhängigkeiten von catalyst und genkernel

Mit emerge catalyst genkernel können Sie die Anwendungen und deren Abhängigkeiten nun installieren.

11.2.1 /etc/catalyst/catalyst.conf

Während für genkernel keine weitere Konfiguration notwendig ist, kann das Verhalten von catalyst noch über die Konfigurationsdatei /etc/catalyst/catalyst.conf angepasst werden.

So sind einerseits sämtliche genutzten Pfade konfigurierbar, aber auch welche Prüfsummen (Digests) erzeugt werden sollen und welche optionalen Funktionalitäten genutzt werden sollen.

```
digests="md5 sha1"
envscript="/etc/catalyst/catalystrc"
options="autoresume pkgcache seedcache snapcache"
portdir="/usr/portage"
distdir="/usr/portage/distfiles"
snapshot_cache="/var/tmp/catalyst/snapshot_cache"
storedir="/var/tmp/catalyst"
options="autoresume kerncache metadata_overlay pkgcache seedcache snapcache"
```

Listing 11.2: /etc/catalyst/catalyst.conf

Für die ersten Experimente mit catalyst ist eine Anpassung hier nicht zwingend erforderlich, Sie sollten lediglich sicherstellen, dass im sogenannten »Storedir« (hier unter /var/tmp/catalyst) ausreichend freier Speicherplatz von mindestens 5 GB zur Verfügung steht.

11.3 Erstellen eines Portage-Snapshots

Zwar nutzt `catalyst` während der Erzeugung der LiveCD Gentoos Paketmanager Porage, `catalyst` greift aber nicht direkt auf den für gewöhnlich unter `/usr/portage` abgelegten Portage-Tree des Systems zu. Stattdessen wird ein Snapshot genutzt, also ein Tar-Archiv, das eine Momentaufnahme des Portage Tree enthält.

In der Theorie könnten Sie an dieser Stelle auch einen Portage-Snapshot aus dem letzten Gentoo-Release nutzen, jedoch wird ein selbst erzeugter Snapshot in jedem Fall aktueller sein und die beinhalteten Pakete wie beispielsweise Kernel-Sourcen über eine verbesserte Hardwareunterstützung verfügen.

Der Snapshot kann über den Switch –s erzeugt werden, gefolgt von einer Bezeichnung des Snapshots. In diesem Falle das Datum in der Form YYYYMMDD.

```
# catalyst -s 20080419
```

Listing 11.3:   Erstellen des Portage-Snapshots

11.4 Erstellen eines Stage3-Archives

Ausgangsbasis für die bootbare Linux-LiveCD ist ein Stage3-Archiv, das durch weitere Anwendungen und ein passendes Kernel-Image und eine Init-Ramdisk erweitert wird.

Neben der Nutzung eines Stage3-Archivs aus dem letzten Gentoo-Release haben Sie weiterhin die Möglichkeit, ein aktuelles Stage3-Archiv selbst zu erzeugen. Dies entspricht im wesentlichen dem *Bootstrap-Prozess* und einem `emerge --system` während einer Installation von Stage1 – mit dem Unterschied, dass hier auch das Stage1-Archiv selbst erzeugt wird.

11.4.1 Erstellen des Stage1-Archives

Um ein aktuelles Stage3-Archiv mit `catalyst` zu erzeugen, benötigen Sie ein Stage3-Archiv als Ausgangsbasis, beispielsweise eines aus dem letzten Gentoo Release. Die innerhalb eines Stage1-Archives benötigten Anwendungen werden in der Build-Umgebung in das Verzeichnis `/tmp/stage1root` installiert, welches nachher als gepacktes tar-Archiv das Stage1-Archiv darstellt.

Um nun aus einem Stage3-Archiv heraus ein neues Stage1-Archiv zu erzeugen, benötigen Sie einen Spec-File, welches alle für catalyst relevanten Informationen beinhaltet.

Neben der Architektur x86 wird als Ziel ein `stage1` definiert. Als `version_stamp` empfiehlt sich die Nutzung eines Namens analog zur Bezeichnung des zuvor erzeugten Snapshots, hier 20080419. Das als Ausgangsbasis genutzte Stage3-

Archiv ist unter `/var/tmp/catalyst/builds` als `default/stage3-x86-2007.0.tar.bz2` abgelegt, wobei die Dateierweiterung `.tar.bz2` innerhalb des Spec-Files nicht gesondert angegeben werden muss.

```
subarch: x86
target: stage1
version_stamp: 20080419
rel_type: default
profile: default-linux/x86/2007.0
snapshot: 20080419
source_subpath: default/stage3-x86-2007.0
```

Listing 11.4: stage1.spec

Das Spec-File wird `catalyst` nun übergeben und sodann beginnt der Prozess zur Erzeugung des gewünschten Targets.

```
# catalyst -f stage1.spec
```

11.4.2 Von Stage1 zu Stage2 und von Stage2 zu Stage3

Die Schritte wie auch die Spec-Files zur Erzeugung des Zwischenschritts Stage2-Archiv wie auch des finalen Stage3-Archives ähneln sich stark. Die Spec-Files unterscheiden sich lediglich in den Punkten `target` und `source_subpath`, das heisst einmal in dem zu erzeugenden Ziel und in dem als Ausgangsbasis genutzten Stage-Archiv.

Für die Erzeugung des Stage2-Archivs aus dem zuvor erstellten Stage1-Archiv heraus sind somit das `target` auf `stage2` zu ändern und als `source_subpath` das zuvor erzeugte Stage1-Archiv unter `default/stage1-x86-20080419` anzugeben.

```
subarch: x86
target: stage2
version_stamp: 20080419
rel_type: default
profile: default-linux/x86/2007.0
snapshot: 20080419
source_subpath: default/stage1-x86-20080419
```

Listing 11.5: stage2.spec

Das Spec-File kann nun wiederum `catalyst` als Aufrufparameter übergeben werden.

```
# catalyst -f stage2.spec
```

Um im nun folgenden Schritt ein Stage3-Archiv zu erzeugen, sind wiederum nur die Optionen `target` und `source_subpath` anzupassen.

```
subarch: x86
target: stage3
version_stamp: 20080419
rel_type: default
profile: default-linux/x86/2007.0
snapshot: 20080419
source_subpath: default/stage3-x86-20080419
```

Listing 11.6: stage3.spec

Wiederum kann das Spec-File an catalyst weitergereicht warden.

```
# catalyst -f stage3.spec
```

11.5 Erstellen der LiveCD

Nach dem Erstellen eines nunmehr aktuellen Stage3-Archives beginnt der eigentlich spannende Teil. In den Targets `livecd-stage1` und `livecd-stage2` werden der LiveCD zunächst weitere Anwendungen hinzugefügt und abschließend das Kernel-Image und eine Init-Ramdisk erzeugt sowie das ISO-Image bootfähig finalisiert.

11.5.1 livecd-stage1

Im ersten von zwei Schritten zur Erzeugung der LiveCD aus dem aktuellen Stage3-Archiv heraus werden nun Anwendungen definiert, die zusätzlich zu dem bereits im Stage3-Archiv beinhalteten Basissystem auf der LiveCD vorhanden sein sollen.

Der erste Teil des Spec-Files folgt wiederum dem gewohnen Schema, analog sind hier wieder die Optionen `target` (livecd-stage1) und `source_subpath` (default/stage3-x86-20080419) anzupassen.

```
subarch: x86
version_stamp: 20080419
target: livecd-stage1
rel_type: default
profile: default-linux/x86/2007.0
```

```
snapshot: 20080419
source_subpath: default/stage3-x86-20080419
```

Listing 11.7: Listing 11.7: livecd-stage1.spec Teil I

Im zweiten Teil des Spec-Files werden nun die zusätzlichen Anwendungen definiert wie auch die USE-Flags, mit denen die Anwendungen installiert werden sollen.

In diesem Beispiel werden zunächst alle USE-Flags deaktiviert, um einzeln die USE-Flags `livecd`, `ncurses`, `pam`, `readline` und `ssl` wieder zu aktivieren. Das USE-Flag `livecd` an dieser Stelle sorgt dafür, dass optionale Anwendungen wie aber auch Gentoos Baselayout mit Anpassungen für LiveCD-Umgebungen installiert werden.

Als zusätzliche Anwendungen sind der Passwort-Generator `pwgen`, der System-Logger `syslog-ng`, der Editor `vim` sowie das Paket `livecd-tools` angegeben. Diese Liste lässt sich nahezu beliebig erweitern, so etwa auch um eine Desktop-Umgebung wie KDE oder Gnome – der limitierende Faktor an dieser Stelle ist die durch die physikalischen CD- oder DVD-Medien vorgegebene Größe.

```
livecd/use:
    -*
    livecd
    ncurses
    pam
    readline
    ssl
    [...]
livecd/packages:
    app-admin/pwgen
    app-admin/syslog-ng
    app-editors/vim
    app-misc/livecd-tools
    [...]
```

Listing 11.8: livecd-stage1.spec Teil II

Auch dieses Spec-File kann nun wieder mit `catalyst` in das konfigurierte Ergebnis umgesetzt werden.

```
# catalyst -f livecd-stage1.spec
```

11.5.2 livecd-stage2

Der letzte, abschließende Schritt beinhaltet ein vierstufig aufgebautes Spec-File.

1. Zunächst wird, wie mittlerweile gewohnt, das zu erstellende `target` wie auch die Ausgangsbasis (`source_subpath`) definiert

2. Folgend werden Optionen, die das zu erzeugende ISO-Image betreffen, wie beispielsweise Bezeichnung der CD, aber auch die Auswahl des zu nutzenden Bootloaders konfiguriert

3. Das mit `genkernel` zu erzeugende Kernel-Image und die Init-Ramdisk werden definiert

4. Das zu erzeugende ISO-Image wird bereinigt

Schritt 1

Zunächst konfigurieren Sie wie zu den vorherigen Spec-Files auch das `target` wie den `source_subpath`. Geben Sie hier den Pfad zu dem zuvor erzeugten `livecd-stage1` an.

```
subarch: x86
version_stamp: 20080419
target: livecd-stage2
rel_type: default
profile: default-linux/x86/2007.0
snapshot: 20080419
source_subpath: default/livecd-stage1-x86-20080203
```

Listing 11.9: livecd-stage2.spec I

Schritt 2

Im nächsten Schritt wird das zu erstellende ISO-Image beschrieben.

Dazu zählen einerseits das zu erzeugende Loopback-Filesystem, welches ermöglicht, das LiveCD-System komprimiert und platzsparend auf der CD unterzubringen; so ist es auch möglich, eine vollständige Desktopumgebung wie KDE oder Gnome auf der CD unterzubringen. Das SquashFS-Dateisystem zeichnet sich für diesen Zweck durch eine besonders gute Kompression aus. Die erzeugte CD muss das für die CD erzeugte Kernel-Image Unterstützung für das Dateisystem durch die Kernel-Konfigurationsoption `CONFIG_SQUASHFS` fest integrieren.

Andererseits zählt zu den in diesem Schritt definierten Optionen der von der CD zu nutzende Bootloader (`livecd/cdtar`). Für LiveCDs für die x86 oder amd64 Architekturen empfiehlt sich `isolinux`, welches an dieser Stelle lediglich angegeben werden muss. Die weitere Konfiguration des Bootloaders isolinux geschieht je nach definiertem Kernel-Image automatisch durch catalyst.

```
livecd/fstype: squashfs
livecd/cdtar: /usr/lib/catalyst/livecd/cdtar/ \
   isolinux-elilo-memtest86+-cdtar.tar.bz2
livecd/iso: /tmp/livecd-x86-20080419.iso
livecd/volid: Meine LiveCD (20080419)
livecd/type: generic-livecd
```

Listing 11.10: livecd-stage2.spec II

Weiterhin beschreiben Sie den Pfad und Namen, unter dem das erzeugte ISO-Image abgelegt wird, wie auch eine Volume ID. Der Typ generic-livecd beschreibt eine »nicht-offizielle« LiveCD, zur Erzeugung der offiziellen Gentoo-Releases werden weitere Typen unterstützt.

Schritt 3

Im vorletzten Schritt definieren Sie nun das zu erstellende Kernel-Image und das Verhalten der Init-Ramdisk.

Zunächst definieren Sie das Kernel-Image gentoo, Sie können dieses jedoch frei »benamsen« und so beispielsweise auch nach Ihrem PC benennen. Folgend konfigurieren Sie das Kernel-Image im Detail, etwa die zu benutzenden Kernel-Source, die Kernel-Konfiguration sowie zusätzliche Programme wie etwa cryptsetup-luks und deren USE-Flags, die in die Init-Ramdisk integriert werden sollen.

Als livecd/bootargs können Sie weitere an die Kernel-Kommandozeile innerhalb des Bootloaders anzuhängende Optionen angeben, hier beispielsweise die Anweisung dokeymap, mit der die Init-Ramdisk vom Anwender das zu nutzende Tastaturlayout abfragt.

```
boot/kernel: gentoo
boot/kernel/gentoo/sources: gentoo-sources
boot/kernel/gentoo/config: /tmp/kconfig-2.6.24
boot/kernel/gentoo/use: pcmcia -X -qt -qt3 -qt4
boot/kernel/gentoo/packages:
        sys-apps/pcmciautils
        sys-fs/cryptsetup-luks
        net-wireless/ipw3945
livecd/bootargs: dokeymap
```

Listing 11.11: livecd-stage2.spec III

Schritt 4

Im abschließenden vierten Schritt geben Sie Pakete an, die vor Erzeugung des ISO-Images deinstalliert werden sollen, wie beispielsweise der Compiler (solange Sie die CD nicht als DistCC-Knoten verwenden wollen). Weiterhin können Sie Verzeichnisse angeben, die geleert, und Dateien, die gelöscht werden sollen.

```
livecd/unmerge:
      autoconf
      autoconf-wrapper
      [...]
livecd/empty:
      /etc/cron.daily
      /etc/cron.hourly
      [...]
livecd/rm:
      /etc/dispatch-conf.conf
      /etc/env.d/05gcc
      [...]
```

Listing 11.12: livecd-stage2.spec IV

Das soeben erstelle Spec-File können Sie nun wie gewohnt an catalyst übergeben und als Ergebnis sollten Sie, wie hier konfiguriert, unter /tmp/livecd-x86-20080419.iso eine bootbare Gentoo-LiveCD vorfinden.

```
# catalyst -f livecd-stage2.spec
```

11.6 ... und weiter?

An dieser Stelle sind Sie soweit, eine bootbare Gentoo-LiveCD erstellen zu können, in etwa so umfangreich und funktionell wie eine minimale Installations-CD der Gentoo-Distribution. Aber wenn Ihr Spieltrieb nun geweckt ist und Sie »mehr« möchten, unterstützt Sie catalyst auch weiterhin. Weitere Anpassungen und Ergänzungen können in den Stufen livecd-stage1 und livecd-stage2 vorgenommen werden.

In livecd-stage1 können Sie zusätzliche Anwendungen definieren, die ebenfalls Bestandteil Ihrer LiveCD werden sollen.

Die möglichen Anpassungen in livecd-stage2 sind noch deutlich mächtiger, so steht Ihnen mit dem Parameter livecd/fsscript die Möglichkeit offen, ein Shell-

Skript vor Erzeugung der LiveCD auszuführen und darin beispielsweise Benutzer anzulegen, einen grafischen Login-Manager zu konfigurieren, usw. ...

Die Parameter `livecd/overlay` und `livecd/root_overlay` ermöglichen es, Pfade anzugeben, deren Inhalte direkt in das Loopback-Dateisystem oder in den Root der LiveCD integriert werden sollen.

Und wenn Sie eine LiveCD mit grafischer Oberfläche erstellen wollen, dann sollten Sie einmal einen Blick auf das Paket `mkxf86config` werfen, welches, als Init-Skript von der LiveCD gestartet, während des Bootvorgangs eine möglichst passende Konfiguration für den X-Server erzeugen kann.

11.7   Fazit

In diesem Kapitel haben Sie die Tools `catalyst` und `genkernel` kennengelernt, mit deren Hilfe recht einfach und automatisiert Gentoo-basierte Linux-LiveCDs erstellt werden können. Dieses Kapitel beschränkt sich bewusst darauf, die Grundlagen und einzelnen Schritt darzustellen wie auch Hinweise zu geben, an welchen Stellen eigene Experimente sinnvoll sind.

Aus eigener Erfahrung kann ich Ihnen nur mitgeben, sich weiter mit den Tools zu beschäftigen und zu versuchen, eine LiveCD mit grafischer Oberfläche zu erzeugen. Sie werden erstaunt sein, wie einfach dies mit Catalyst und Genkernel zu realisieren ist.

Die Spec-Files sind in diesem Kapitel teils nur in Auszügen enthalten – die vollständigen Spec-Files finden Sie auf der Webseite zum Buch unter `www.die-gentoo-metadistribution.de`.

Gentoo Social Contract

This social contract is intended to clearly describe the overall development policies and standards of the Gentoo project development team. Parts of this document have been derived from the Debian Social Contract. It is generally very similar to it except that certain parts have been clarified and augmented while other parts deemed redundant have been removed. Comments are welcome. Please send them to our *gentoo-dev@gentoo.org* mailing list.

What is Gentoo?

Gentoo in itself is a collection of free knowledge. Knowledge in this context can be defined as documentation and metadata concerned with concepts or domains relevant to operating systems and their components, as well as free software contributed by various developers to the Gentoo Project.

Gentoo, the operating system, is derived from the base concept of knowledge described above. A Gentoo operating system should satisfy the self-hosting requirement. In other words, the operating system should be able to build itself from scratch using the aforementioned tools and metadata. If a product associated with an official Gentoo project does not satisfy these requirements, the product does not qualify as a Gentoo operating system.

An official list of Gentoo projects is listed under the Gentoo Metastructure. A Gentoo project does not need to produce a Gentoo operating system in order to be officially recognized.

Gentoo is and will remain Free Software

We will release our contributions to Gentoo as free software, metadata or documentation, under the GNU General Public License version 2 (or later, at our discretion) or the Creative Commons – Attribution / Share Alike version 2 (or later, at our discretion). Any external contributions to Gentoo (in the form of freely-distributable sources, binaries, metadata or documentation) may be incorporated into Gentoo provided that we are legally entitled to do so. However, Gentoo will never depend upon a piece of software or metadata unless it conforms to the GNU General Public License, the GNU Lesser General Public License, the Creative Commons – Attribution/Share Alike or some other license approved by the Open Source Initiative (OSI).

> ## Hinweis
>
> We are considering extending the above clause to require that all core Gentoo components must conform to a license approved by the OSI and Free Software Foundation (FSF).

We will give back to the Free Software Community

We will establish relationships with Free Software authors and collaborate with them when possible. We will submit bug-fixes, improvements, user requests, etc. to the »upstream« authors of software included in our system. We will also clearly document our contributions to Gentoo as well as any improvements or changes we make to external sources used by Gentoo (whether in the form of patches, »sed tweaks« or some other form). We acknowledge that our improvements and changes are much more meaningful to the larger Free Software community if they are clearly documented and explained, since not everyone has the time or ability to understand the literal changes contained in the patches or tweaks themselves.

We will not hide problems

We will keep our bug report database open for public view at all times; reports that users file online will immediately become visible to others.

Exceptions are made when we receive security-related or developer relations information with the request not to publicize before a certain deadline.

Quelle: http://www.gentoo.org/main/en/contract.xml

Stichwortverzeichnis

Kevin Mitnick
William Simon

DIE KUNST DER TÄUSCHUNG

Risikofaktor Mensch

Vorwort von Steve Wozniak

Kevin Mitnick, einst der meistgesuchte Verbrecher der USA, saß fünf Jahre im Gefängnis, weil er in zahlreiche Netzwerke großer Firmen eingebrochen war. Dabei bediente er sich häufig nicht nur seiner umfassenden technischen Hacker-Kenntnisse, sondern überlistete praktisch jedes Sicherheitssystem, indem er sich Passwörter erschlich, in Mülltonnen nach sicherheitsrelevanten Informationen suchte und falsche Identitäten vorgaukelte.

Mitnick führt den Leser in die Denk- und Handlungsweise von Hackern ein, beschreibt konkrete Betrugsszenarien und zeigt eindrucksvoll die folgenschweren Konsequenzen, die sich aus diesen Einbrüchen ergeben. Dabei nimmt Mitnick sowohl die Perspektive des Angreifers als auch des Opfers ein und erklärt damit sehr eindrucksvoll, wieso jeder Angriff so erfolgreich war – und wie man sich effektiv DAVOR schützen kann.

Der legendäre Hacker Kevin Mitnick enthüllt in diesem Buch, wie die größte Schwachstelle in jedem IT-Sicherheitssystem für Angriffe genutzt werden kann – der Mensch.

Probekapitel und Infos erhalten
Sie unter: **www.mitp.de**

ISBN 3-8266-1569-7

**Kevin Mitnick &
William L. Simon**

Die Kunst des Einbruchs

Kevin Mitnick, einst der meistgesuchte Verbrecher der USA, saß fünf Jahre im Gefängnis, weil er in zahlreiche Netzwerke großer Firmen eingebrochen war. Heute gilt er weltweit als Prototyp des Hackers. Seit längerer Zeit hat Mitnick in der Hackerszene nach authentischen und spannenden Geschichten gesucht, die auch für Sicherheitsverantwortliche in Firmen hochinteressante Erkenntnisse abwerfen. Die hier vorliegende Sammlung von Geschichten ist das Ergebnis dieser Suche.

„Tauchen Sie ein in die feindselige Welt der Computerkriminalität aus der Geborgenheit und Sicherheit Ihres Lesesessels. Mitnick präsentiert zehn packende Kapitel, jedes das Ergebnis eines Interviews mit einem echten Hacker, der von einem echten Angriff erzählt. Pflichtlektüre für jeden, der sich für Computersicherheit interessiert."

Tom Parker, Computer-Sicherheitsanalytiker und Gründer der Global InterSec LLC

Probekapitel und Infos erhalten
Sie unter: **www.mitp.de**

ISBN 3-8266-1622-7

Eric Amberg

Linux-Server
mit Debian GNU/Linux

■ **Aktuell für die Versionen Debian 4.0 (Etch) und 3.1 (Sarge)**

■ **Praxis-Szenarien: Backoffice-Server, Root-Server, Linux als Gateway, Server-Security**

■ **Zahlreiche Workshops mit Schritt-für-Schritt-Anleitungen**

Dieses Buch bietet einen umfassenden Praxiseinstieg in die System- und Netzwerkadministration von Linux-Servern im Allgemeinen – am Beispiel von Debian GNU/Linux (Versionen Etch und Sarge). Ziel des Buches ist es, Ihnen die notwendigen Grundlagen zur Administration eines Linux-Servers in unterschiedlichen Umgebungen zu verschaffen. Dazu ist das Buch in fünf Teile gegliedert, die jeweils die unterschiedlichen Aspekte bzw. Anwendungs-bereiche eines Servers beleuchten.

Ein Schwerpunkt liegt auf den Hintergründen und Funkti-onsweisen der Systeme, ein zweiter Schwerpunkt ist der praxisnahe Einstieg in die Linux-Systemadministration: Auf der Basis des expandierenden Architekturbüros Windschief werden die verschiedensten Serverdienste aufgesetzt und konfiguriert, um – je nach Grundszenario – einen komplet-ten Linux-Server aufzubauen. Hierfür entwirft der Autor drei typische Szenarien, die in der Praxis vorkommen können: Backoffice-Server, Root-Server und Linux als Gateway. Im Rahmen dieser Anwendungsbereiche erläutert der Autor detailliert die benötigten Komponenten. Einzelne Workshops stellen einen konkreten Praxisbezug her.

Sie können dieses Buch als Lehrbuch durcharbeiten oder auch langfristig als Nachschlagewerk verwenden, da die ein-zelnen Themenbereiche klar voneinander abgegrenzt sind.

Weil die meisten Bestandteile eines Linux-Systems wie der Kernel, die Shell, die Linux-Befehle sowie der Einsatz von Samba, Apache etc. distributionsübergreifend sind, ist auch der größte Teil des Buches distributionsübergreifend ein-setzbar und nur ein sehr geringer Teil Debian-spezifisch.

Über den Autor: Eric Amberg arbeitet seit Jahren in großen Unternehmen im Bereich IT-Security und System- und Netzwerkadministration. Er verfügt über zahlreiche Zertifi-zierungen, u.a. LPIC-2, RHCE, Checkpoint CCSE, Cisco PIX Firewall Specialist und SCSE.

Aus dem Inhalt:
1. Teil: Allgemeine Systemadministration
• Debian-Grundlagen, Installation, Systemstart

• Paketmanagement, Benutzerverwaltung, Rechteverwaltung, Bash
• Systemadministration, System- und Festplatten-management
• Zeitlich gesteuerte Backups
• Einführung in die Shellskript-Programmierung
• Protokollierung
• Anpassung des Kernels
• Das X-Window-System
• Netzwerkkonfiguration und Fehlersuche im Netzwerk, Fernwartung mit SSH

2. Teil: Der Backoffice-Server
• DHCP und NFS
• Drucken im Netzwerk
• Samba: Grundlagen und erweiterte Samba-Konfiguration
• Apache: Aufbau eines Intranets
• Datenbanken mit MySQL
• Dynamische Webseiten mit PHP

3. Teil: Der Root-Server
• Apache: Der Webserver im Internet-Einsatz und DNS
• Lokaler E-Mail-Server mit Content-Filter
• Internet-Mail-Server mit SMTP-Authentication
• FTP – Dateiübertragung im Internet
• iptables als Personal-Firewall

4. Teil: Linux als Gateway
• Linux als Router
• iptables als Netzwerk-Firewall
• Squid-Proxyserver

5. Teil: Server-Security
• Härten des Server-Systems, Einbrucherkennung mit Intrusion-Detection-Systemen, Desaster-Recovery, Notfallplan

Probekapitel und Infos erhalten
Sie unter: **www.mitp.de**

ISBN 978-3-8266-1587-0

Patrick Ditchen

Shell-Skript
Programmierung

- sh, ksh, bash, csh und tcsh

- awk

- Die 100 wichtigsten UNIX-Tools

- Grafiken mit gnuplot

- Systemadministration und
  proaktives Systemmanagement

3. Auflage

Das vorliegende Buch ist dreigeteilt. Im ersten Teil, Kapitel 1 bis 3, lernt der Leser Kommandos, Techniken und Konzepte der Shell-Skript-Programmierung kennen. Der zweite Teil – Kapitel 4 und 5 – beschäftigt sich mit awk und über 100 weiteren UNIX-Tools, die in den Shell-Skripten einzubauen und aufzurufen sind. Der dritte Teil – Kapitel 6 bis 8 – zeigt, wie man das erlernte Wissen einsetzt, um die unterschiedlichen Aufgaben aus dem Alltag der Systemadministration zu lösen.

Die beiliegende CD enthält alle im Buch vorgestellten Skripte in einer Solaris- und einer Linux-Fassung, sortiert nach Kapitelnummer. Wenn die Skripte auf Dateien mit Messdaten zurückgreifen müssen, sind auch diese hinzugefügt. Der Leser kann also parallel zum Studium des Buches alle Skripte gleich testen.

„Wer Sys-Admin ist und wirklich praxisnahe Probleme mit Shell-Scripten lösen möchte/muss, weiß mit diesem Buch auf seinem Schreibtisch ein wunderbar leicht und verständlich geschriebenes Nachschlagewerk zu schätzen. Anstatt drei oder vier Shell-Script-Bücher zu wälzen, genügt nun nur noch eines. Nämlich dieses."

*Leserrezension zur ersten Auflage
bei amazon.de*

Probekapitel und Infos erhalten
Sie unter: **www.mitp.de**

ISBN 978-3-8266-1799-7

André Pflaum

MCSE

Implementieren einer Netzwerk-Infrastruktur unter Windows Server 2003 – Prüfung # 70-291

Zweite, überarbeitete Auflage

■ Fragen, Antworten, Lösungswege

■ Vorbereitung auf die Prüfung # 70-291

■ Video-Workshops auf CD

Analog zur Prüfung # 70-291, die eine der härtesten "Knacknüsse" im MCSA- und MCSE-Track von Microsoft ist, gliedert sich das Buch in diese fünf Hauptbereiche:

• Implementieren & Verwalten
  der IP-Adressierung
• Implementieren & Verwalten
  der Namensauflösung
• Implementieren & Verwalten
  der Sicherheit
• Implementieren von Routing & RAS
• Warten einer Netzwerk-Infrastruktur

Zur optimalen Prüfungsvorbereitung sollten Sie nicht einfach nur die Fragen dieses Buches durcharbeiten und sich mit der richtigen Lösung zufriedengeben. Lesen Sie vielmehr die erklärenden Texte von A bis Z durch und versuchen Sie die Ausführungen zu verstehen und nachzuvollziehen. Nur auf diese Weise erhalten Sie wirklich einen Einblick in die erklärten Technologien und sind anschließend sattelfest im Stoff und startklar für die Absolvierung des Examens.

Seit Jahren hat sich André Pflaum mit sämtlichen Fragen der Netzwerk- und Systemadministration im Microsoft-Umfeld beschäftigt und sich mit seiner in der Schweiz ansässigen Schulungsfirma *iTrain* den Ruf eines herausragenden Experten erarbeitet.

Probekapitel und Infos erhalten
Sie unter: **www.mitp.de**

ISBN 978-3-8266-5916-4